旅游接待人员规范

LÜYOU JIEDAI RENYUAN GUIFAN

庄剑梅　主编

郑州大学出版社

郑州

图书在版编目(CIP)数据

旅游接待人员规范/庄剑梅主编. —郑州:郑州
大学出版社,2015.11(2020.8 重印)
ISBN 978-7-5645-0869-2

Ⅰ.①旅… Ⅱ.①庄… Ⅲ.①旅游业-礼仪
Ⅳ.①F590.63

中国版本图书馆 CIP 数据核字（2015）第 214763 号

郑州大学出版社出版发行

郑州市大学路 40 号　　　　　　　　邮政编码:450052
出版人:孙保营　　　　　　　　　发行部电话:0371-66966070
全国新华书店经销
郑州龙洋印务有限公司印制
开本:787 mm×1 092 mm　1/16
印张:14.5
字数:334 千字
版次:2015 年 11 月第 1 版　　　　印次:2020 年 8 月第 3 次印刷

书号:ISBN 978-7-5645-0869-2　　　定价:39.00 元

 # 作者名单

主　编　　庄剑梅

副主编　　吴　静

编　委　　庄剑梅　吴　静　邓　涛
　　　　　薛春霞　王代鹃　王　艳
　　　　　邹丽萍　刘　怡　邱　磊
　　　　　张　梅　熊　萍

前 言

　　旅游业被誉为"朝阳产业""无烟工业"，早在 1994 年旅游业就已超过了石油、汽车、钢铁产业，成为许多国家和地区的主要支柱产业。旅游业也是近 20 年来全球经济体系中增长最快的产业。据世界旅游组织最新预测，未来 10 年中国旅游业还将继续成为世界上发展速度最快的国家之一。预计到 2016 年，中国将成为全球最大的入境旅游目的地。旅游业作为一个传统而现代的服务性行业，其发展除了凭借良性的经济环境、丰富的旅游资源和特色的旅游产品之外，为旅游者提供职业水平的服务能力也是影响其发展的重要因素之一。因此，旅游从业人员重礼、知礼、学礼、用礼的观念和实践，对实现旅游业的优质服务、提高旅游业的服务水平都起着至关重要的作用。

　　本书是 2015 年成都工程职业技术学校国家中等职业教育改革发展示范学校建设的标志性成果之一。它作为反映中职教育教学改革最新理念的新型实用教材，是基于工作过程导向的中职课程开发的一次有益尝试，是基于行动导向的情境化教学模式的有益探索。情境化教学模式以学习情境为载体，关注学生的兴趣和经验，充分拓展学生的创造性思维空间和实践空间。教师针对不同的情境，让学生以小组为单位，可以采用独立探索、协作学习、教师辅导、案例收集、企业参观、技能训练、角色扮演、讲座、报告撰写及答辩等灵活多样的教学方式，教师从知识传授者的角色转变为学习过程的组织者、咨询者、指导者和评估者，使学生在合作与交流中，全面提高各项职业能力和综合素质。本书整合了以上教学理念，在大量吸收国内外礼仪研究成果以及系统阐述礼仪和旅游接待礼仪基本原理的基础上，根据旅游从业人员日常工作中所涉及的礼仪活动确定旅游从业人员的职业形象礼仪、日常交际礼仪、岗位服务礼仪、国际交往礼仪、涉外民俗礼仪、宗教信仰礼仪和其他礼貌礼节六大学习领域，每个模块之下都设置了若干项目。每个项目按照项目导图、学习目标、基础知识、案例分析、项目训练、模块训练六个部分进行编写。

"项目导图"明确教学需要面对的具体问题,介绍本项目必须掌握的旅游接待礼仪知识,以便为下一步的实训操作提供充足的知识储备。这些知识的介绍本着"理论够用为度"的原则,注重条理性和可读性。

　　"学习目标"指明了学习本项目之后学生能掌握何种旅游礼仪技能,让学生在每个学习项目一开始就做到学有重点、学有方向。

　　"案例分析"精选典型、鲜活、实用的旅游礼仪案例,供师生分析讨论。

　　"项目训练""模块训练"是教师通过设计教学情境、模拟角色扮演等方式方法,让学生做中学、学中做、学做结合,不断提高自身实践操作能力。

　　本书由庄剑梅任主编,吴静任副主编。具体编写分工为:吴静编写模块一;张梅编写模块二;王代鹃编写模块三;邓涛编写模块四;邹丽萍编写模块五;刘怡编写模块六;邱磊编写模块七;王艳编写模块八;薛春霞编写模块九;熊萍编写模块十。

　　本书可作为中职旅游相关专业学生的教材,还可作为从事旅游工作的有关人员提高礼仪素养和服务水平的优秀读物及自我训练手册。本书也是旅游行业进行在职培训的创新型实用教材。

编者

2015 年 5 月

目 录

基 础 篇

模块一 走近礼貌礼节

模块二 塑造良好的个人形象

模块三　日常交往礼仪

模块四　国际交往礼仪

专业篇

模块五　岗位服务礼仪

模块六　四川省主要民族礼貌礼节

模块七　港澳台地区礼貌礼节

模块十　其他礼貌礼节

基　础　篇

模块一

走近礼貌礼节

礼仪是人类社会不断摆脱野蛮和愚昧,逐渐走向文明的标志。中国是具有辉煌历史的礼仪大国,五千年的文明使我国当之无愧地享有"礼仪之邦"的美誉。自古以来,礼仪不仅形成了一系列思想和规范,而且重礼、守礼、讲礼、尊礼已内化成为人们的一种自觉意识而贯穿于社会交往的各个方面。

当今旅游业已被确立为我国国民经济的支柱产业,我国已成为世界旅游大国,旅游接待人员的服务水平直接影响着旅游业的形象。因此,在此环境之下,旅游接待礼仪规范自然被旅游行业接待人员普遍应用,学礼、知礼、用礼,已经成为旅游行业提供优质服务的必要保证。

项目一
初识礼貌礼节

项目导读

本项目着眼于礼仪的起源和发展、现代旅游服务礼仪的概念两个方面,使学生对礼仪有所了解。

学习目标

1. 了解礼仪的起源和发展概况;
2. 熟识现代旅游服务礼仪的概念。

在中国五千年的历史进程中,不仅形成了一整套完善的礼仪思想和礼仪规范,而且重礼仪、守礼法、讲礼信、遵礼义已经内化为民众的一种自觉意识贯穿于社会活动的各个方面,成为中华民族的重要文化特征。礼仪的历史发展轨迹,现代旅游礼仪的表现形式、特点等,是旅游接待人员应该掌握的基本知识。

一、礼仪的起源和发展

(一)礼仪的起源

中国具有几千年文明史,素有"礼仪之邦"之称,中国人也以其彬彬有礼的风度著称于世。

礼仪的产生,是人类为了协调主客观矛盾的需要。首先,为了维护自然的"人伦秩序",促成礼仪的产生,人类在与大自然抗争的生存发展中,需要以群居的形式相互依靠生存,使得人与人之间既相互依赖,又相互制约。由此,人类逐渐的积累,约定出一系列的"人伦秩序",这就是最初的礼。其次,礼仪起源于人类寻求满足自身欲望与现实条件之间动态平衡的需要。人类在追求实现自身愿望和别人交往的过程中,难免会产生这样或者那样的矛盾、冲突,这就需要"止欲制乱"而制礼,来避免一些不必要的矛盾、冲突。

从具体的仪式上说,礼产生于原始的宗教祭祀活动。原始社会时期,生产力极其低下,人类对于日月、星辰、风雨、雷电等千变万化的自然现象,充满了敬畏和恐惧,于是就把这些自然的力量神秘化、人格化,把它们看作宇宙的最高主宰,并对之顶礼膜拜。对于原始人来说,生存繁衍是他们最大的企盼,而物产丰富则是他们赖以生存的物质基础,所以礼仪是他们为祭祀天地神明、保佑风调雨顺、拜求降福免灾而举行的一项敬神拜祖仪式。他们希望借此可以逃避天灾人祸,可以五谷丰登。在祭祀活动发展的过程中,人类逐渐完善相应的制度规范,逐渐形成正式的祭祀礼仪。

(二)礼仪的发展

1. 起源阶段:公元前 21 世纪前(夏朝以前)

整个原始社会,是礼仪的萌芽时期,礼仪形式比较虔诚、简单,而且不具有阶级性质。主要有:明确血缘关系的婚嫁礼仪,区分部族尊卑等级的礼制,祭天敬神的祭典仪式以及一些人们生活交往中表示恭敬和礼节的动作。

2. 形成阶段:公元前 21 世纪~前 771 年(夏、商、西周三代)

礼仪正式形成始于奴隶社会。在奴隶社会时期,逐渐形成了比较完整的国家礼仪制度。《周礼》是我国历史上第一部记载"礼"的书籍,反映了周代的礼仪制度,是我国最早的礼仪学专著,它与后世的《仪礼》《礼记》统称为"三礼"。"三礼"标志着礼仪已经发展到了系统、完备的阶段,内容涵盖了政治、宗教、婚姻、家庭等各个方面,奠定了我国传统礼仪的基础。

3. 发展变革时期:公元前 771 年~前 221 年(春秋战国时期)

春秋战国时期,奴隶制度开始走向崩溃,封建制度逐渐形成。这一时期,以孔子、孟子等为代表的诸子百家第一次在理论上全面而深刻地论述了社会等级秩序划分及其意义,对礼教进行了研究和发展,对礼仪的起源、本质和功能进行了系统阐述。这一时期"礼"的思想,不仅仅指"礼仪",而且涵盖了道德的全部内容。这些思想构成了我国传统礼仪文化的基本精神,奠定了古代礼仪文化的基础。

4.强化时期:公元前221年~公元1911年(秦汉到清末)

在两千多年的封建统治社会里,尽管不同的朝代礼仪文化具有不同的特征,但都是为统治阶级所利用的工具。秦汉时期提出了"三纲""五常"之说,后来被人们作为日常行为礼仪准则。到了宋代,这一时期礼仪的特点是家礼,表现为"三从四德"。到了明清时期,封建礼仪更加完善,达到鼎盛时期。整体来看,封建社会的礼仪,主要涉及家庭伦理和国家政治的礼制,这一时期礼仪的发展构成了中华传统礼仪的主体。

5.现代礼仪的发展

辛亥革命推翻了封建王朝,也随之掀起了礼仪革命的浪潮,兴起了以人与人之间一律平等的礼节礼仪。如废除跪拜礼,形成鞠躬礼。五四新文化运动清算了腐朽、落后的礼教,继承、完善了一些符合时代要求的礼仪,如举手礼被军队采用,握手礼在社会交往中被广泛使用。新中国成立以后,逐渐确立以平等相处、友好往来、相互帮助、团结友爱为主要原则的具有中国特色的新型社会关系和人际关系。

二、现代旅游服务礼仪的概念

(一)礼仪的基本概念

1.礼

礼,本来的含义是敬神,后来引申为表示敬意的统称,如礼貌、敬礼等。随着社会的发展,"礼"的内涵已经有了延伸和扩展,它既可以指为表示敬意而隆重举行的某种仪式,又可以泛指人们交往过程中的礼貌和礼节,成为"礼貌""礼节""礼仪"等的代名词,是人们在长期生活实践中约定俗成的行为规范。

2.礼貌

礼貌是指人们在人际交往过程中相互表示敬重和友好的行为规范。它通过言语、表情、姿态等表示对他人的尊重。礼貌行为表现为微笑、欠身、点头、鞠躬、握手、拥抱、双手合十等;礼貌语言表现为:使用"小姐""先生""您"等敬语,"恭候光临""我能为您做点什么"等谦语,和"哪一位""不新鲜""不雅观"等雅语。礼貌体现的是一个时代的风貌以及人们的道德品质、文化水平和文明程度。

在人际交往过程中讲究礼貌,既能帮助我们建立相互尊重、互有礼貌的和谐关系,又能避免或者缓解一些不必要的矛盾。

3.礼节

礼节是礼貌在语言、动作、仪表上的外在表现形式。没有礼节,就无所谓礼貌。礼节是人们在交际场合上表示尊敬、问候、致谢、祝愿等方面的一般形式。比如学生见到老师应主动问好;还别人物品时,应双手奉上或者鞠躬表示感谢;餐厅服务员在接待客人的时候,要面带微笑及问候来表示对客人的欢迎。

礼节的形式有很多种,而且不同的国家地区、不同的民族、不同时代由于生活习惯的不同,礼节存在不同的表现形式。比如中国古代有跪拜、作揖等;泰国人有双手合十等;国际交往中,日常见面礼就有点头致意礼、举手注目礼、握手礼、吻手礼等很多种。

4.礼仪

礼仪是由一系列表现礼貌的礼节所构成的,是礼节、仪式的统称。礼仪在人际交往之中自始至终都是以一定的、约定俗成的方式来表现的,用以沟通思想、交流感情、表达意愿,促进了解的一种有效形式。从广义上来看,礼仪是一系列礼节的集合,既表示为在一些较大较正式的场合中举行的各种隆重的仪式,也泛指人们在交往过程中表现的礼貌礼节。

礼仪是一个人的思想道德、文化修养以及交际能力的外在表现,是一个社会的文明程度、生活习惯以及道德风尚的反应,是精神文明建设的重要组成部分,也是人们塑造形象的重要手段。在人际交往活动中,只有处处讲究礼仪,事情才能做到恰到好处。

(二)旅游接待礼仪的概念

所谓旅游接待礼仪,就是指旅游行业从业人员或旅游组织为了树立和维护企业的美好形象,构建组织与内外公众和谐关系的过程中应当遵循的尊重他人,讲究礼貌、礼节,注重仪容、仪表、仪态、仪式等的规范和程序。以礼仪为基础,旅游接待礼仪是礼仪在旅游接待服务过程中的具体应用,是对旅游者表示尊重和友好的一系列行为规范。

旅游接待礼仪是提供礼貌服务,提供礼节、礼仪行为的一种人际交往活动。基本内容包括服饰规范、仪容规范、仪态规范、语言规范和岗位规范,在每一个具体的服务程序上,对每一个旅游服务人员什么可以做、什么不可以做、怎么做的问题都做了详细规定和特殊要求。

项目二
我眼中的礼貌礼节

项目导读

本项目着眼于旅游接待服务礼仪的特点、原则、旅游服务接待人员的基本素质和旅游服务礼仪的重要作用等方面,培养学生对旅游服务礼仪重要性的认识。

学习目标

1.了解旅游接待服务礼仪的特点和原则;

2.掌握旅游服务接待人员的基本素质;

3.了解旅游服务礼仪的重要作用。

礼仪体现的是人与人之间的一种互动关系。随着社会的不断进步和发展,礼仪已经渗透到日常生活的方方面面,发挥着越来越大的作用。在过去,旅游只是少数人可以参与的活动,随着生产力的不断发展,人民生活不断改善,如今旅游已日渐成为大众生活中必不可少的部分,旅游服务礼仪自然成为协调旅游健康、快速发展的重要工具。旅游服务礼仪指导着人们的一言一行,小到举手投足,大到待人接物。同时,旅游服务礼仪伴随着旅游活动的发展,也在不断吐故纳新,促进自身发展。

一、旅游接待服务礼仪的特点

(一)具体性

现代礼仪是道德规范的组成部分,通过语言、行动来表现,与一般的道德规范不同的是它有具体的形式和规则。例如,尊重他人在旅游接待服务中则被具体表现为:经常使用"您好""请""对不起""谢谢"等敬语,主动为客人开门,开车门时要护顶等。

(二)共同性

礼仪作为一种文化现象,是全人类的共同财富。它跨越了国家和地区的界线,为世界各国人民共同拥有。尽管不同的国家、不同的民族、不同的社会制度所形成的礼仪有一定差异性,但在讲文明、懂礼貌、相互尊重原则基础上形成的完善的礼节形式,已为世界各国人民所接受并共同遵守。

(三)差异性

礼仪从产生那天起,就极具民族特色。中国是一个民族众多的国家,许多民族都有自己的礼仪形式。世界上许多国家也都是由多民族组成的,所以礼仪作为约定俗成的行为规范在拥有共性的同时,又表现出一种较为明显的民族差异性。比如汉族的婚礼和维吾尔族的婚礼就有着极大的差别;东方人见面习惯于拱手、鞠躬,西方人见面习惯于接吻、拥抱等。这些差异,带有强烈的民族性,民族的特点决定了礼仪形式的不同。我国之所以能够吸引越来越多的外国人前来旅游,最重要的原因就是我们拥有博大精深的民族文化和历史文物古迹,因此在旅游接待过程中,旅游从业人员更应该尊重各个民族的不同习惯,尊重他们的风俗,尊重他们的礼仪。

(四)实用性

旅游服务礼仪的实用性表现在它对现实生活的指导意义。特别是在工作中,旅游从业人员如何着装,如何向客人表达友好之情意,如何回答客人的疑问等这些都可以在旅游服务礼仪里面找到答案。正是因为其具有很强的实用性,旅游服务礼仪才成为每一位旅游从业人员所必须了解和掌握的内容。

(五)发展性

现代生活是多元、丰富、多变的,礼仪文化也不是一成不变的,而是随着社会的进步而不断发展的。随着国家对外开放的不断深化,通信、交通技术的飞速发展,世界各国的政治、经济、思想、文化等诸种因素的互相渗透,我国的传统礼仪自然也被赋予了许多新鲜的内容。礼仪规范更加国际化,礼仪变革向符合国际惯例的方面发展。形成一整套既富有我们国家自己的传统特色又符合国际惯例的礼仪规范已成为必需。

二、旅游接待服务礼仪的原则

(一)尊重他人的原则

尊重他人讲的是对待他人的态度,这种态度要求承认和重视他人的人格、感情、爱好、习惯和职业、社会价值以及所应享有的权利。尊重他人是赢得他人尊重的前提,只有相互尊重,人与人之间的关系才会融洽和谐。在人际交往中要努力做到敬人之心常存,不失敬于人,不伤害他人的尊严,更不侮辱对方的人格。

(二)遵时守信的原则

遵时,就是要遵守规定或约定的时间,不能违时或失约。违时、失约、不守信用等,都是失礼的行为,是人际交往中的大忌。

一切正式的国际交往之中,旅游从业人员都必须认真而严格地遵守自己的所有承诺。说话务必要算数,许诺一定要兑现,约会必须要如约而至。在一切有关时间方面的正式约定之中,尤其需要恪守不怠。

(三)适度的原则

适度就是服务交往中,要把握与特定环境相适应的交往对象之间的感情尺度,要求在运用礼仪时,为了保证取得成效,必须注意技巧,合乎规范。特别要注意针对具体情况做到认真得体,掌握分寸。旅游从业人员运用礼仪恰到好处、恰如其分,不是一朝一夕的工夫所能做到的,只有勤学苦练,积极实践,此外别无他法。

(四)自律的原则

自律原则是指在服务交往中,在没有任何监督的情况下,服务人员都能够依据礼仪规范要求自我、约束自我、对照自我、自我反省、自我检点。旅游公关活动中与他人交往,同样不可随心所欲,要做到自律和自重。礼仪是靠人自觉来维系的,靠社会舆论来监督的,并被人们逐渐重视起来。人们不断提高自我约束、自我克制的能力,在与他人交往时,就会自觉按礼仪规范去做,而无须别人提示和监督。

(五)入乡随俗和灵活利用原则

"入乡随俗",是旅游服务礼仪的基本原则之一。在国际交往中,要真正做到尊重交往对象,首先就必须尊重对方所独有的风俗习惯。去其他国家或地区进行工作、学习、参观、访问、旅游的时候,更要对当地所特有的风俗习惯有一定的了解并加以尊重。"灵活利用"是要求旅游从业人员能够将所学的公关礼仪知识灵活运用于实际生活之中,不需循规蹈矩,按部就班,而应随机应变,活学活用。

三、旅游接待人员的基本素质

（一）旅游接待人员必须具备一定的职业知识

旅游业集行、游、住、食、购、娱等服务为一体，是综合性的大产业，旅游服务从业人员要满足旅游者整个旅游活动过程中多方面的要求，必须具有广博的知识。专业的旅游服务从业人员应备以下知识：

（1）扎实的文化基础知识。它是良好的个人素质基础，也是从业人员职业生涯中实现可持续发展的根基。

（2）广博的专业基础知识。专业基础知识是知识素质中的核心，也是旅游服务从业人员个体能力拓展的保障。

（3）过硬的专业知识。专业知识指旅游业中诸如酒店业、旅行社业、景区等不同行业对从业人员特定的知识素质要求，专业知识在知识素质中处于高端，是旅游服务从业人员个体迈向职业生涯顶端的必备条件。

（二）旅游接待人员应具备一定的职业技能

旅游接待人员在旅游活动的全过程中，为完成各项旅游服务工作还必须具备相应的技能，它是从业人员从事旅游服务工作的一系列行为方式及智力活动方式的总称，包括一般技能、专业技能和特殊技能三个方面。

（1）一般技能是从业人员在从事旅游服务的各项工作中，应具备的诸如语言表达、接待、交际等方面的技能，它们是开展旅游服务工作的最低要求，是从业人员入门的基本条件。

（2）专业技能是旅游服务人员运用已有的知识经验，通过专业教育和实践的长期训练获得的，是旅游服务过程中各项工作的娴熟程度及经营技能、技巧的体现，它以一般技能作支撑又高于一般技能，处于职业技能的主体地位，不仅是旅游服务从业人员履行旅游服务职责的重要条件，也是个人提升及获取信心的所在。

（3）特殊技能是指满足不同服务层次需求、驾驭各种复杂局面、提升旅游服务档次的关于管理、服务、应变、调适等方面的技能，主要指在心理学、经济学、管理学、社会学，甚至跨文化交际等方面的认知技能。特殊技能是实力支撑，也是旅游服务人员促进旅游服务业提档升级的必要条件。

（三）旅游接待人员必须具备良好的职业道德

旅游服务工作过程的综合性、复杂性、服务性、开放性等特点，要求旅游服务人员必须具有良好的职业道德。每个从业人员，不论从事哪种工作，在职业活动中都要遵守道德。

（1）旅游接待人员要树立"服务、敬业"的职业理念，才能在为旅游者提供多种服务项目的过程中理性地站在责任、道德的认识高度，承受强大的劳动强度，面对复杂的劳动对象，满足多样的服务要求，应对变化的劳动场景，从而建立起个体职业生涯中的动力系统。

（2）旅游接待人员要培养"忠诚、乐观"的职业态度，才能从容应对职业活动中的各种问题，化解各种矛盾，传达到言行上就是态度和蔼、语言文明、礼貌待客、服务周到，体现在职业形象中则为热情、好客、微笑、阳光。

（3）旅游接待人员要遵循"严谨、自律"的职业操守。一个人不管从事何种职业，都必须具备良好的职业操守，否则将一事无成。旅游接待人员遵循严谨、自律的操守原则，就是要做到明理诚信、言行规范、公私分明、遵纪守法，不贪、不拿、不欺，时刻维护旅游消费者的利益，进而维护旅游行业的整体利益和形象。

四、旅游服务礼仪的重要作用

（一）教育作用

礼仪是一个国家、一个民族的文明程度、社会风尚和道德水准的重要标志，也是衡量一个人综合素质高低的重要标志。礼仪教育是培养和造就社会主义社会一代新人的重要内容，其教育导向作用是不可或缺的，也是其他形式不可替代的。我国著名思想家颜元说："国尚礼则国昌，家尚礼则家大，身尚礼则身修，心尚礼则心泰。"在旅游交往过程中，旅游从业人员知礼、懂礼，合适运用公关礼仪，不仅可以不断提高自身道德修养，而且可以潜移默化地影响旅游服务对象的素质。

（二）沟通作用

促进人际关系的沟通和交往，改善人们的相互关系，是礼仪的又一重要作用。在旅游交往的过程中，大家来自五湖四海，相互之间可能不认识、不了解，因此只有讲究礼仪，共同用礼仪来规范彼此的交际活动，才能拉近彼此的距离，增进相互之间的了解和友谊。如果不讲究礼仪，或者不能恰当地运用礼仪，即使你从内心里尊重对方，想得到对方的好感，也不会给对方留下好的印象。人与人之间的相互观察和了解，一般都是从礼仪开始的，比如一句关心问候语、一次友好的握手都可以唤起人们的沟通欲望，相互建立起好感和信任，进而形成和谐、良好的人际关系，促进交际的成功。

（三）协调作用

每个人由于成长环境及受教育程度的不同，再加上性格、职业、年龄、性别的差异，在交往中往往存在不同的价值取向。在人际交往中，为了维护自身利益，人们在行为方式上往往不同程度地带有"利己排他"的倾向，这就必然会使交往双方发生不同程度的矛盾和冲突。礼仪的原则和规范，约束着人们的动机，指导着人们为人处世的方法，从而很好地协调着人与人之间的关系、人与社会的关系，使人们在相互理解、相互尊重的前提下能够友好相处，创造和谐的社会秩序。

（四）维护作用

良好的社会秩序与道德、法律规范紧密联系。《礼记》写道："为政以礼。"法律是维持社会稳定的重要工具,但是法律并不能约束所有的关系,在法律所不及的领域内,就需要用道德礼仪来规范和维护社会的稳定了。

礼仪约束着人们的态度和动机,规范着人们的行为方式,协调人与人之间的关系,维护着社会的正常秩序,在社会交往中发挥着巨大的作用。可以说,社会的运行与稳定,社会秩序的井然有序,人际关系的协调融洽,家庭邻里的和睦安宁,都要依赖于人们共同遵守礼仪的规范和要求。对于旅游企业和旅游从业人员而言,除了要遵守旅游法律法规外,还要遵守旅游服务礼仪的原则和规范,这是维护旅游行业有序、健康发展的有力保证。

(五)推动社会发展的作用

礼仪状况是社会稳定的晴雨表。衡量一个社会的礼仪状况,最主要的是社会的安稳程度。一个由于经济贫困而引发社会动荡不安的社会环境是不会讲究礼仪的。"仓廪实而知礼仪"是一个规律。社会主义物质文明、政治文明、精神文明的共同发展,构成了我国社会发展和进步的总趋势。礼仪是社会主义精神文明的一个重要组成部分,每一个旅游从业人员讲礼仪,可以减少工作内耗,提高工作效率,可以为企业创造更多的经济效益和社会效益。各行各业讲礼仪,将有利于推动社会的文明、进步与发展。

案例分析

谦虚也有错的时候

一位英国老妇到中国游览观光,对接待她的导游小姐评价颇高,认为她服务态度好,语言水平也很高,便夸奖导游小姐说:"你的英语讲得好极了!"小姐马上回应说:"我的英语讲得不好。"英国老妇一听生气了,"英语是我的母语,难道我不知道英语该怎么说?"

分析:英国老妇生气的原因何在?

细节决定成败

某年春天,北京的导游杨小姐接待了一个德国的旅游团。接待的过程中,有的游客要求她帮助解决一些生活上遇到的小问题,一位客人说,他摄像机的电池需要充电,但中国的电源输出的电压与德国的不同,需要找一个转换器;另一个客人说,她的旅游鞋开口了,但穿惯了不愿买新的,希望能找个地方修鞋;还有一位客人行李箱的小锁坏了,希望能修好……杨小姐仔细听了他们的要求,并表示回饭店后尽快帮他们解决。她回到饭店后,立即联系饭店的前台,为摄像机的客人借了一个电源转换器,又拿上客人需要维修的物品去修理……客人们非常高兴,纷纷向她表示感谢,夸她服务周到、热情,给他们带来了方便。

思考:服务中的小事对提高旅游服务质量有什么意义?

模块训练

模块实训一

依据旅游游接待人员的基本素质要求,要求学生之间进行相互评价,使对方认识到自己是否具备一名合格的旅游接待人员所应具备的素质,并找出自己的不足之处。

模块实训二

结合旅游业不同岗位的要求,运用礼貌语言和礼貌行动相结合进行素质训练和沟通技巧训练,要求语言和行为相统一。

模块二

塑造良好的个人形象

心理学上，人们往往把与不认识的人的第一次见面所形成的直观的感觉称为第一印象，而仪表、仪容、仪态是第一印象中最为直观、最重要的方面。旅游接待人员端庄、整洁的仪表仪容和良好得体的仪态举止，不仅可以给旅游者留下深刻的第一印象，而且还能为顺利地开展旅游接待工作创造非常有利的条件。对于旅游接待人员来说，良好的个人形象不仅反映了个人的形象和精神面貌，同时代表着旅游企业的整体形象，关系着旅游企业的服务质量高低和管理水平的高低，进而直接影响到旅游者对旅游接待人员所在旅游企业的评价。

项目一
端庄的仪容仪表

项目导读

本项目主要学习旅游接待人员注重仪容仪表的意义、仪容仪表的概念、旅游接待人员对仪容仪表知识的运用。

学习目标

1. 了解旅游接待人员注重仪容仪表的重要性；
2. 熟练掌握旅游接待人员仪容、仪表的礼仪规范。

在旅游服务中，一个人的仪容仪表往往会引起交往对象的特别关注，并影响他人对自己的整体评价。服务实践证明，当顾客选择服务单位时，服务人员的个人仪容仪表对其产生重要的心理影响。对于旅游服务人员来说，仪容仪表不仅反映了个人的形象和精神面貌，还关系到旅游者对自己的印象，进而影响旅游者对旅游接待人员所在旅游企业的评价。

一、仪容仪表的概念

(一) 仪容的含义

仪容是个人仪表的重要组成部分,主要指人的容貌、外观,重点是人的容貌。仪容是由发式、面容以及人体所有未被衣饰掩盖的肌肤等内容组成。在人际交往中,仪容是影响第一印象的重要因素。仪容美不仅是重修饰,它还反映出个人的精神面貌和对生活乐观、积极的态度。

对于旅游接待人员来说,真正意义上的仪容美,应该是指具有仪容自然美、仪容修饰美、仪容内在美三个方面的内在统一,且仪容修饰美是仪容礼仪关注的重点。

(二) 仪表美的含义

仪表,即人的外表,它包括人的容貌、姿态、服饰和个人卫生等方面,它是人的精神面貌的外在表现,是外界对其评价的重要组成部分。在人与人交往的过程中,视觉因素在给人的整体印象中所占的比重达55%,充分说明了仪表美的重要性。

旅游接待人员的衣着得体,符合礼仪规范,有助于树立好的服务形象,提高旅游服务的质量,进而能够给旅游者留下深刻的美好的形象。对旅游从业人员来说,塑造仪表美不仅是个人形象的展现,也是满足旅游者审美的需求,更是为了赢得外界对旅游企业的良好评价和提升企业声誉。

二、旅游接待人员仪容礼仪

在旅游接待服务中,如果服务人员具有清新、端庄的仪容,就会给人以亲和力,使宾客产生愉悦感和信任感,从而更愿意接受服务,激发消费欲望。同时也可弥补服务设施的不足和工作上的失误。反之,如果服务人员仪容不具美感,可能令宾客望而却步。

旅游从业人员要塑造良好的形象,满足宾客审美需求,应学会如何修饰出大方端庄、朝气蓬勃、成熟稳重的仪容美。

(一) 旅游接待人员仪容的基本礼仪

1. 仪容的干净

仪容礼仪的首要原则就是干净,即身体不能散发出异味,面部不能有异物等。要保证仪容干净,要做到以下几点:洗脸、洗发、洗澡、洗手和刷牙等。旅游服务人员要及时清洁面部,特别是在出席一些比较正式的交际场合之前。在提供服务的过程中要特别注意眼角、鼻孔、耳朵、口角等处的细微的残留物,做到及时清理。面部要做到无泪痕、无汗渍、无灰尘等,同时还要做到及时清理。旅游服务人员的头发应保持无头屑、无异味、不粘连,且头发柔顺、干净;身上无烟味、酒味、汗味等异味;手要做到无汗渍、无异物、无异味,指甲长度与指尖齐平,且保证指甲内无污垢。

2. 仪容的整洁

仪容的整洁主要表现在要定时剃须、理发、适度修毛。旅游服务人员除非有特殊的习俗或者宗教信仰,一般应保证每天剃须。这样不会给交往对象留下受到不尊重待遇的印象,还能够保证自己的清爽。旅游从业人员应随身携带一把小梳子,不管在哪种场合都应梳理好自己的头发,使其整洁美观。要注意的是,不能在客人面前梳理头发,应避人;不可随便挠头,让头皮屑到处飞舞,不可乱扔掉发。

3. 仪容的修饰

仪容的修饰主要是对容貌的美化和修饰,包括头发、面部、肢体等部位。旅游服务人员在工作的过程中装扮自己,不仅表示对他人的尊重,体现旅游企业的形象,而且还标志着一个国家或地区的社会文明程度。

(二)头发修饰礼仪

美好的印象从头开始。头发是人身体的"制高点",非常容易引起别人的注意。头发的修饰可以反映出一个人的身份、职业特征、知识层次、审美修养、生活习惯。旅游从业人员的发型修饰要符合旅游行业的职业特点以及旅游企业的具体规定,反映旅游从业人员的精神面貌、生活态度、工作态度。

1. 女性旅游接待人员发型要求

大部分女性喜欢留一头飘逸的长发,认为是女性魅力的象征。然而,旅游从业人员对女性服务人员的发型有严格要求。头发一般披肩即可。饭店的服务人员要求长发必须束起或盘起来,然后用发网拢起来,防止工作时头发蓬松、掉落,给人不整洁之感。女士前额的刘海不能盖住眉毛遮住脸,以免挡住视线。不可染艳丽的头发,头发的颜色一般为棕、黑色,烫发应选择一些比较自然简单的造型。还要避免使用色彩鲜艳的发饰。

2.男性旅游接待人员发型要求

男士不可理光头,一般应是短发。现在有些男士也留长发,流行中性风格,但对服务人员不适合。男性服务人员发型要求是前不及额,侧不掩耳,后不触领,不留长发和大鬓角,也不要烫发。

(三)面部修饰礼仪

面部是一个人的"门面",最动人的地方,也是仪容之首。面容的修饰是整个仪容修饰的中心。一般来讲,面部是指头的前部,上至额头,下到下巴。人的眼、耳、口、鼻等五官都在这一区域内。旅游服务人员的工作性质要求要直接面对交往对象,所以要对自身的容貌更加重视,必须要做好面部的修饰,不仅仅体现了一个人工作的敬业精神,也表现出对别人的一种尊重。

1.面部护理

皮肤是仪容的重要基质,尤其是面部皮肤的经常护理和保养,是旅游接待人员实现仪容美的首要前提。

不同类型的皮肤需要用不同的方法加以护理和保养。皮肤一般分为三种类型:干性皮肤、中性皮肤和油性皮肤。确定自己皮肤类型的办法简便易行:早晨起来洗脸前,以数块纸巾贴在额头、鼻侧、两颊等处,一分钟后,纸巾湿而油的为油性皮肤,毫无油分的为干性皮肤,中性皮肤取其中间。

皮肤的护理是非常必要的,皮肤的保健更是十分必要的。精神愉快是最好的皮肤美容保健方法,充足的睡眠是皮肤美容保健不可缺少的条件,合理的饮食是皮肤美容保健的根本。此外还要养成多喝水的习惯。

2. 化妆修饰

俗话说："三分长相、七分打扮。""没有丑女人,只有懒女人。"化妆是修饰面容最好的方法。尤其是"窗口行业"的女性从业人员,更应要求化妆上岗、淡妆上岗,这也是旅游从业人员上岗前工作准备的一项基本要求。化妆上岗、淡妆上岗是对宾客的一种尊重,是为了更好地提供服务,也体现服务人员的自尊自爱,展现旅游企业的良好形象。

(1)化妆的原则。

◆美化原则

化妆的目的就是使人更加美丽,所以要根据自己的面容特征、性格特点来确定化妆的风格,给人一种美的享受。化妆前应了解自己脸的各部分特点,清楚怎么化妆、矫正,达到变拙陋为俏丽,使容貌更加美丽动人。

◆自然原则

化妆的最高境界就是"妆成却又无",自然是化妆的生命,使妆后的脸不至于呆板生硬,而是看起来真实、生动。自然地化妆往往依赖的是正确的化妆技巧、合适的化妆品,讲究适度、体现层次、浓淡相宜、点面到位,还要一丝不苟、井井有条。

◆协调原则

高水平的化妆还应该注意化妆后的整体效果和谐悦目,即达到协调。协调性表现在:妆面协调、全身协调、场合协调,用来体现自己的品位不俗。妆面协调,就是指化妆部位色彩的搭配协调、浓淡协调,针对所化脸部的特点,整体设计协调。全身协调,是指脸部化妆要与自身的发型、服饰等相适合,达到整体协调效果,如穿红色衣服时,口红可以采用红色等。场合协调,是指化妆要与计划要去的场合的气氛保持一致,比如,去上班,可以化淡妆;去参加舞会,可以化靓丽一些的妆等。

◆科学原则

美容化妆要了解各种化妆品的性质和特点,根据自身皮肤的性质,合理、科学地选择化妆品,而且随着环境、季节的变化,皮肤的性质也会改变,要及时更换不同的化妆品。

(2)化妆的种类。由于所处环境不同、人们扮演的角色不同,为了达到不同的效果,需要选择不同的化妆类型。一般化妆类型主要分为生活化妆和艺术化妆两种。如下:

化妆类型

生活化妆	淡妆	工作妆
		主妇妆
		旅游妆
	浓妆	晚宴妆
		舞会妆
		新潮妆
其他艺术化妆	影视化妆、舞台化妆、摄影化妆、梦幻化妆	

淡妆是日常生活中为了保养皮肤、增添秀色的较为普遍的化妆手法。淡妆要求妆色和大自然很贴近，显得纯朴、和谐，只对面部进行一些轻微的修饰。淡妆既要求看不出化妆的痕迹，同时还要达到美化的效果。

对于旅游服务人员来说，化妆追求的是清爽洒脱的效果，适宜淡妆轻描，与色彩相适宜，浓淡适中。

3. 化妆的一般程序和技巧

只有学会正确的化妆方法，才能使自己的妆容达到预期的效果。通常情况下，化妆的一般程序主要有以下几个步骤。

（1）准备阶段。

①洁面。化妆前必须彻底清洁面部皮肤，尤其是油脂分泌较多的鼻翼两侧及额头等部位。洁面一定要选择适合自己皮肤的清洁类化妆品。

②束发。束发是为了化妆的时候，化妆品不会弄脏头发和衣服，把脸部轮廓完全显现出来，有利于有针对性地化妆。

③修眉。修眉就是用眉钳修整眉形和拔除多余的眉毛。修眉要根据自身眉形的特点进行。

④涂化妆水。涂化妆水是为了调整皮肤表面的酸碱度，增强皮肤弹性。选用营养性化妆水，结合手指按摩，使化妆水均匀地渗入皮肤。

⑤护肤。护肤的目的是滋润皮肤，隔离有色的化妆品，防止化妆品与皮肤直接接触，起到保护皮肤的作用。

（2）化妆阶段。

①施粉。施粉是为了调整面部肤色,使其柔和美化。粉型的粉底霜适合油性皮肤和需要快速上妆者使用;膏型的粉底霜的遮盖性能比较好,可以掩盖瑕疵、改变肤色,适合浓妆时使用;液体的粉底霜适合干性、中性皮肤和每天化淡妆者使用。化妆海绵一定要选择结构细密、化妆专用的。施粉时应该特别注意粉底与皮肤的反差不宜太大。另外还要切记要在脖颈部位施上粉底,以免面部和颈部"泾渭分明"。

②画眉毛。画眉是为了突出改善个人眉形,以烘托容貌。操作方法:从内眼角的眉端开始,经眉峰(眉毛的2/3处)一直画到眉尾为止,不能来回乱涂。画眉讲究着笔力度均匀,如画得太重,可用眉刷刷一下,尽量使画过的眉毛看上去自然。要特别注意两头淡,中间浓,上边浅,下边深的现象。

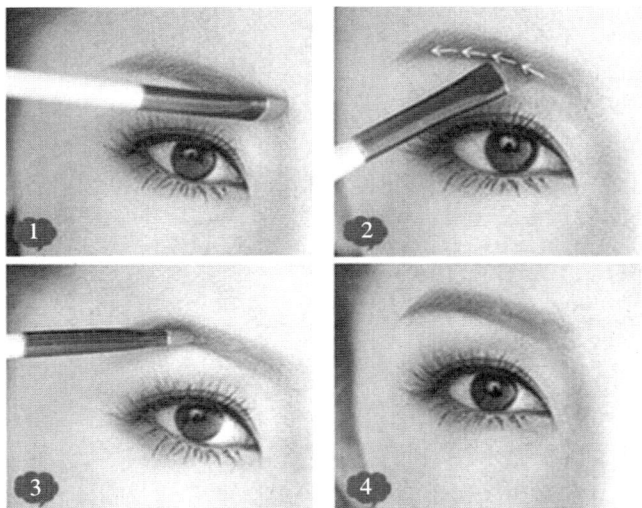

③画眼线、施眼影。画眼线是为了使眼睛生动有神,富有光泽。施眼影可以强化面部立体感,使双眼明亮传神。从视觉审美来看,眼部化妆的效果是整个面部化妆成败的关键。

④涂腮红。涂腮红,为了使面颊更加红润,轮廓更加优美,以显示健康活力。化妆涂腮红是比较讲究的。涂的范围高不过眉,低不过嘴角,里不过鼻颊两侧。涂腮红切忌着色太浓,与唇膏或者眼影应属于同一色系。要特别注意腮红与面部肤色的过度自然。

⑤涂口红。涂口红是面部化妆的最后一道工序,是为了改变不理想的唇形,改善面色,使唇部更加娇媚。职业女性一般不适合选择颜色太过鲜艳的口红,要注意唇边与唇内的颜色要略有区别,唇边可以涂深一些,唇内则适当的浅一些。为了使口红沾在唇上更牢固,防止口红蔓延到唇外,可以用纸巾沾一下口红,然后扑点透明粉饼,再涂一层口红,再用纸巾沾一下即可。

(3)化妆的注意事项。一般情况下,女士对化妆都比较重视。在日常生活中,化妆除了按照一定的流程进行之外,还应该了解一些需要注意的地方。

①避讳浓妆艳抹。旅游从业人员在工作岗位上应当化淡妆,注意自己的角色。如果一位女性服务人员在工作岗位上,妆化得过于浓艳,往往会使人觉得招摇和粗俗,缺乏职业素养。

②不宜当众化妆或岗上化妆。在公众场合化妆是没有素养的行为。化妆应该选在没有人的地方,或者在专门的化妆间、厕所等地方进行。职业女性的工作妆应该在上岗之前就已经完成,不应该上岗期间化妆。尤其对旅游服务人员来说,上岗期间化妆,是对旅游者特别不尊重的做法,容易引起别人的反感。

③不议论他人的妆容。旅游服务人员每天面对的宾客来自各地,不同的民族、肤色、文化传统和个人的审美情趣不同,他们的妆容也会不同,不要对宾客的妆容品头论足。

④不宜残妆露面。外出就餐或者中午休息的时候,脸上的妆容也会出现残缺,所以要做到及时补妆。否则,就会让人觉得自己懒惰,自残形象。补妆的时候也不可当着众人的面进行,要在化妆间或者卫生间等无人的地方进行,以免显得没有素养。

旅游服务人员在工作的时候,要求"淡妆上岗",即对面部进行适当的化妆即可,无须浓妆艳抹。

三、旅游接待人员仪表礼仪

旅游活动是为满足宾客精神需求而进行的高层次的审美活动,旅游服务应满足其审美享受。仪表美是旅游服务质量优劣评价的重要因素,其基本要求是:容貌端正,举止文雅,端庄稳重,不卑不亢,态度诚恳,待人亲切,服饰整洁,打扮得体,彬彬有礼。

(一)旅游接待人员仪表的基本礼仪

1. 讲究个人卫生,树立整洁清爽的形象

个人卫生是服务人员形象的组成部分,干净、清爽的形象给人一种清新向上、精神饱满的感觉,反映服务人员积极乐观的面貌,它会感染每一位宾客,让他们感到轻松、愉悦。例如,旅游从业人员与宾客沟通最重要、使用最频繁的方式是口头语言,所以应保持口腔清洁、口气清新,让宾客愿意与其交流。

旅游从业人员一般要求做到勤换衣袜,保持衣裤无污垢、油渍、异味,特别是领口、袖口、上衣前襟要洁净,衣、裤、裙等没有褶皱和破漏,衣裤不起皱,穿前要烫平,穿后要挂好,做到上衣平整、裤线笔挺。

2. 自然、端庄、大方

仪表美是一种整体美,强调和谐统一。旅游从业人员仪表这种和谐美的效果会给人一种自然清新、端庄大方的感觉,而时尚新奇、雍容华丽,则会引起宾客的反感情绪,可能导致消费行为的终止。自然、端庄、大方的仪表能使人产生亲切友好的感觉,拉近与宾客间的距离,达到事半功倍的服务效果。

(二)旅游接待人员的服饰礼仪

服饰礼仪是仪表中最重要的。"三分天注定,七分靠打扮。""佛要金装,人要衣装。"这些都说明了服饰外表的重要作用。同时,服装被称为人的"第二肌肤",说明服饰与我们日常生活的密切关系。服饰是一个人整体形象塑造的重要因素。

旅游从业人员的服饰美是仪表美的重要组成部分。旅游从业人员的服饰是服务人员的职业标志,应反映出旅游服务行业的特色,而不是突显个性、标新立异。服饰是否得体直接影响着服务的质量。在服务中,要想客人接受你的服务,着装首先要整洁得体,让客人看着舒服,愿意与你互动,从而使服务有个好的开端。

1. 服装礼仪的原则

通常着装端庄、典雅、大方得体,由人的感官传递给人们一种美感。通过服装的改变,能够达到给人们不一样的感觉,弥补人体比例的不匀称。服装对人的仪表礼仪起到修饰的作用。人们在着装时应遵循以下几个方面的原则:

(1)文明性的原则。在日常人际交往过程中,人们的服装应符合社会的常规做法和传统道德标准,应做到文明着装,特别是在比较正式的场合。

①不能穿过于暴露的衣服,而且在特别正式的场合中,脚趾和脚跟同样也是不允许外露的。

②不能穿过于艳丽的衣服,在选择服装时,应针对颜色、图案等方面稍加注意,尽量避免选用色彩十分艳丽、图案复杂古怪的服装。

③不能穿过于透薄的衣服,尤其是内衣、内裤等不能出现"透视"的现象。

④不能穿过于瘦小的衣服。比如穿小背心、超短裙等,往往会时不时"走光",失敬于人,而且也给自己的行动带来诸多不便。

(2)配色原则。不同的颜色代表着不同的意义,穿在不同人的身上也会产生不同的效果。衣着是人们审美的一个重要的方面,人们常说的"第一印象"也是由于衣着打扮,所以服装要讲究配色。

在对服装进行配色时,可遵循以下几种方法进行:

首先是统一法。就是选择统一色系中明暗不同的颜色进行搭配,如:深蓝色的西服配浅蓝的衬衫。这种配色适合相对正式的庄重的社交场合或者是工作场合中。

其次是对比法,这种搭配能够突出个性。就是选择冷暖、明暗等相反的色彩进行搭配,例如黑色和白色搭配。其中,红、黄、橙等颜色能够给人以温暖的感觉,称为暖色;蓝、绿、白等颜色能够给人以冷的感觉,称为冷色。这种方法的配色适合各种场合。

最后是呼应法,指在某些相关的地方采用相同的颜色,形成呼应。例如男士穿西装的时候,鞋子和包包的颜色往往保持一样。

一般来说,黑色、白色和灰色在配色中是百搭的色彩,它们和其他任何一种颜色搭配都能取得良好的效果。经过经验的积累,理想的配色建议可以概括如下:

绿色—黄色—粉红色—浅蓝色

深蓝色—红色—橄榄绿—红色

深蓝色—灰色—橄榄绿—骆驼灰色

黑色—浅绿色—黄褐色—白色

(3)TPO 原则。TPO 是英文"time(时间)""place(地点)""occasion(场合)"三个单词的英文缩写。TPO 原则是指人们在进行穿着打扮的时候,不仅要与自身的个性、风格、年龄等相结合,还要兼顾时间、地点以及场合,以达到协调一致,这是服装礼仪的基本原则。

T(time)——时间原则,即服装的选择要考虑时间的变化,与时间相适应。时间,一方面指早、中、晚三个时间段;另一方面指春、夏、秋、冬四个季度,也指时代的变迁。例如,男子白天不能穿晚礼服,夜晚不能穿晨礼服;在炎热的夏季,人们应该穿颜色较浅、面料薄一点的衣物,给人清爽舒适的感觉等。

P(place)——地点原则,即服装的选择要考虑到地点的不同,与地点相适应。这里的地点主要包括不同国家、不同地区所处的地理位置、自然条件以及生活习惯等方面。比如大多数人喜欢的超短裙、小背心等在欧美国家是比较受欢迎的,但是在阿拉伯国家就会显得有点不尊重当地人的风俗习惯。在海边、浴场人们穿泳装是很常见的,但如果出现在大街上,则显得不伦不类。

O(occasion)——场合原则,即服装的选择要考虑到场合的不同,与场合、目的相适应。工作场合着装要庄重、高雅、大方;社交场合着装要时尚;休闲的场合着装要强调自然舒适。再如,出席喜庆的婚宴,着装的颜色要以喜庆、艳丽为主;出席葬礼等,着装的颜色要以朴素、庄重为主。

2. 旅游接待人员女士的服饰规范

根据年龄不同、职业不同、身材不同、审美观差异等方面,女性的服装也千变万化。西装套裙,既不失女性本色,也能够体现穿着人的庄重大方。除非特殊的情况下,一般职业女性在公众场合或者上班期间,穿西装套裙都很合适。在女装众多款式中,西装套裙已经成为最恰当的职业女装。而作为旅游服务人员,对于着装的要求,最基本的就是干净、大方、整洁、挺括。

旅游服务人员在穿西装套裙时,应注意以下几个主要问题:

（1）西装套裙的大小、长短要适度。一般说来，西装套裙中的上衣最短可以齐腰，裙子最长可以到小腿中部，且上衣或者裙子都要大小合身，不可以过于肥胖或者紧身。

（2）西装套裙要穿着到位。注意上衣的领子要完全翻好，口袋的盖子要摆放整齐，裙子要穿的端端正正，上下对齐的地方要确保对齐，在正式场合，套裙上衣的衣扣要全部系上，不能当着别人的面将上衣脱掉等。

（3）西装套裙要适当考虑场合。在涉外商务活动中，务必穿西装套裙。一般来说，外出旅游、购物逛街时，应以运动装、休闲服饰为宜，出席宴会、舞会等活动时，应选择与场合相适应的礼服或者时装，不应穿着西装套裙，会显得和场合格格不入。

（4）西装套裙要配合协调装饰。着装、化妆与配饰风格相统一，构成相辅相成，是高层次的穿着打扮所讲究的。

（5）穿着西装套裙时要兼顾举止。旅游服务人员在工作时穿着西装套裙，站立要端正，不可以随性地依靠墙壁或者东倒西歪地站立，坐下时务必注意坐的姿态，不可以两腿叉开或者跷着二郎腿，更不可以当众脱鞋等，走路时要以小碎步疾行，不能大步流星。

3.旅游接待人员男士的服饰规范

西装，作为较为合适的职业服装，是国际性服饰，是目前世界上出席正式活动最流行的服装，也是旅游服务人员日常工作的最佳着装选择。西装穿起来给人一种彬彬有礼、潇洒大方的感觉。

男士穿着西装时，应该注意以下几点：

（1）选择合适的面料、色彩、图案。面料不选比较容易起皱的，男士在商务交往中所穿的西装，首推藏蓝色。西装一般无图案较好，显得比较成熟、稳重。领带的花纹有很多，而且不同的花纹代表不同的意义，因此在不同的社交场合应该搭配不同图案的领带，比如，圆点代表关怀，方格代表热情，小碎花代表体贴，斜条纹代表着行事果断等。

（2）搭配合适的衬衣。西装一定要搭配相应的衬衣，颜色要与西装的颜色搭配，而且不能够是同一种颜色。通常情况下，白色的衬衣搭配深色的西服，白色、浅蓝色、中灰色、浅褐色等单色一般为衬衣的首选颜色。其中，衬衣的领子不能有污垢，要挺括，应高出西装领子1厘米左右；衬衣的衣袖要稍长于西装的衣袖1~2厘米；衬衣的下摆要塞在裤子里，衬衣的袖扣和领扣要完全系好。

（3）搭配合适的领带。领带是西装的灵魂，在正式的社交场合中，穿西装必须打领带。蓝色、灰色、紫红色、黑色、棕色等颜色的领带，一般是比较理想的选择。职业男士要注意，在正式场合中千万不能佩戴三种或者超过三种颜色的领带，领带的颜色要与西装的颜色同色系或者有同色的成分，这样显得比较得体、庄重。领带的领结要饱满，与衬衫的领口吻合要紧凑，且长度以系好后下端正好触及腰上皮带扣上端为标准。领带的位置应在西装和衬衣之间，领带夹的位置以扣好西装外衣后不露出来为准。

（4）搭配合适的鞋袜。西服一定要搭配合适的皮鞋和袜子，才能算完美，而且裤子要盖住鞋面，不能穿运动鞋、布鞋或者漏脚趾的鞋子，也不能穿白色的或者色彩鲜艳的比较显眼的袜子。袜子的颜色要选择深色系的，一般与裤子同色系为最佳。鞋子要经常擦，袜子要经常清洗。庄重的西装，要求搭配黑色的皮鞋，且皮质要好、造型简洁大方，做工比较细致。

西装二粒扣只扣上面一颗，三粒扣扣上面两颗或中间一颗；双排扣西服，所有扣子应扣好

衬衫扣好所有的纽扣 衬衫的颜色与西服协调

领带长度以其下端正好抵达皮带扣上端为宜并注意与西服、衬衫颜色的协调

袜子颜色与皮鞋颜色协调

必备物品的选择

皮鞋擦亮与西服的颜色协调

穿着西装的禁忌：

①忌留有商标。购买回来的西装一定要记得拆除衣袖上的商标等其他标志。

②忌西装不合身。衬衫领子太大，领脖间存在空隙；西装上衣袖子过长；西裤短，走路时露出袜子。标准的西裤长度为裤管盖住皮鞋。

③忌领带打法错误。领带打好后不能太长到腰，也不能太短在胸前。

④忌卷挽。不能不经主人同意当众脱下西装上衣，也不能把衣袖、裤边卷起，否则就显得失礼。

⑤忌西装的上衣、裤子口袋鼓鼓囊囊。

⑥忌西装搭配不协调、总体色彩超过三种。

（三）旅游接待人员的饰品礼仪

饰品是指能够起到装饰点缀作用的物件，是人们在着装的同时选用佩戴的装饰性的物品。饰品与服装、化妆一起成为人们装饰、美化自身的三大方式。饰品的佩戴能起到传播信息、画龙点睛的作用。饰品主要包括服装配饰和首饰两大类，比如帽子、手套和戒指、项链、眼镜等。

1. 饰品礼仪的原则

（1）数量原则。旅游从业人员佩戴饰品的数量上要少，品种上要少。旅游从业人员穿着制服时，只能佩戴手表、一枚婚戒或一条项链，不宜佩戴带有明显装饰性的戒指、项链、手镯、手链、脚链等。

（2）色彩原则。色彩原则要求佩戴的饰品力求同色。如果佩戴两件或者超过两件的饰品，则颜色或者镶嵌的主色调必须保持一致。千万不能同时佩戴好几种颜色的饰品，造成给人一种"远看像圣诞树，近看像杂货铺"的感觉。

（3）身份原则。饰品的佩戴，要选择与自己年龄、性别、职业以及工作环境相适合的，要符合自身的身份、地位,切记不能相差甚远。旅游从业人员的工作性质是为旅游者提供服务,一切要以接待对象为中心,我们要把美丽和高贵留给宾客,满足其求尊重的心理,而不能突显服务人员,甚至在宾客面前炫耀,让宾客产生不平衡心理,这是对宾客的不尊重。

(4)协调原则。人们佩戴的饰品,作为服装的一部分,应该与自身所穿服装的色彩、款式等以及每个人不同的体型相协调,使它们在搭配、风格上相统一。旅游从业人员在工作场合一般要求穿正装,正装一般端庄、庄重,职业感强,选择合适的饰品既符合所处的环境又可点缀服饰,增添美感。所以,旅游接待人员在选择和佩戴饰品时,要注意符合服务工作的性质。饰品应大方得体,不要过分炫耀、夸张、华贵和刻意堆砌,应少而简洁。

(5)习俗原则。由于不同的国家、地区以及民族的风俗习惯不同,佩戴首饰的做法也有很多种。饰品佩戴的习俗原则就是要尊重不同地区、民族的习俗,要对将要到达地区的习俗进行了解,并尊重当地人饰品佩戴的习俗。

2.饰品佩戴的礼仪规范

(1)戒指。通常,戒指戴在左手上。一只手不要佩戴两个以上的戒指。选择戒指时,应该选择和自身手型相配的戒指,参加涉外活动时,以传统式样的戒指佩戴为准。另外,还要掌握戒指的语言,不同的佩戴方式代表着不同的意义。

通常,大拇指不佩戴戒指,其余四指佩戴戒指代表的意义是大不相同的。如:食指表示单身或者求爱的意思;中指表示正处于热恋的状态或者已经有意中人;无名指表示已结婚或者已订婚;小指表示是单身或者独身主义者。所以,旅游服务人员应该特别注意戒指的这种特定信息,不仅仅是传达给旅游者的信息,还包括旅游者传达出来的信息,一方面不至于在旅游者面前"失手",另一方面,可以避免造成尴尬的情况。

● 女生左手戴戒指

(2)项链。项链是大多数女性喜欢、青睐的饰品之一。佩戴项链时应该注意要与自身的年龄、体型相协调。旅游接待人员应佩戴简洁大方的项链。

（3）耳环。耳环是女性的主要饰品。耳饰主要有耳环、耳钉、耳坠等款式。耳环要讲究成对佩戴，即每只耳朵均需要佩戴一只，且在正式场合不宜多戴。旅游接待人员佩戴耳环的形状要简洁、大方，不可佩戴过大或形状怪异、颜色耀眼的耳环。

（4）手链和手镯。戴手链和手镯从另一方面也凸显了手腕和手臂的美丽。所以，手臂或者手腕有瑕疵者应该谨慎佩戴。旅游接待人员应选择形状简洁大方的手镯、手链，男性一般不戴手镯、手链。手表和手镯不可以同时戴在一只手上。在一些国家，佩戴手镯也代表某些特殊的意义，比如，戴在左手或者双手上，表示佩戴者已经结婚；戴在右手上，表示佩戴者独身自由等。

（5）胸针。胸针，就是别在胸前的饰品，多为女性使用。选择胸针的时候，要充分考虑服装的衣料、款式、色彩。如穿白色的衣服，胸针需要是天蓝色和翠绿色；穿红色的衣服，胸针需要本色或者黄色。胸针的位置也要特别注意，一般穿西装的时候，胸针应该别在西装左侧的领子上；穿无领子的衣服时，胸针应该别在左侧胸前第一个扣子和第二个扣子之间的位置。在正式的交际场中，女士最好不要佩戴胸针。

案例分析

穿着打扮要与身份相符

王某是一个大型旅游景区的营销部经理。有一次,他要与一位台湾客商洽谈业务。到了双方会面的那天,他对个人的形象刻意做了一番修饰:上身穿了一件花格子 T 恤衫,下身穿了一条风格前卫的牛仔裤,头上带了有景区标志的遮阳帽,脚上穿了一双旅游鞋。特别值得一提的是,为了显示自己工作经验的丰富,王某还留起了胡须,有近半个多月没有刮过胡须,目的是想给对方一个时尚、能干的印象。然而,事与愿违,对方看到王某的这身打扮后,却皱起了眉头,业务最终没有谈成。

思考:运用所学的仪表仪容礼仪规范,分析一下台湾客商对王某的第一印象如何?

小李的业绩为什么上不去?

小李的口头表达能力不错,对公司产品的介绍也得体,人既朴实又勤快,在旅游景区的营销人员中学历又最高,老总对他抱有很大的希望。可是做营销代表半年多了,业绩总是平平,上不去。问题出在哪儿呢? 原来他是个不修边幅的人,双手拇指留着长指甲,里面经常藏污纳垢;脖子上的白衣领经常是酱黑色,有时候手上还记着电话号码;他喜欢吃大饼卷大葱,吃完后,不知道去除异味的必要性。这样,在多数情况下,他根本没有机会见到想见的客户。

思考:小李的业绩为什么上不去?

项目训练

项目训练一:美容化妆的技巧训练

只有学会正确的化妆方法,才能使自己的妆容达到预期的效果。熟悉面部化妆的基本步骤和要领,能熟练地化出淡雅自然的旅游职业妆,达到旅游接待人员仪容修饰的良好效果。

1. 化妆的一般程序和要领

(1)分成小组,讨论化旅游职业淡妆的步骤。

(2)各个小组成员熟悉化旅游职业淡妆的步骤和要领。

①洁面。操作:用清洁霜或洗面奶涂于脸的各个部位,稍做按摩,用清水洗净,最后用毛巾按干。

②涂化妆水。操作方法:用营养性化妆水,结合手指按摩,使化妆水均匀地渗入皮肤。

③护肤。操作:用润肤膏均匀地涂抹面部。

④粉。操作:a.选择适合自己的粉底霜;b.将粉底霜放在手背上,用化妆海绵

拍打均匀,从鼻子处向外在脸上薄薄涂上一层,同时脖子上也涂一点,使之与面部肤色协调;c.从下往上轻轻扑上一层底粉。

⑤画眉毛。操作:从内眼角的眉端开始,经眉峰(眉毛的2/3处)一直画到眉尾为止,不能来回乱涂。

⑥画眼线、施眼影。操作:画眼线时,眼线要画在睫毛根上。上眼线从内眼角向外眼角画,下眼线从外眼角向内眼角画。施眼影时,先由眼角开始,轻轻涂上紫红色的眼影粉,约占眼长的1/3,再用蓝色的眼影粉涂剩余的2/3,最后用尖端削成扁平的眼线笔勾画眼线。

⑦涂腮红。操作:从脸颊颧骨处开始,起点可以微笑时面部形成的最高点为准,用刷子轻沾点腮红,一点点地淡涂。

⑧涂口红。操作:a.用唇线笔画好唇形;b.选择适当的口红颜色涂抹;c.用纸巾擦去多余的口红。

(3)分小组进行化妆操练。

以小组为单位,两个一组互相给对方化妆,互相评价,找出对方化妆的优缺点。

(4)班级学生化妆相互交流。

项目训练二:发型修饰的训练

1.不同脸型适用的发型

(1)分小组,对主要脸型适用的发型进行讨论。

(2)各个小组总结出适合不同脸型的发型:

圆脸:应尽量从两侧鬓角向下拉长做文章。

方脸:侧重以圆破方,用发型来增长脸型。

瓜子脸:额角覆盖一些头发,可以在耳朵后面散下。

长脸:应注意加重脸型的横向,适当的用刘海遮住前额。

梨形脸:短发,头发尽量梳高一些,并覆盖前额和太阳穴。

2.不同体型适用的发型

(1)分小组,对主要体型适用的发型进行讨论。

(2)各个小组总结出适合不同体型的发型:

矮小体形:以秀气、精致的发型为主,适宜短发和盘发。

矮胖体形:适合运动式发型。

高瘦体形:比较适宜留长发、直发。

高大体形:一般以直发为好,或者是大波浪卷发。

(3)小组梳理发型的实操练习。学生分组,相互帮助梳理发型,并为对方设计出最合适的发型。最后班级学生相互交流,找出各自发型的优缺点。

项目训练三:领带的各种系法训练

现代社会,商务男士越来越多,多懂几种领带的打法,可以大大提升男士的外表形象。下面来介绍几种常用领带的打法。

1.单结(又称普通结或者平结)

单结是领带结的古典形式,是最常用的一种,适合大部分的领带和几乎所有的衬衫领。打好单结,领带需要与衬衫领和谐搭配,应该不太紧也不太松地系在衬衣领上,领带的最宽部分(即在最宽点前)应位于腰带处。(注:下面的图片全是镜像,即站在镜子面前打领带看到的影像。)

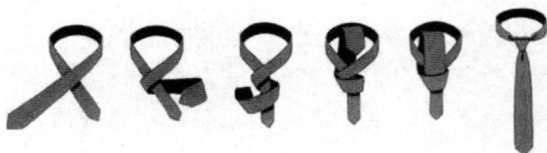

平结

2. 双单结(双环结)

双单结和单结类似,不同之处在于,它的前面有两个结,即两圈。适合个子矮小的男士,适合意大利领和稍细的领带。要诀:该打法完成的特色就是第一圈会稍露出于第二圈之外,千万别刻意给盖住了。

双单结

3. 温莎结

引起潮流的温莎结是一种非常英国式的漂亮领带结法。由于它的体积较大,适用于在分得很开的衣领(如意大利衣领)和很细的领带。要诀:宽边先预留较长的空间,绕带时的松、紧会影响领带结的大小。

温莎结

4. 双交叉结

双交叉结更能体现男士高雅且隆重的气质,适合正式活动场合选用。多应用在素色且丝质领带上。要诀:宽边从第一圈与第二圈之间穿出,完成集结充实饱满。

双交叉结

5.简式结(马车夫结)

适用于质地较厚的领带,最适合打在标准式及扣式领口衬衫上。容易打,非常适合在商务旅行时使用。待完成后,可再调整其领带宽度,在外出整装时方便快捷。

简式结

项目训练四:丝巾的各种系法训练

随着社会的发展,丝巾的功能性已经超越了大家的想象,从服装、领巾、围巾、披肩,到头巾、发带、腰带,甚至绑在手提袋上作为饰物等。在现代社会,丝巾无疑已经成为必备的服装配件之一,成为每个女士衣橱的必备品。

1.丝巾的搭配

(1)与服装的搭配。

丝巾与服装的搭配

服装款式	搭配围巾	图片	服装款式	搭配围巾	图片
较严肃的服装	传统图案的围巾		气质文静类服装	优雅的小花纹围巾	
流行时尚服装	现代图案的围巾		色彩鲜亮活泼类服装	大花型围巾	

(2)与肤色的搭配。

丝巾与肤色的搭配

肤色	搭配围巾
白肤色	a.宜用淡蓝、苹果绿、柠檬黄等色调; b.应避免刺激强烈的色调
黑肤色	a.宜选择深色,如巴西黄、深米色、深铁灰等色调; b.避免用浅色调围巾

（3）与脸型的搭配。

丝巾与脸型的搭配

脸型	搭配丝巾系法	注意事项
圆脸	适合个人着装风格的系结法，如钻石结、菱形结、玫瑰花结、十字结、心型结等	关键将丝巾下垂的部分尽量拉长，强调纵向感； 避免在颈部重叠围系，忌用过分横向即层次感太强的花结
长脸	左右展开的横向系法能展现领部朦胧的飘逸感，如百合花结、项链结、双头结等	不要围得太紧，尽量让丝巾自然地下垂，渲染出朦胧的感觉
倒三角脸	可利用丝巾让颈部充满层次感，如带叶的玫瑰花结、项链结、青花结等	注意减少丝巾围绕次数，下垂的三角部分要尽可能自然展开，避免围系得太紧
四方脸	可选择基本花、九字结、长巾玫瑰花结等	尽量做到颈部周围干净利索，并在胸前打出些层次感较强的花结

2. 丝巾的系法

（1）丝巾的基本折叠法。

◆ 三角形折叠法

首先，将纱巾的内面朝上平放；其次，沿着对角线折起，折成一个三角形。

◆ 对角折叠法

Step1　将纱巾的内面朝上平放，把上方的角往内折

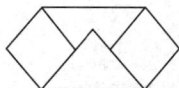

Step2　在将对角向内折起来

Step3　将其中一边对准中心线向内再折一次

Step4　另一边也以相同的方法折起（大小根据个人喜好）

◆ 褶形折叠法

Step1　将纱巾内面朝上平放

Step2　每隔 5 cm 折叠一道

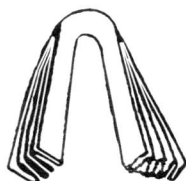

Step3　一边注意别让折好的皱折坏，一边将领巾整个折成手风琴的形状

（2）丝巾的折系法。

◆ 环形结

比平结稍微小一些，可以此系法为基础系出单翼蝴蝶结。

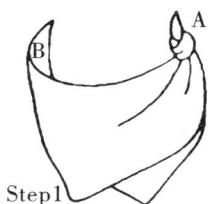

Step1　按三角形折叠法对折丝巾，将丝巾的一端（A）绕一个松松的结

Step2　将另一端（B）由下往上通过这个结

Step3　将（A）拉出，让结能够变紧

Step4　调整结的位置，移到自己喜欢的位置

◆ 蔷薇结

Step1　按对角折叠法对折丝巾后，由底边开始以 5 cm 的间距折三折。之后顶点朝下围在脖子上，在侧面打一个结

Step2　将打完结的两端上下相互交叉、扭转之后卷起，自然地做出一朵花的形状

Step3　将两端的尾部塞进花里，并用别针固定

◆ 项链结

Step1 按对角折叠法把丝巾折好,将领巾横放,固定一端,将另一端扭转至整条领巾成一条状

Step2 注意不要使扭转好的领巾松开,然后在中央打一个结

Step3 将中间的结与两端的中央各自打上一个结,后将领巾围在脖子上,并固定在领后

◆ 双结法

Step1 将右手(A)放在左手(B),然后交叉

Step2 将A穿过B,然后拉出

Step3 将左手(A)放在右手(B)上,使其交叉

Step4 将绕至右手(A)的一端拉出绑紧,调整好位置

3. 丝巾系法的实操训练及班级交流

项目二
优雅的行为姿态

项目导读
　本项目主要学习仪态的概念及内涵、旅游接待人员仪态礼仪的基本要求、旅游接待人员的行为姿态礼仪知识的掌握及运用。
学习目标
　1.熟练掌握站姿、坐姿、蹲姿、走姿礼仪的基本要求；
　2.熟练掌握旅游接待人员的行为姿态礼仪。

相貌的美高于色泽的美,而优雅合适的动作的美,又高于相貌的美。这说明了优雅的行为姿态在人际交往中的重要意义。

旅游接待人员是一个国家对外宣扬民族文化的"窗口",因此,对旅游接待人员的礼仪要求要更加严格,站、坐、行等各种行为姿态、行为举止都有着严格的礼仪规范。

一、仪态的概念及内涵

(一)仪态的基本概念

仪态是人的举止行为的统称,是人的内在气质的外在表现,也是现代人的职业文明的标志。仪态主要是指人们在社会交往行为活动中的姿态、表情、风度等,即人的身体呈现出的样子。优雅的行为姿态比语言更真实、更有魅力,也最能够给人留下深刻的印象。因此,无论是在工作岗位上,还是在日常社会交往活动中,我们都应该注意仪态美,保持优雅的行为姿态。

(二)仪态的内涵

1.仪态是一种"无声的语言",具有表达的功能

在日常的交往过程中,人们在通过语言方式传递信息的同时,也经常会配合着面部表情、手势、姿态等动作传递着信息。对于接受者来说,不仅"听其言",而且"观其行"。人际交往中,身体的每一种仪态变化通常都能够传达出许多内在的信息。

2.可以展现出个人的内在素质,具有真实性的特点

人的内在气质包括许多方面,如道德品质、学识修养、社会阅历、专业素质、个人才干、情趣爱好、技能专长等。在社会交往中,仪态相当于是一张无形的"名片",人们通过你的一举一动、一颦一笑,就能准确判断出你的身份、地位、学识以及能力,并以此作为标准,决定对你交往的深度、信任的程度。

3. 具有习惯性的特点

一个人由于受地域、文化、生活环境以及成长和交往过程的影响,也会形成特有的习惯性仪态。因此,旅游从业人员应该通过训练具备良好的习惯体姿、动作、表情等,用规范的仪态来展示其职业风采。

旅游从业人员要想具备良好的仪态,必须仰赖于内在气质的提高、道德品质的修养、专业素质的加强以及严格的训练,要用良好的仪态这种"无声的语言"向客人展示其综合素质。

二、旅游接待人员仪态礼仪的基本要求

"坐如钟,站如松,行如风",这是古人的礼仪规范。在旅游接待活动中,对仪态要求归纳起来就是:站有站功,挺直如松;走有走姿,从容稳直;坐有坐像,文雅端庄;举止端庄,落落大方。

(一)站姿

站姿是旅游从业人员首先应掌握的仪态动作,对于旅游接待人员来说,客人走进服务区域,首先看到的将是服务员站立迎接,准备提供服务。旅游从业人员的站姿,可以给客人留下对该服务单位的第一印象,正确的站姿和过硬的站功是旅游从业人员必备的专业素质之一。

1. 标准站姿的要求

站立是人们生活交往中的一种最基本的举止。男士要求"站如松",刚毅洒脱;女士则要求秀雅优美,亭亭玉立。从一个人的站姿,人们可以看出他的精神状态、品质和修养以及健康状况。

(1)标准的站姿要求:挺拔、均衡、灵活。

①头正,双目平视,嘴角微闭,下颌微收,面容平和自然。

②双肩放松,稍微下沉,人有向上的感觉。

③躯干挺直,挺胸,收腹,立腰。

④双臂自然下垂于身体两侧,中指贴拢裤缝,两手自然放松。

⑤双腿立直、并拢,脚跟相靠,两脚尖张开约60°,身体重心落于两脚正中。

⑥从侧面看,头部肩膀、上体与下肢应在一条垂直线上。

（2）手位。站立时，要以正确的手位去配合站姿。如果手位不当，就会破坏站姿的整体效果。

标准式：双手置于身体两侧　　握手式：右手搭在左手上，叠放于小腹前　　背手式：双手叠放于体后　　单背式：一手放于体前，一手放于体后

（3）脚位。在正常情况下，"V"字步、小"丁"字步、"Ⅱ"形（双脚平行分开不超过肩宽）在站立时都可以适当地进行采用。

"V"字步　　　　"Ⅱ"形　　　　小"丁"字步

2.旅游接待人员常见的站姿

（1）女士的站姿。女士站立时，双脚要形成"V"字形，膝和脚后跟尽量靠拢，或一只脚略向前，一只脚略向后，前脚的脚后跟稍稍向后脚的脚背靠拢，后腿的膝盖向前腿靠拢。上半身一定要保持挺直，下巴往内收，肩膀要平，收腹，臀部不能翘起。

女士的站姿一般为两种，如图所示：

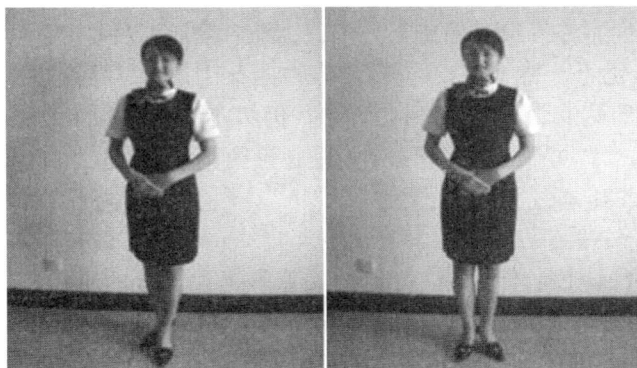

旅游服务行业要求女员工两膝并紧，脚跟靠紧，脚掌分开呈"V"字形。双手在腹前交

叉,即右手搭在左手上,置于腹部。双手交叉相握应注意的是,从正面的视觉效果来看,看不见双手的大拇指。

(2)男士的站姿。男士的站姿关键要看三个部位:一是髋部向上提,脚趾抓地;二是腹肌、臀肌收缩上提,前后形成夹力;三是头顶上悬,肩向下沉。男士站立时,双脚与肩膀同宽,身体不能东倒西歪,站立累时,脚可以向后撤半步,但是上体仍然需要保持正直,不可以把脚向后面伸太多导致叉开很大。

旅游服务行业要求男士员工双脚拉开成肩宽,双手在腹部或身后交叉相握,右手搭在左手上。

3.站姿的调整

根据所在服务岗位的不同,旅游接待人员在标准站姿的基础上,也可以灵活调整。需要指出的是,在较为正规的场合,或是接待重要客人时,不论在何种位置,都应该采用标准站姿。

(1)接待服务的站姿。采用这种站姿时,头部与上身可以微微侧向自己的服务对象,手臂可以持物,也可以自然下垂。特点是:站立之时,身前没有障碍物挡身,全身都在客人的视线中。

(2)柜台待客的站姿。只要保持上身正直,重心可以在双腿间轮换做稍息状,双手可以扶在身前的柜台之上。特点是:身前有障碍物挡身,因此对双脚的要求不太严格。

(3)恭候顾客的站姿。当客人来到面前时,仍然应该采取标准站姿。特点是:客人未到,可以适当放松,双脚可以适度叉开,身体重心轮换,但不要过于频繁,以免给人留下浮躁不安和极不耐烦的印象。

4.旅游接待人员站姿的禁忌

正确的站姿,不会让身体的某些特定的关节承担大部分的重量,可以让身体各个关节得到均匀的受力。但错误的站姿,往往会影响体内的血液循环,还可能压迫内脏,导致消化不良。无论是外貌上,还是形体上,不正确的站姿都对人产生不好的影响。

(1)弯腰驼背。弯腰驼背主要表现在腰部弯曲、背部弓起、颈部弯缩、胸部凹陷、腹部凸出等不良体态,显得一个人缺乏锻炼、没有精神,甚至健康不佳。

（2）手位不当。手位不当,很容易破坏站姿的整体效果。主要表现为双手抱在脑后,用手托着下巴,双手抱在胸前,把肘部支在某处,双手叉腰,将手插在衣服或者裤子口袋里等。

（3）脚位不当。脚位不当主要表现在"人"字步（"内八字"步）和"蹬踩式"。蹬踩式指的是在一只脚站在地上的同时,把另一只脚踩在鞋帮上或其他物体上,不仅样子难看,而且还显得十分随便。

（4）身体歪斜。站立时切忌身体歪斜。身体歪斜表现在头偏、肩膀斜、腿弯曲、身子歪、膝盖不直等方面。

（二）坐姿

"坐如钟",即在各种场合应该坐姿文雅、端庄、稳重,这是对坐姿最基本的要求。坐姿文雅、端庄,不仅仅给人一种沉着、稳重、冷静的感觉,而且还可以完全展示自己的内在气质和修养。

入座时动作要协调柔和,做到轻、缓、稳。一般应该从椅子左边位置入座、起身,这是礼貌。不能坐在椅子上移动位置,是不礼貌的。

1. 坐姿的标准要求

（1）正确的坐姿要求。

①入座时要轻、稳,不可让椅子发出声响。不要赶步,以免"抢座"。

②入座后上身自然挺直,挺胸,双膝自然并拢,双腿、双臂自然弯曲,双肩平整放松,双手自然放在双腿上或者椅子扶手上,掌心向下。

③双目平视,嘴唇微闭,面带微笑。

④坐椅子时,一般只坐满椅子的2/3,脊背轻靠椅背。男士可以坐满。

⑤起立离座时,左脚先向后收半步,然后站起,要自然稳当。

（2）手位。就座的时候,双手可以采用以下几种方法放置:

①双手平放在双膝上;

②双手叠放,放在一条腿的中前部;

③一手放在扶手上，另一手仍放在腿上或双手叠放在侧身一侧的扶手上，掌心向下。

（3）腿位。就座的时候，双腿可以采用以下几种方法放置：

正位坐姿　　　　　　　叠腿式坐姿　　　　　　　西方国家
　　　　　　　　　　　　　　　　　　　　　　　　男士叠腿方式

注意：a.女士切忌两膝盖分开，双脚呈外"八"字形，或者两脚尖朝内，脚跟朝外，呈内"八"字形；b.当两腿重叠放时，悬空的脚尖要朝下，切忌脚尖朝天，更不可上下抖动。

2.旅游接待人员常见的坐姿

（1）女士常见坐姿。女士就座时，双腿并拢，以斜放一侧为宜，双脚可稍微有前后之差。这样人正面看起来双脚交成一点，可以达到延长腿的长度的效果，也显得比较娴雅。女士分腿而坐显得极不雅观，尽量不要使腿部呈倒"V"字形状。女士如果穿裙装，入座时应有抚裙的动作。一般情况下，在正式的场合内，女性坐姿要求主要是：双腿并拢无空隙，双腿双臂自然弯曲，双脚平落地面，不建议前伸。在日常交往的场合，要求大腿并拢，小腿可以交叉，但是不可以向前伸直。

①标准式坐姿：双肩平正，上身挺直，双臂自然弯曲，双手叠放在双腿的中部，并靠拢小腹。双膝自然并拢，小腿垂直于地面，脚尖朝向正前方。着裙装的女士还应将裙摆内拢，避免因裙子打折，导致腿部暴露太多。

②测点式坐姿：两小腿向左斜出，右脚跟靠拢左脚内侧，右脚掌、左脚尖着地，身体左倾。小腿要充分伸直，大腿与小腿要成90度角。

③前交叉式坐姿：在标准式坐姿的基础上，右脚后收，左脚交叉，两踝关节重叠，两脚尖着地。

④后点式坐姿：两小腿后屈，脚尖着地，双膝并拢。

⑤曲直式坐姿：右脚前伸，左小腿屈回，大腿靠紧，两脚的前脚掌着地，并保持在一条直线上。

⑥侧挂式坐姿：在侧点式坐姿的基础上，左小腿后屈，脚绷直，脚掌内侧着地，右脚提起，用脚面贴住脚踝，膝盖和小腿并拢，上身右转。

⑦重叠式坐姿：即"二郎腿"，在标准式坐姿的基础上，一条腿提起，腿窝落在另一条腿的踝关节上面。要注意上面的腿向里面收，贴住另一条腿，脚尖向下。

（2）男士常见坐姿。男士就座时，双脚可以平踏在地上，双膝也可以稍微分开，双手可分别置于左右两个膝盖上。一般正式的场合中，男性的坐姿要求主要是：双腿之间留有一拳的距离；在日常生活交往中，男士可以跷起"二郎腿"，但是要注意不要跷得过高，也不可以抖动。

①标准式坐姿：双肩平正，上身挺直，双臂自然弯曲，双手叠放在双腿或扶手上，双膝自然并拢，小腿垂直于地面，两脚自然分开成45°。

②前伸式坐姿：在标准式坐姿的基础上，两小腿前伸出一只脚的长度，左脚向前半脚，脚尖不要翘起。

③前交叉式坐姿：在标准式坐姿的基础上，小腿前伸，两脚踝部交叉。

④交叉后点式坐姿：在标准式坐姿的基础上，小腿后伸，两脚踝部交叉。

⑤曲直式坐姿：右脚前伸，左小腿屈回，大腿靠紧，两脚的前脚掌着地，并保持在一条直线上。

⑥重叠式坐姿：右腿叠在左膝的上面，左小腿内收贴回左腿，脚尖下点。

3. 旅游接待人员坐姿的禁忌

在正式的场合中就座时，一定要保持良好的坐姿。不雅的坐姿给人一种轻浮、缺乏修养的不好印象，也是严重失礼和不雅的表现。比如，接待客人的时候，跷着"二郎腿"，显示出不可一世的样子，或者懒洋洋地靠在沙发上，双手交叉于胸前，显示出一种对客人冷淡的态度等，这些都会给别人留下非常不好的印象。"坐如其人"。

常见的不正确坐姿主要有：

（1）双腿过于分开或者伸直。就座后不应把腿直挺挺地伸向前方，或者面对别人时，双腿过度岔开，这一点是极其不文明的举动。不管是过度叉开大腿或是过度叉开小腿，都是对别人失礼的表现。

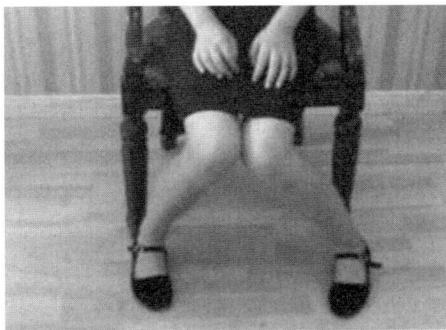

（2）腿部不断抖动、摇晃。在别人面前反复地抖动或者是摇晃自己的腿，都会给人一种不安稳的感觉，还会造成旁边人的心烦意乱。

（3）腿部随意架起。为了贪图舒服，就座后随意地架起腿部。一种是把一条腿架在另一只腿上，并且中间留有很大空隙；另一种是将腿部蹬上、踩上身边的桌椅，或者随意地盘在自己所坐的座椅上，这些都是不妥的表现。

（4）脚跟触及地面或者脚尖指向他人。就座后，脚部触及地面时，仅仅以脚跟接触地面，脚尖翘起。还有就是就座后，脚尖直直地指向别人。这些都是需要特别注意的事项。

（三）蹲姿

蹲的姿势与坐的姿势截然不同。一般人在日常生活里，采用蹲姿较少而坐姿较多。然而，蹲姿是常用的仪态之一，比如捡地上的物品或者伸手拿低处的物品时，长时间静候某人时,一般都可以用到蹲姿。旅游服务人员,对于日常生活中需要下蹲时,如果像一般普通人那样随意地蹲下、弯腰等,显然是非常不合适的。

1. 蹲姿的标准要求

(1)上体正直,下蹲的时候,上体尽量保持正直。

(2)双腿一起支撑身体,靠紧向下蹲。

(3)下蹲时,保持头、胸、膝关节在一个角度上。

(4)女士一定要注意将腿靠紧,臀部向下。

2. 旅游接待人员的蹲姿

旅游服务人员的蹲姿要求:一脚在前、一脚在后,两腿靠紧向下蹲,前脚着地,后脚跟提起、脚掌着地,臀部要向下。

蹲下时要特别注意:不要突然下蹲,不要离人太近,不要毫无遮掩,不要低头、弯腰,更不要弯上身或者翘臀。女生穿短裙时,应特别注意。

(1)交叉式蹲姿。这种蹲下的姿势在日常生活中经常会用到,比如拍毕业照的时候。这种下蹲姿势大多适用于女性旅游从业人员,尤其是身穿短裙时,造型优雅,特别是蹲下之后双腿交叉在一起。下蹲时右脚在前,左脚在后,右小腿垂直于地面,整只脚着地。左膝由后面伸向右侧,左脚跟提起,脚掌着地。两腿靠紧,合力支撑身体。臀部向下,上身稍前倾。

(2)高低式蹲姿。这是旅游从业人员采用最多的姿势。基本特征是:双膝一高一低。

下蹲时右脚在前,左脚在后,双腿靠紧向下蹲。右小腿基本垂直于地面,整只脚着地,左脚跟提起,脚掌着地。左膝低于右膝,向内侧贴在右小腿部内侧,形成膝盖右高左低的姿态,臀部向下,整个身体基本上靠左腿支撑。女性应靠紧两腿,男性则可适度地分腿。

3. 旅游接待人员蹲姿的禁忌

(1)弯腰捡东西时,双腿叉开,臀部向后翘起,是非常不雅观的姿态。双腿展开平衡下蹲,也是不优雅的姿态。

(2)下蹲时,要特别注意内衣"不可以露,不可以透"。

(四)走姿

走姿是一种动态美,是以人的站姿为基础的,实际上属于站姿的延续动作。每个人都是一个流动的造型体,优雅、稳健、敏捷的走姿会给人以美的感受,产生感染力,反映出积极向上的精神状态。走姿的基本要求:从容、稳直、直线。男士的走姿效果要求:步态稳健、体现稳重、坚定、自信的阳刚之美。女士的走姿整体效果要求:步态自如、协调、轻盈,体现端庄、自信、优雅的阴柔之美。

1. 走姿的基本要求

走姿,即走路,是人体呈现出来的一种动态行为,是站姿的延续。良好的走姿应当是:

(1)身体直立,收腹直腰,两眼平视前方。

(2)双臂放松,在身体两侧自然摆动。

(3)脚尖微微向外或者向正前方伸出,跨步均匀,两脚之间相距约一只脚到一只半脚,步伐稳健,步履自然,要有节奏感。

(4)起步时,身体微向前倾,身体重心落于前脚掌,行走中身体的重心要随着移动的脚步不断向前过度,而不要让重心停留在后脚,并注意在前脚着地和后脚离地时伸直膝盖。

（5）步幅要适当，着装不同，步幅也要有所不同。

2. 不同着装的走姿

所穿服饰不同，步态应有所区别。走姿也必须要考虑所穿服装的特点。

（1）穿西装时的走姿。行走时以直线为主，应当走出挺拔、优雅的风度。穿西装时，后背保持平正，两脚立直，走路的步幅可略大些，手臂放松，伸直摆动，手势简洁大方。注意男士不要晃动，女士不要左右摆髋。

（2）穿旗袍时的走姿。行走时要求女士身体挺拔，胸微含，下颌微收，不要塌腰撅臀。走路时，步幅不宜过大，以免旗袍开衩过大，露出皮肤。两脚跟前后要在一条线上，脚尖略微外开，两手臂在体侧自然摆动，幅度也不宜过大。站立时，双手可交叉于腹前。

（3）穿裙装时的走姿。穿着长裙可显出女性身材的修长和飘逸美。行走时要平稳，步幅可稍大些。转动时，要注意头和身体相协调，调整头、胸、髋三轴的角度。穿着短裙，要表现出轻盈、敏捷、活泼、洒脱的风度，步幅不宜过大，但脚步频率可以稍快些，保持轻快、灵巧的风格。

（4）穿高跟鞋时的走姿。由于穿上高跟鞋脚跟提高了，身体重心就自然地前移，为了保持身体平衡，膝关节要绷直，胸部自然挺起，并且收腹、提臀、直腰。穿高跟鞋走路步幅要小，脚跟先着地，两脚落地脚跟要落在一条直线上，像一枝柳条上的柳叶一样，这就是所谓的"柳叶步"。

3. 旅游接待人员常见的走姿

旅游企业的服务活动，强调外松内紧。即便在工作繁忙、业务紧张的情况下，在游客或宾客面前始终保持轻松的状态。这需要员工掌握优雅仪态的要领与技巧。

（1）标准步走姿。标准步走姿，就是正常情况下使用的标准步伐，保持正常状态的走姿，包括步幅、速度。

（2）后退步走姿。向别人告辞时，应先向后退两三步，再转身离去。退步时，脚要求轻擦地面，不可高抬小腿，后退的步幅要小。转体时，要先转身体，头稍后再转。

（3）侧身步走姿。需要走在前面引导别人时，应走在被引导人的左前方。应用侧身步时，髋部朝向前行的方向，上身稍微向右转体，左肩稍前，右肩膀稍后，侧身向着被引导人，且保持2～3步的距离。如果路面较窄或者在狭小的楼道中与人相遇时，也需要采用侧身步，两肩膀一前一后，将胸部转向他人，切不可将后背转向他人。

4. 不正确的走姿

（1）走路时瞻前顾后、方向不定，两脚尖同时向内或向外呈现"八"字步，步伐一会儿大一会儿小，让人感觉不雅观。

（2）走路时身体前俯后仰、左右摇摆，给人一种缺乏教养、行为轻佻的印象。

（3）走路的声音过大，脚后跟拖地发出"嗤嗤"的声音。尤其是在医院、图书馆等比较寂静的场合，要特别注意这种不雅的行为。

（4）走路时边走边吸烟、吃零食、吹口哨，双手反背在背后、插在衣服口袋里，叉腰等。

三、旅游接待人员的行为姿态礼仪

旅游从业人员在掌握了正确的站、走、坐、蹲等动作要领后，要达到准确与服务对象交往的效果,还要注重举止礼仪。

(一)旅游接待人员的手势礼仪

手势,也叫手姿,是在日常社会交往中左右表现力的一种"体态语言",具有极强的吸引力和表现力。在旅游服务工作中,手势一直都是最常用的动作之一。恰当优美的手势能展示一个人的内在涵养和气质。

1.旅游接待人员常用的几种手势

旅游从业人员常用的服务手势有:指示方向、挥手道别、手持物品、递接物品、举手致意等。

(1)指示方向。为他人指示方向时,一定要使用手掌而不仅是手指;一定要掌心向上而不是侧向;上体应略向前倾,头、胸侧向服务对象,面带微笑,辅以手臂动作,说"请随我来""请进"等。仅手臂挥动而上体僵直,表情呆板,动作显得不协调,也会给人以敷衍了事、并无诚意的感觉。

(2)持物,即用手拿着东西。可用一只手也可以用双手,拿东西时动作要自然,五指并拢,用力均匀。拿东西时,要特别注意不要翘起无名指或者小指。旅游从业人员手拿物品时,可根据其具体重量、形状以及易碎与否,采取不同的手势。既可以使用双手,也可以只用一只手,最重要的是要确保物品的安全,尽量轻拿轻放,同时不要伤人或伤己。

(3)递物、接物。传递物品的时候,应该用双手传递,主动上前,正面朝上递到对方手中。若所传递的物品是一些刀或者有尖端的物品,则刀刃、尖头应该向内,便于对方接拿。接物时,也要双手去接,而且要起身主动走进,目视对方,不要只顾注视物品,强取物品。先递后取,不要急不可待地直接从对方手中抢取物品。

(4)举手致意手势,主要用来向他人表示问候、致谢、感谢。面向对方,掌心向外,指尖朝向上方,千万不能忘记伸开手掌。例如,看见熟人,无暇分身的时候,就可以举手致意,向对方问好。当旅游从业人员忙于工作时,看见了相熟的服务对象而无暇分身时,向其举手致意,可立即消除对方的被冷落感。

掌心向外
手臂向上前伸
指尖朝上
单臂左右挥动
身体站直

2.旅游接待人员手势礼仪规范

(1)手势的上限不要超过对方的视线,也不能低于腰部;手势可以左右摆动,但是摆动的范围一定不能太大,在胸前或者右边的位置摆动。若想朝左边摆动,则应先朝右摆再向左摆;若想朝上摆动,则应先向下摆动再向上摆动。

(2)摆动手势的时候,胳膊应尽可能自然,动作不宜过快、过猛。

(3)要了解手势的含意。手心向上,表示坦诚直率,积极肯定,也可表示一种号召。手心向下,代表抵制、控制、否定、反对。紧握拳头,代表挑战,提出警告,也可以表示某种决心。食指伸出,表示指示方向、训令或下达指令。

手势的含意及适用国度

手势动作	不同含意	适用国度
竖起大拇指	好,干得好,了不起,高明 男人,您的父亲,最高 首领,自己的父亲,部长,队长 祈祷幸运 顺便搭车	中国 日本 韩国 澳大利亚、墨西哥、荷兰 美国、法国、印度
伸出食指	让对方久等 请求、拜托 最重要 请来一杯啤酒	美国 缅甸 新加坡 澳大利亚
伸出中指	被激怒和极不愉快 不满 侮辱 下流的行为	法国、美国、新加坡 墨西哥 澳大利亚、突尼斯 法国
伸出小指	女人、好孩子、恋人 妻子、女朋友 小个子 朋友 要去厕所 打赌	日本 韩国 菲律宾 泰国、沙特阿拉伯 缅甸、印度 美国、尼日利亚
食指往下弯曲	数字九 偷窃 死亡 钱或询问多少价格、数量	中国 日本 美国、菲律宾、马来西亚 墨西哥
拇指与食指尖组成圆圈,手心向前	OK 诅咒 钱	美国 巴西、阿拉伯世界、希腊 日本

　　(4)要注意区域的差别。旅游从业人员在运用手势时,要考虑手势运用的具体区域以及手势施以的对象这两个因素,以防出现对手势含意理解的不同带来误会。如:酒店门童通常都要为乘轿车抵达酒店的客人开拉车门,规范程序中有护顶的动作。但如果面对的是穆斯林(伊斯兰教的信徒),就一定要避免此动作,因为在穆斯林看来,头顶有光,头部被手遮住也就遮住了圣光,这是对人的冒犯。因此,准确运用手势,还要求旅游从业人员更多、更详细地了解不同国家、民族的文化习俗。

　　3.旅游接待人员的基本手势

　　(1)横摆式。横摆式,表示"请"时常用的手势,分为单臂横摆式和双臂横摆式。具体做法:四指并拢,手掌自然伸直,掌心向上,肘部微微弯曲,手腕低于肘部。手势动作应该从腹部前面抬起,以肘部为轴轻微地向一旁摆出到腰部,和身体成45°角的时候停止。头部和上身微向伸出手的一侧倾斜,另外一只手自然下垂或者放在身后,目光注视着引导的人,面带微笑。

(2)斜摆式。一般用在请别人入座的时候,手势应摆在座位的地方。先从身体的一侧伸手抬起,到达腰部后,再向下摆去,尽量使手臂成一条斜线。

(3)直臂式。直臂式一般用于指引方向。从身前抬起屈肘,摆向所指引的方向,摆到肩膀的高度,肘部关节基本伸直。注意,手掌一定要伸直,手指并拢,不能用食指指出。

(二)旅游接待人员的表情神态礼仪

表情,就是指人的面部感情,主要通过眉毛、眼睛、嘴巴、鼻子等的动作表现,比如微笑、眨眼等。面部表情主要是通过目光和微笑来传递信息的。在日常交往活动中,人们最常用的就是微笑和眼神,尤其是旅游服务人员。

表情礼仪主要探讨的是眼神、笑容、面容三个方面的问题。美国心理学家艾伯特·梅拉比安把人的感情表达效果总结为:感情的表达=7%言语+38%语言+55%表情。优雅的表情可以给人留下深刻的第一印象。

表情礼仪总的要求就是要理解表情,要把握表情,要在社交场合努力使自己的表情热情、友好、轻松、自然。构成表情的主要因素:一是目光;二是笑容。

1.目光

眼睛是心灵的窗户,从一个人的目光中,可以看到他的整个内心世界。目光是面部表情的核心。在人际交往中,目光是一种真实、含蓄的语言。一个良好的交际形象,目光应是坦然、亲切、友善、有神的。在旅游接待服务中,旅游从业人员要通过眼神让对方明白你的热情和真诚。

(1)注视方式的不同。目光的运用要做到"散点柔视",也就是要将目光柔和地投在别人的整个脸上,而不是聚焦于对方的眼睛。当双方都沉默不语的时候,应及时地将目光移开。不要盯着别人或者眯着眼看别人。注视服务对象时要讲究方式,既要方便服务,又不会引起对方误解。旅游从业人员注视服务对象的角度包括正视、平视、仰视、环视,但切忌旁视、避视、扫视、盯视、忽视和不视。

①正视——表示认真、尊重,适用于各种情况,也是做人的基本礼貌之一,旅游从业人员即使与对象同处于一侧,在需要正视对方时,也要将面部与上身转向对方。

②平视——表示双方地位的平等,即在注视对方时,身体与其刚好处于相同的高度,使双眼可以平视对方。

③仰视——表示尊重、崇拜对方。本人所处的位置较对方低,需要仰望对方。服务礼仪规定服务人员站立或就座之处不得高于服务对象,主要是为了防止造成俯视对方的状况。如果服务人员身高明显超过客人,在与服务对象交谈时也应该俯身低头,使目光仍能保持平视。

④环视——旅游从业人员为多人服务时,要善于运用眼神对每位服务对象予以关照,就是要给予每一位服务对象以适当的注视,使其不会产生被疏忽冷落之感。

(2)注视时间的长短。在与人交谈的社交场合,目光应该只是相对的一瞥,注视时间最多不要超过10秒,不然很容易引起误会。在交谈的过程中,不时注视着对方,注视时间占全部相处时间的三分之一左右,这是友好相处的表示;若常常把目光投向对方,注视时间占相处时间的三分之二左右,这是重视对方的表示;若目光游离,注视时间不到相处时间的三分之一,这是轻视对方的表示;若目光始终注视着对方,注视时间超过相处时间的三分之二,这就表示对对方有敌意或者比较感兴趣。因此,旅游服务人员在和初次见面的旅游者交谈时,不可以长时间盯着对方的眼睛,以免引起对方的不安和恐惧。

(3)注视部位的得当。注视对方部位的不同,传达的信息也有所区别,也会营造出不同的气氛。根据场合和交往对象的不同,目光所及应有所差别。

①公务凝视区域:以两眼为底线、额中为顶角形成的三角区域。在洽谈业务的时候,如果你看着对方的这个部位,会显得很严肃认真,别人会感到你很有诚意。

②社交凝视区域:以两眼为上限、唇心为下顶角所形成的倒三角区域。在社交活动中,当你看着对方的这个部位的时候,会营造出一种社交的气氛。这种凝视主要适用于茶话会、舞会以及各种类型的友谊聚会。旅游从业人员注视游客通常选择此区域。

③亲密凝视区域:亲人之间和恋人之间使用的,从双眼到胸部之间的区域。

2. 微笑语

微笑是人际交往的通行证,是一种能够令人感觉愉快的,既能愉悦自己又能愉悦他人的发挥正面作用的表情。微笑是旅游从业人员懂礼貌、有修养的外在表现,如果用微笑来接纳对方,可以反映出本人高超的修养及待人的至诚,是处理好人际关系的一种重要手段。有效利用笑容,可以缩短彼此之间的心理距离,打破交际障碍,为深入沟通与交往创造和谐、温馨的良好氛围。微笑是旅游从业人员的"常规武器","微笑是最具魅力的礼节"。

笑容的功能是巨大的,但是要笑得恰到好处,也不容易,所以微笑是一门学问,又是一门艺术。

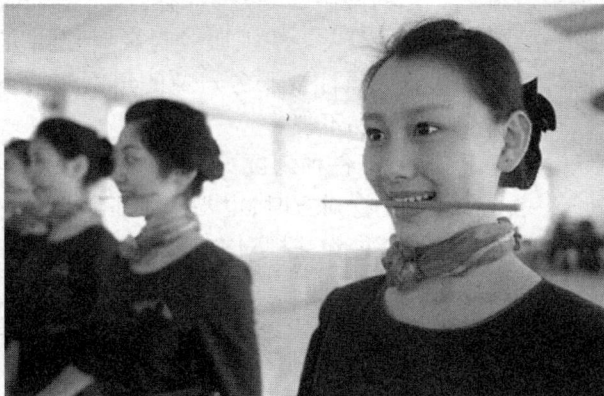

(1)合乎礼仪的笑。生活中,笑有微笑、轻笑、大笑以及尴尬的笑、嘲讽的笑等许多种,其中最美的就是微笑。在礼仪中,经常要使用到以下几种不同程度的笑。

①含笑:不出声,不露齿,表示接受对方、对人友善,适用范围较广。

②微笑:唇部向上移动,呈弧形,不露齿,表示自信、乐观、友好,适用范围最广。但时间不应超过 7 秒。

③轻笑:嘴巴稍微张开,露出上齿(8 颗牙齿),不出声,表示欣喜、愉快,多用于会见客人及招呼熟人。

④浅笑:抿嘴笑,往往下唇被含在牙齿之间,多见于年轻的女性害羞时。

⑤大笑:看到舌头,表现得过分张扬,不太适用于公务场合。

(2)旅游接待人员微笑的标准。

①基本要求:亲切、自然、甜美。

②上唇的位置:露出上前牙和牙颈部牙龈的75% ~100%。

③上唇的曲线:向上弯曲的曲线意味着嘴角比上唇中部的下界要高。

④上前牙曲线与下唇的平行:上前牙的切端线平行于下唇的上届。

上前牙与下唇的关系:不接触或者刚刚接触为好。

微笑时显露出 8 颗牙齿是最美的。

(3)微笑时的注意事项。

①微笑时不要扬眉瞪眼,应把眉毛放舒缓,再睁大眼睛。

②微笑时不要急于露出 8 颗牙齿,牙齿微露也可以。

③要主动微笑。在与对方目光接触的同时、开口说话之前,主动微笑。

④微笑时间不应超过 7 秒,时间久了,会给人一种傻笑的感觉。

旅游从业人员不能放肆大笑,使人感到没有教养;不要讥笑,会使对方恐慌;不要傻笑,会令对方尴尬;不要冷笑,会使对方产生敌意。总之,笑也要因时、因事而异。

(三)旅游接待人员的鞠躬礼仪

鞠躬,本来意为不抵抗,相见时把视线移开,郑重地把头低下,告诉对方我对你不怀有敌意。后人逐渐将其演变成表示对对方的敬意。

1. 鞠躬礼的适用场合

鞠躬礼是表示对他人尊重的一种郑重的礼仪。日常生活中,晚辈对长辈、下级对上级、遇到尊贵客人或表示感谢或回礼时,可行鞠躬礼。

受礼者若是长辈、尊者、宾客或者女士,可以不用还礼,用欠身、点头、微笑致意,以示还礼。

2. 鞠躬礼的动作要领

行鞠躬礼时应在距离对方 2 米处进行。鞠躬时要脱帽,用右手抓住帽前檐中央,将帽子取下,左手下垂行礼,女性戴着无帽檐的帽子时可以免脱帽。如果在行进中行礼,礼毕后应向右一步,给对方让路。

(1)行鞠躬礼是在优雅站立的基础上实现,面带微笑,神态自然。

(2)鞠躬时要挺胸、抬头、收腹,自腰以上向前倾。

(3)鞠躬时上身抬起的速度要比下弯时稍慢一些。

(4)上身下弯时,首先看对方的眼睛,然后再看对方的脚,抬起上身后再次注视对方的眼睛。

3. 行礼的方式

(1)当与客人交错而过时,应面带笑容,可行 15°的鞠躬礼,以表示对顾客的礼貌及打招呼。

（2）当迎接或相送顾客时，可行 30°的鞠躬礼。

（3）感谢顾客或初次见到顾客时，可行 45°的鞠躬礼以表示礼貌。

（4）在庄严肃穆的场合，可行 90°鞠躬礼，这是最高礼节。

4.行鞠躬礼的注意事项

（1）记住鞠躬不是单纯地点头，一定要手自然垂下，上半身向前方直接弯下去。切忌边看着对方边鞠躬，这是十分不雅的；切忌边工作边致礼；切忌一边摇晃着身体一边鞠躬；切忌鞠躬速度太快；切忌上身不动，只膝盖处弯曲，歪歪头，像是丫鬟。

（2）正确的呼吸决定你能否有正确鞠躬，随着上半身下弯吸气，弯下后数一、二、三吐气，接着一边吸气一边慢慢抬起上身。如果起身过快，则会显得草率。

（3）行鞠躬礼时必须先摘下帽子，用右手（如右手持物，可用左手）抓住帽前檐中央，用立正姿势，双目注视对方，身体上部前倾约 15°左右，然后恢复原来姿势。

（4）鞠躬一次即可，不可连续、重复施礼。其他人在受鞠躬礼后，均应该以鞠躬礼相还。

（四）旅游接待人员应注意的其他仪态

1.上下楼梯

上下比较高的楼梯时，头要正，脊背要伸直，胸部要挺直，臀部要收，膝盖要弯曲。旅游从业人员应当注意以下四点：

（1）走指定的楼梯。为方便顾客，往往规定员工不得与客人走一个楼梯。旅游从业人员必须不折不扣地遵守，不能因为有急事或贪图方便在客梯无人时擅自使用。

（2）减少在楼梯上的停留。不要停在楼梯上休息、交谈或是慢吞吞地行进。

（3）遵守"右侧通行"。多人同时上下楼梯时不能并排行进，要一律靠右侧单独行进。

（4）保护服务对象。上下楼梯时，出于礼貌，可请服务对象先行。上楼时请客人先行，下楼时请客人后行。旅游从业人员总留在下面是为防止意外，必要时可搀扶客人。

2.其他应注意的动作仪态

旅游从业人员在游客面前应注意举止得体，注重细节，避免出现以下不雅观的动作：

（1）打哈欠，打饱嗝，打喷嚏，伸懒腰，挠头发，抠鼻孔，掏耳朵，剔牙齿，修指甲，吐痰。

（2）有些动作要在身后避人进行（包括穿、脱衣服等）。

（3）不乱扔果皮、纸屑、烟头等脏物。

案例分析

笑的误解

一次，一个西欧旅游团深夜到达某饭店后，由于事先联系不到位，客房已满，只好委屈他们睡大厅。全团人员顿时哗然，扬言要敲开每一个房间，吵醒所有宾客，看看是否真的无房。此时，客房部经理却向他们微笑着耸耸肩，表示无可奈何，爱莫能助。这使得宾客更为不满，认为经理的这种微笑是一种幸灾乐祸的"讥笑"，是对他们的侮辱，便拍着桌子大声喝道："你再这样笑，我们就要揍你！"这使客房部经理十分尴尬。后来在翻译人员的再三解释下，客人的愤怒才告以平息。

分析：客房经理出了什么错？

项目训练

项目训练一：旅游接待人员的站姿、坐姿、蹲姿、走姿训练

1. 站姿规范训练

◆ 站姿训练步骤

①老师按要求从上至下分项讲解，边讲解边做示范。

②学生按照老师的要求跟着练习。

③老师指出学生站姿中出现的问题，并予以纠正。

④引导学生进行自我调整，找到适合的感觉。

⑤延长训练时间，达到训练的标准。

◆ 站姿训练方法

好的站姿是可以通过学习和训练获得的。学习理论后，我们还要在日常生活中加以训练，利用每天空闲的时间练习，才能达到非常明显的效果。要拥有优美的站姿，就必须养成良好的习惯，长期坚持。

①背靠墙壁。将身体背对着墙壁站直，整个后背紧紧贴着墙壁。后脑勺、肩、腰部、臀部、脚后跟也要尽可能的贴近墙壁，努力让头、肩膀、臀、腿之间纵向成一条直线。

②两人背靠背。两个人一起，背靠背站立，将两人的后背、肩膀、臀部、脚后跟都紧紧靠在一起。最好的两人的肩膀和小腿中间放一张卡片，且卡片不能掉下来。

③头顶书。头顶书训练，就是把一本书放在头上，不能让它掉下来。书顶在头上的时候，人们就会很自然地挺直脖子，收紧下巴，挺胸挺腰，这样书才不会掉下来。

④对镜训练。每人面对镜子，检查自己的站姿以及整体形象，看头是否歪、肩

是否斜、背是否驼、腿是否弯等问题,并及时作出调整。

⑤训练时间。站姿的训练,每次应该控制在 20 ~ 30 分钟,训练时可以配上轻松愉快的音乐。

2. 坐姿的训练

◆坐姿规范训练步骤

①老师按要求从上至下分项讲解,边讲解边做示范。

②学生按照老师的要求跟着练习。

③老师指出学生坐姿中出现的问题,并予以纠正。

④引导学生进行自我调整,找到适合的感觉。

⑤延长训练时间,达到训练的标准。

◆坐姿规范训练方法

①两人面对面。两人一组,面对面练习,相互指出对方的不足之处,及时进行纠正。

②头顶书训练。端坐后,将一本书放在头顶正中,训练时不能让书掉下来。

③对镜训练。坐在镜子面前,按照坐姿的要求进行自我纠正,重点检查手位、腿位和脚位。

3. 走姿的训练

◆走姿规范训练步骤

①老师按要求从上至下分项讲解,边讲解边做示范。

②学生按照老师的要求跟着练习。

③老师指出学生走姿中出现的问题,并予以纠正。

④引导学生进行自我调整,找到适合的感觉。

⑤延长训练时间,达到训练的标准。

◆走姿规范训练方法

(1)双臂摆动训练

①身体直立,以两肩为支点,双臂前后自然摆动,摆幅在 10° ~ 30°。

②纠正双肩过于僵硬、双臂左右摆动不均等问题,使双臂摆动优美自然。

(2)走直线训练

①在地面上画一条直线,沿着直线行走,检查自己的步位和步幅是否符合要求。

②规范走姿,纠正"内八字"步、"外八字"步。

③纠正步幅大小,保持步态的节奏感。

(3)头顶书训练

①在规范走姿的基础上,将一本书放在头顶正中,训练时不能让书掉下来。

②纠正走路时身体摇晃或摇头晃脑等问题。

(4)步态综合训练

①训练各种动作的协调性。

②行走时,身体平衡,双臂摆动对称,各种动作协调一致。

③训练时,掌握走路时的速度、节拍。

4.蹲姿的训练

◆蹲姿规范训练步骤

①老师按要求从上至下分项讲解,边讲解边做示范。

②学生按照老师的要求跟着练习。

③老师指出学生蹲姿中出现的问题,并予以纠正。

④引导学生进行自我调整,找到适合的感觉

⑤延长训练时间,达到训练的标准

◆蹲姿规范训练方法

①蹲下训练。身体直立,男生脚前后站立,迅速蹲下;女生丁字步站立,理顺裙子后优雅蹲下。在练习动作的同时,注意体会技术要领。

②起身训练。并脚蹲下,身体直立,然后起身。

③蹲式服务训练。蹲前左手拿盘右手拿杯,蹲下后,右手放杯,起身。

项目训练二:旅游接待人员服务手势训练

1.手势规范训练步骤

(1)老师按要求分项讲解,边讲解边做示范。

(2)学生按照老师的要求跟着练习。

(3)老师指出学生手势中出现的问题,并予以纠正。

(4)引导学生进行自我调整,找到适合的感觉。

(5)延长训练时间,达到训练的标准。

2.手势规范训练要点的把握

(1)手势幅度把握。手势的上界一般不超过对方的视线,下界不低于自己的腰处所在的水平线,左右摆动的范围应在人的胸前或右方进行。

(2)手的姿态把握。摊开手掌,五指伸直并拢,注意拇指相并。掌心斜向上方,手掌与地面成45°,腕关节伸直,手与前臂呈一条直线。做动作时,以肘关节为支点。

(3)手的位置把握。一般手位在头位和腰位之间,手势分高位、中位、低位。

①低位手手势:手位在腰线。

②中位手势:手位在腰与肩之间,一般在胸位。

③高位手势:手位在头与肩之间,一般为眼部。

(4)身体姿势把握。呈标准站姿的同时,身体稍向前倾,肩部上提。在运用手势时,要目视来宾,面带微笑。

项目训练三:旅游接待人员眼神表情训练

1.眼神训练的要点

(1)不同注视区域的练习:做到对不同交往对象目光把握得恰到好处

(2)不同注视角度的练习:做到让交往对象感到平等、不卑不亢。

(3)注视时间的练习:做到让目光交流达到很舒服的感觉。

①两人一组练习:被注视三分钟——感受不自在。

②两人一组练习:被盯视五分钟——感受不礼貌。

③两人一组练习:几乎不被注视——感受被冷落。

④两人一组练习:被很适宜地注视——感受被尊重。

2.不同含意眼神的训练

◆眼神综合练习

用不同的眼神表示愤怒、怀疑、惊奇、不满、害怕、感慨、遗憾等。

◆每分钟的眨眼次数练习

①标准:每分钟 5~8 次。

②心不在焉:频繁眨眼。

③轻蔑厌恶:过慢眨眼。

◆眼皮瞳孔开合大小练习

①欢畅、惊愕:大开眼皮大开瞳孔。

②愤怒、仇恨:大开眼皮小开瞳孔。

③欣赏、快乐:小开眼皮大开瞳孔。

④算计、狡诈:小开眼皮小开瞳孔

3.情景模拟训练

①模拟借书、购物等情境中,观察旅游接待服务人员的眼神和工作态度之间的关系。

②模拟在与旅游者进行交谈时的目光交流,注意观察眼神和思想感情之间的关系。

③模拟在路上与擦肩而过的旅游者进行眼神接触,尝试去揣摩旅游者的心理。

项目训练四:旅游接待人员的微笑表情训练

1.微笑训练的技能要领

面部肌肉要放松,嘴角微翘。男士嘴唇微闭;女士嘴唇微启,露出上面的 6 颗牙齿,但是应该避免露出牙龈。自觉控制发声系统,笑不出声。

2.微笑表情的训练步骤

◆基本功训练

①在课堂上,每个人准备一面镜子,做脸部运动。

②做各种表情训练,活跃脸部肌肉,丰富自己的表情。

③对比观察,找出哪一种微笑最美、最适合、最让人喜欢,经常反复训练。

④心理暗示"今天最美"。

◆模拟情景训练

模拟一些场合、情景,比如导游接待过程中的一些情景,让学生调整自己的角色,展示微笑。

◆具体工作和交往中的训练

遇见每一个认识的人或熟悉的人,都尝试展示自己最满意的微笑。

3.微笑的训练方法

(1)照镜子训练法。对着镜子,心里想着使你高兴的情景,嘴角两端做出微笑的口形,找出自己认为最满意的微笑,天天练习,使之自然长久地呈现在脸上。

(2)词语训练法。默念英文单词 Cheese 或普通话听"钱"字、"茄子",这些字词形成的口型,正是微笑的最佳口型。

(3)"眼神笑"训练法。拿一张厚纸遮住眼睛下面部位,对着镜子,心里想着使你高兴的事情,这时,整个脸部就会露出自然的微笑。

(4)含筷子训练法。使用一根洁净、光滑的圆柱形筷子,横放在嘴中,用牙齿轻轻咬住或含住,以观察微笑的状态。注意:不要使用一次性的简易木筷,以免造成拉破嘴唇。

项目训练五:旅游接待人员鞠躬礼仪训练

(1)掌握鞠躬礼仪的规范动作标准。

(2)观看标准鞠躬礼仪的影视短片。

播放规范的鞠躬影视 VCD 视频,使学生领会鞠躬的要领,掌握正确的鞠躬动作。要求学生按照鞠躬的规范动作,以两人一组进行训练。老师要随时指出学生动作中的不足。

项目三
文明的语言

项目导读

本项目主要学习旅游礼仪语言的概念和特征、旅游接待服务用语的基本要求、旅游接待人员的语言艺术和旅游接待人员常用的服务用语知识。

学习目标

1.掌握旅游接待服务用语的基本要求;

2.熟练掌握旅游接待人员的语言艺术;

3.熟练掌握旅游接待人员的常用服务用语。

"良言一句三月暖,恶语伤人六月寒。"文明的语言是尊重他人的具体表现,是友好关系的敲门砖。语言是人们思想的载体,是社会交际的工具,是人们表达意愿、交流思想感情的媒介和符号,也是人们道德情操、文化素养的反映。旅游企业员工接待服务的过程,就是从问候客人开始到告别客人结束的。语言是完成各种接待工作的重要手段。作为旅游从业人员,在工作中讲究语言艺术、使用礼貌用语是十分重要的。

一、旅游礼仪语言的概述

礼貌用语直接反映旅游接待服务的质量和管理水平。旅游接待人员是否使用礼貌用语是客人十分注意的。准确、亲切的礼貌语言,反映了旅游接待人员的文化素养和精神面貌,同时很大程度上决定着客人对接待人员的评价。因此,旅游接待人员一定要提高这方面的修养。

(一)礼貌用语的概念

礼貌话语是服务性行业的从业人员用来向宾客表达意愿、交流思想感情和沟通信息的重要交际工具,是接待宾客时用来对宾客表示友好和尊敬的一种礼貌性语言。

礼貌用语具有体现礼貌与提供服务的双重特性,旅游服务人员一定要真正理解旅游服务礼貌语言的内涵及重要性,这样才能在具体的服务过程中自觉地、恰到好处地加以运用,从而形成服务人员的一种良好的职业习惯和职业修养。

(二)旅游礼貌用语的特征

1.语言的礼貌性

语言的礼貌性主要表现在旅游接待人员对客人正确使用表示自谦恭敬的礼貌语言,并在服务的过程中始终贯穿着礼貌语言,使客人受到充分尊重。语言的礼貌性在旅游接待服务中的"五声"要求中,体现得最为明显。旅游接待工作在语言上的一个最大的特点就是礼貌用语的广泛应用。主要表现在敬语、谦语、雅语的正确运用。

2.语言的婉转性

语言的婉转性表现在经常使用谦虚语与委婉语两个方面。前者是谦虚、友善的语言,能充分体现说话人尊重听话者。谦虚语常常是以征询式、商量式的语气表达,如:"这张桌子已有人预订了,请用那张靠窗的好吗?"委婉语是用婉转的、含蓄的表达方式来代替直露的语言,如"请您从这边走",要比"您走错了"效果好。旅游服务中使用语言时要充分尊重宾客的人格和习惯,绝不能讲有损宾客自尊心的话。这就要求语言措辞的婉转性。

3.语言的灵活性

礼貌用语应当是生动的、丰富多彩的。如果在旅游服务工作中只是简单、重复地使用一句问候语,就不可能取得好的效果。服务人员应当灵活地运用不同的敬语来招呼宾客,使其产生亲切感和新鲜感。服务人员在使用礼貌用语时应察言观色,随时注意宾客的反应,针对不同的对象、不同的性格特点、不同的场合,灵活地说不同的话语。一般来说,可以通过宾客的服饰、语言、肤色、气质等去辨别宾客的身份,通过宾客的面部表情、语气的轻重、走路的姿态、手势等行为举止来领悟宾客的心情,以提高游客的接受和理解能力。旅游接待人员,只有把有声语言和无声语言巧妙结合,使其具有情感灵活性,真正成为旅游接待人员与旅游者之间关系的润滑剂。

4.语言的生动性

旅游服务人员的语言应当生动,生动的语言才能使人感到亲切、热情,能使气氛活跃,感情融洽。因此,旅游服务人员应努力掌握说话的技巧,注意语言的生动性。例如:一位游客在登山时不小心被树枝弄破了心爱的衣服,非常难过。导游小姐走过来风趣地对她说:"人有情,山也有情,你看连树枝都要挽留你。"一句话就使游客心情变好了。语言生动幽默是思维敏捷、随机应变的表现,它是旅游接待人员应具有的才能。

二、旅游接待服务用语的基本要求

礼貌服务用语是服务性行业从业人员在接待宾客时需要使用的一种礼貌语言。旅游者来自四面八方并初来乍到,对当地的一切不甚了解,旅游接待人员只有通过礼貌服务用语,才能与游客相互认识并进一步了解,达到沟通情感的目的。从而使旅游者对旅游产品、旅游服务产生兴趣和好感,留下深刻的印象和美好的回忆。

(一)语言要标准

语言要标准,就是使口头表达合乎语言规范,谈话的内容准确、简单、明了。对于旅游接待人员来说,语言标准包括普通话标准、方言标准和其他语种的规范使用。

1.普通话标准

普通话是各族人民共同使用的语言。每一位旅游接待人员在工作服务中,都应该自觉学好、用好普通话。使用普通话时应注意:认字要正确,读音要正确,遣词造句要正确。在旅游接待过程中,大多数情况下,旅游接待人员应该使用中速语调,要注意使用恰当的词句。

2.方言标准

方言作为一种客观存在的语言现象,必然会同普通话在相当长的时期内共存。方言给人一种亲切感和自豪感,特别是情绪激动的时候,就会脱口而出。旅游接待人员应充分理解宾客的语言感情,适应他们的语言感情需要,除了普通话,最好能懂一些地方方言。这样,在接待旅游者时,如能用方言与其交谈,被接待者一定会倍感亲切的,非常有利于工作相处,消除矛盾冲突。

3.其他语种标准

随着国际交往的进一步增多,为了及时、准确、顺利地与外国旅游者沟通,旅游接待人员还需要掌握一些外国语言。旅游接待人员,一般都会选择学习我们主要客源国的语种,如英语、日语、韩语等,也可以根据自己的实际情况有选择地学习。

(二)语言要以宾客为中心

旅游接待工作本身就是以满足客人的需要为前提的,而在宾客的各种需要中,求尊重的需要往往是最重要的。因此,旅游接待工作的原则之一就是语言表达力求体现"以宾客为中心",一切为了宾客着想。主要表现在:一是传递信息,表达感情;二是引起注意,唤起兴趣;三是取得信任,加深了解;四是进行鼓励,增进沟通;五是予以说明,加以劝告。

(三)要注意选用询问和回答的方式

旅游接待人员在与旅游者对话中,为了有利于双方的交流和理解,应恰当地选择使用询问和回答的方式。

(1)关切性的询问。当旅游人员来到接待人员面前时,接待人员应用主动关切的话语表示欢迎,并表现出应有的服务热情。

（2）征求性的询问。当客人需做出决定或者选择的时候,接待人员一般用征求的话语,帮助客人做出选择。

（3）提议性的询问。当客人为难、犹豫的时候,接待人员可以用试探性的口吻向其提建议。

（4）针对性的回答。客人问什么,接待人员直截了当地做出明确答复。

（5）解释性的回答。用在当客人对某些事物或景点存在疑问或者有不明白的时候。

（6）宽慰性的回答。当旅游者遇到突发状况、急事或难事,求助接待人员帮助解决时,旅游接待人员需要理解他们的处境和心情,尽可能使用宽慰性的话语,并积极采取措施,帮助他们。

（四）要注意语言、表情和行为的一致性

一名优秀的旅游接待人员,在接待客人的时候,应把语言与恰当的表情、美的行为结合起来,在与旅游者交谈的时候要时刻注意举止表情。如果一位使用礼貌服务用语接待宾客的服务人员,面无微笑,目光冷淡或者坐着与站立在面前的宾客说话,这种言行不一的举动,即使语言再美,也给客人造成不悦。

三、旅游接待人员的语言艺术

对于旅游服务人员来说,在服务工作中服务用语要做到文明服务、礼貌服务、热情服务。

（一）文明服务

文明服务要求旅游服务人员要体现良好的企业文化,展示优秀的个人素质。文明服务主要内容包括:规范服务、科学服务、优质服务。

1.规范服务

规范服务,即标准化、正规化的服务。主要体现在以下几方面。

（1）要做到来有迎声,问有答声。

①来有迎声。见到客人要用“您好”“欢迎光临”等。

②问有答声。要做到有问必答,不可以一问三不知、不愿意回答或敷衍了事;要按时回答,做到承诺什么时间答复的事情,无论情况如何,都应该按时给出答复,切不可拖延、不按时答复;要对事情给出具体的答复时间,不可以“过会儿给您答复”“过两天再说”等这种模糊的时间敷衍对方;要有耐心,不厌其烦。

（2）不讲禁忌的语言。旅游服务人员在提供服务的过程中,必须杜绝以下四种服务禁忌的语言表达。

①不尊重的语言。比如,面对残疾人的时候,切记不能使用“残废”“瞎子”“聋子”等词语。对身体肥胖之人的“肥”,对个子矮小之人的“矮”,都是不应该直言不讳的。

②不友好的语言。不友好的语言,是指对交往者说话时不够友善,甚至说出满怀敌意的语言,如“你买得起吗”等。

③不耐烦的语言。旅游服务人员在服务工作中,要时刻表现出应该有的热情和足够

的耐心,要努力做到:有问必答,答必尽心;百问不烦,百答不厌;不分对象,始终如一。如果在服务工作中使用了不耐烦的语言,不论自己的初衷是什么,这种做法都是不合乎规范的。

④不客气的语言。比如在劝阻服务对象不要动手乱摸乱碰时,不能够生硬地说"别乱动""弄坏了你得赔"等不客气的语言,应该委婉地说服对方。

2.科学服务

旅游服务人员在提供服务的过程中,掌握科学有效的服务方法,能起到事半功倍的效果。要做到科学服务,需要做好以下两点:

(1)练好岗位的基本功。"行行出状元。"练好本职工作的基本功是个人安身立命之本。练好基本功,首先要做好岗位的基本要求,掌握岗位需求的每一个细节;其次,还要了解旅游产品和服务的特殊问题,包括产品和服务涉及的方方面面。

(2)洞悉顾客的心理。仅仅练好岗位的基本功,还是远远不够的。旅游服务人员在服务工作中,还要时刻洞悉客户的心理,找出客户的真实需要,并给予满足,"知己知彼,百战不殆"。旅游服务人员要分析顾客的心理类型,做出判断出其是显在客户还是潜在客户,还要根据显在客户对自己服务和推荐的态度,做出判断并及时调整服务的方式。

3.优质服务

优质服务就是不断地提高服务质量。主要表现在:态度上要尽心尽意;行为上要尽力而为;努力的程度上要力求完善;结果上要争取十分满意。

(二)礼貌服务

1.使用谦语

不仅要使用内容谦恭的语言,语气也要谦恭。例如:称呼自己为"在下""晚辈",称自己的家人为"家父""舍妹""家兄";出现失误的时候,要及时说"抱歉""对不起""失礼了";请求别人原谅的时候,可以说"请包涵""请原谅"等。需要特别提醒一点,对待外国旅游者,我们应该谦虚适度。

2.使用敬语

敬语是说话者直接表示自己对听话者敬意的语言,通常宜在说话人把听话人视做上位者时使用,如"先生,对不起,让您久等了"。尊敬语力求让顾客感受到自己在服务人员心目中所占有的地位,以及自己作为一名旅游者在旅游活动中所享有的被敬重和礼遇。旅游接待人员在与客人交流的时候,要以"请"字开头,"谢谢"收尾,把"对不起"常挂嘴边。

3.使用雅语

雅语是指一些比较文雅的词语和俗语,是一种比较含蓄的表达。旅游接待人员在进行服务工作时使用文雅的语言,能够体现旅游服务人员的文化素养以及尊重他人的个人素质。在人们交流中,言谈用词要文雅,杜绝蔑视语、烦躁语、斗气语。

(三)热情服务

热情服务,要做到真心实意、全心全意、充满善意。要让对方明显地感受到你的热情。要完成热情服务,眼到、口到还不够,还要做到身到、意思到。

1. 眼到

眼到的标准:一要目中有人,要看着对方说话。对于看的部位、看的角度以及看的时间已经在目光语中有介绍,这里无须多说;二要眼里有事,要随时随地关注哪些事情该做,及时满足对方的各种需要。

2. 口到

口到,就是要把你的善意、诚意用语言的形式表达出来。因为你不说,没有人会完全明白。语言表达的时候,一方面要说普通话。普通话是通用的语言,说普通话能够显示一个人的文化水平高低、服务意识强弱。如果你满口说的都是方言,对方很可能压根就不知道你说的是什么,更不知道你想表达的内容;另一方面,说话要因人而异,因场合而异,要根据交往对象的不同,适当地调整说话内容。

3. 身到

热情服务的身到,就是能够及时地提供服务,迅速地满足服务对象的要求。身到的操作要领如下:

(1)身正。无论什么时候都应该注意自己的仪态,有无客人时都要求自己站有站相。

(2)脚勤。主动、及时地上前提供服务。

(3)手快。服务要准确,不要犯一些低级的小错误,如手不要碰到杯沿、碗沿;不手忙脚乱等。

4. 意到

意到就是表情和神态要相互配合。表情要做到如下三点:一要自然,不要过分严肃、呆板;二要互动,要和服务对象的表情进行互动,相协调;三要大方,不卑不亢,不扭捏,落落大方。

四、旅游接待人员常用的服务用语规范

(一)常用礼貌服务用语

1. 问候用语

标准式问候用语的常规做法:在问好之前,加上适当的人称代词,或者其他尊称。例如"你好""大家好"等。

2. 迎送用语

最常用的欢迎用语有"欢迎""欢迎光临""见到你很高兴""恭候您的光临"等,欢迎用语往往离不开"欢迎"一词。但是在客人再次到来的时候,可以在欢迎用语之前加上对方的尊称,如"先生,真高兴再次见到您",以表示自己尊重对方,使对方产生被重视之感。

3. 送别用语

最常用的送别用语主要有"再见""走好""慢走""欢迎再来""一路顺风"等。但是送别乘飞机的客人时,忌讳说"一路顺风"。

4. 请托用语

在请求他人帮忙的时候或者是托付他人代劳的时候,应当加上一个"请"字。在日常

生活中或者工作岗位上,任何人都免不了会有求于人。在向别人提出某项具体的要求或请求时,都要加上一个"请"字。

5.致谢用语

致谢用语一般为"谢谢""感谢您的帮助"等。致谢的几种情况:一是获得他人的帮助时;二是得到他人的支持时;三是赢得他人的理解时;四是感到他人的善意时;五是婉言谢绝他人时;六是受到他人的赞美时。

6.应答用语

常用的应答用语主要有"是的""好""好的"等。重要的是,对于旅游服务人员,一般不允许对客人说一个"不"字,更不允许对其置之不理。

7.道歉用语

常用的道歉用语主要有"抱歉""对不起""请原谅"等。

(二)"十字"礼貌服务用语规范

"请""谢谢""对不起""你好""再见"等这些是人们在日常生活中最常用的礼貌用语。

1."请"字开路

日常生活中,"请"字不绝于耳。当一个人需要别人帮忙时,总是"请"字开路。

2."谢谢"压阵

凡给你服务和帮忙,无论对你的帮助是大是小,都要说声"谢谢"。而当人们称谢时,接受者也要用"不用谢""别客气""没关系""这个算不了什么""乐意效劳"等礼貌用语回敬,以示尊重对方。

3."对不起"不离口

无论何时何地何事打扰别人,都必须说声"对不起"。而当一方说"对不起"时,另一方也应用"没关系"之类的礼貌用语来应答,以示相互尊重、相互谅解。

4."你好"

欢迎客人光临或宾客来到服务岗位前,服务员应先主动招呼客人,先说"您好",然后才能说其他服务用语。而不能先说其他服务用语,再说"您好"。回敬别人问候或招呼时,当别人先向我们打招呼说"您好"时,我们应立即回敬"您好",同时可以伴以微笑和点头。"您好"的适用范围较广,不受时间、交际场合和交际对象的限制,随时都可以使用。使用"您好"应避免机械单一或重复,尤其对短时间内多次碰面的客人更应注意。问候客人可以采用时间性问候,即根据早、中、晚大概时间问候,如"早上好""中午好""晚安。

5."再见"

"再见"是人们在分别时的基本告别语,含有依依不舍、希望重逢的意愿。凡熟人间相互告辞或陌生人短暂接触分离时,都应说"再见"。对于一天多次见面或经常见面的客人,宜用"回头见""下午见""下周见"等。不论是主动打电话还是接听电话,在通话结束时,都应主动说"再见",以示礼貌。

文明礼貌用语除上述以外,还有很多很多,如"上午好""劳驾''我可以……""晚安"

"欢迎光临"等。

案例分析

案例1　老人为何拂袖而去

在某地一家饭店餐厅,来自台湾的旅游团在此用午餐,当服务员发现一位70多岁的老人面前是空饭碗时,就轻步走上前,柔声说道:"请问老先生,您还要饭吗?"那位先生摇了摇头。服务员又问道:"那先生您完了吗?"只见那位老先生冷冷一笑,说:"小姐,我今年70多岁了,自食其力,这辈子还没落到要饭吃的地步,怎么会要饭呢? 我的身体还硬朗着呢,不会一下子完的。"说完老人拂袖而去。

分析:本例中服务员的问话有何不妥? 礼貌用语在旅游服务工作中有什么重要意义?

案例2　"下台剪彩"

某旅游公司新近落成一座办公大楼,拟举行剪彩仪式。请来了市长和当地各界名流嘉宾参加,并请他们坐在台上。仪式开始时,主持人宣布:"请市长下台剪彩!"却见市长端坐没动;主持人很奇怪,重复一遍:"请市长下台剪彩!"市长还是端坐没动,脸上还露出一丝恼怒。主持人又宣布一遍:"请市长剪彩!"市长才很不情愿地起来去剪彩。

分析:主持人说话为什么不符合礼仪规范?

模块训练

模块训练一:礼貌服务用语训练

1.熟练掌握常用礼貌服务用语的训练要点和标准。

2.两人一组,分别扮演客人和旅游接待人员,模拟实战演练

(1)模拟正式场合与非正式场合称呼用语的实战演练。

(2)模拟第一次见面时的问候用语的实战演练。

(3)模拟应对各种情景的应答用语的实战演练。

(4)模拟"十字"礼貌服务用语的场景,进行实战演练。

模块训练二:角色扮演训练

情景:

飞机误点,导游员联系饭店午餐延后。当旅游团抵达饭店后,餐厅已经撤台。一名游客将怒火发泄在导游身上。

请学生们分别扮演导游和游客,用冲动和理智的语言分别表演两种情形。

模块三

日常交往礼仪

交往礼仪,泛指人们在社会交往活动过程中形成的应共同遵守的行为规范和准则。旅游接待人员需要与客人密切接触、交往,日常交际、交往礼仪就变得十分重要。因此,熟悉并很好地掌握和运用各种交往礼仪是对每个旅游接待人员的基本要求。

项目一
见面礼貌礼节

项目导读

本项目主要学习称呼礼仪、问候礼仪、介绍礼仪、握手礼仪和致意礼仪知识。

学习目标

1. 在交际中能够得体地称呼对方;
2. 得体地进行自我介绍、介绍他人,以便更好地与人相识;
3. 熟练运用标准的握手、鞠躬等见面礼节。

人类文明发展到现在,无论哪个民族、哪种信仰的人,见面时都要使用各种各样的见面礼节,主要表现为问候、握手、介绍、点头致意等方式,特殊一点的还有诸如鞠躬、碰面、碰鼻、亲吻等风俗。但无论哪种见面的礼节,有一点是一致的,那就是对人的敬重。作为旅游从业人员来说,要为宾客提供良好和优质的服务,更应懂得和了解从业过程中的各种礼仪礼节,而日常见面礼仪的表现正是体现其综合素质的第一步。见面时的礼貌礼节主要包括称呼礼仪、问候礼仪、介绍礼仪、鞠躬礼仪、握手礼仪、致谢礼仪等。

一、称呼礼仪

称呼礼仪是交际礼仪中的一个基本内容。如何使用称呼,如何用好称呼,往往成为社交活动中的一个重要问题。得体的称呼是悦耳的声音,是打开对方心扉的一把钥匙。

称呼恰当、得体,体现对人的尊重、有礼。相反,不仅会令人不快、使人尴尬,甚至伤害别人,也有损自己的礼仪形象。称呼的使用包括尊称、谦称、平称和昵称。公务活动中一般不使用昵称。旅游服务人员在人际交往中应当特别注意面对不同身份地位的人应当学会用不同的尊称,而对自己应当尽可能的谦虚谨慎,以显示对对方的尊重。

(一)旅游接待人员应使用正确、恰当的称呼

1.生活中的称呼

生活中的称呼,应当亲切、自然、准确、合理。

(1)尊称。尊称就是对别人采用恭敬的称呼,以表示敬重,一般是对上级、长辈、客人的称呼。尊称的方法大致有以下几种:

①使用人称敬称。使用人称敬称称呼对方或他方,以表示恭敬和客气。对别人称呼时常用的敬称词是"您",年纪稍大的可以称"您老""您老人家",称呼他人时则用"他老人家"。

②引用亲属称谓。对非亲属而以亲属称呼,也是一种尊重。年龄相差不大的称呼"大哥""大姐";父辈称呼"大伯""大叔""大妈";祖辈称呼"爷爷""奶奶"等。

(2)谦称。谦称就是用一种谦卑的称谓称呼自己及亲属、下属。它实际上是通过抑己来表示对别人的尊重。谦称的方法主要有以下几种:

①直接谦称。"我""本人"是属于中性的自称。"鄙人""在下""卑职",就是谦称。老年人自称"老拙""老朽",不过一般用于书面语言的称呼,口头使用就比较少了。

②谦称亲属。谦称自己的亲属,如"家父""家母""愚弟""舍妹""小儿"等。

③降辈分称呼。从说话人子女或孙辈角度称呼听话人,如"××叔叔""××阿姨",这也是一种谦称。这样一方面是表示说话人的谦恭,另一方面在很难使用别的什么称谓时,用这样的称谓是十分恰当的。

(3)平称。平称是不表示尊卑的称呼,一般是对同辈、同级、下属的称呼。平称的方法有:

①姓氏称谓。以姓氏称呼是最常见的一种,如"老王""小刘""大李""阿罗"等。

②名字称谓。以名字称谓,显得亲切。如"雅君""文华""大海""春花"等。

③身份称呼。以身份、关系称呼,显得贴切,如"同学""战友""队友""团友"等。

(4)通称称呼。用"同志""小姐""女士""先生"等,显得平等、严肃而又有礼貌。

2.正式场合中的称呼

(1)职务性的称谓,即根据交往对象的职务对其进行介绍,比如,张厂长、王经理等。

(2)职称性的称谓,即根据交往对象的职称对其进行介绍,如刘教授、徐工程师。在正式的场合中,要在职称的前面加上全名,如张三工程师等。

(3)学衔性称谓,即根据交往对象的学衔对其进行介绍,如黄博士、丁博士等。也可将学衔具体化,以示重视,如金融学博士黄涛等。

(4)行业性称谓,即根据交往对象的行业对其进行介绍,如李医生、王老师、张会计等。此类称呼前,均可以加上姓氏或者姓名。

(5)泛尊称,对社会各界人士在一般较为广泛的社交中都可以使用。如:小姐、女士、夫人、太太、先生。

(二)旅游接待人员称呼礼仪的禁忌

1.替代性称呼

旅游接待人员在与游客交流中忌使用替代性称呼。如"那个背包的别走""那个穿红衣服的过来"等。

2.使用错误的称呼

常见的错误称呼有两种:

(1)误读。误读也就是念错姓名。如"仇""查""盖"等。为了避免这种情况的发生,对于不认识的字,事先要有所准备,如果是临时遇到,就要谦虚请教。

(2)误会。主要指对被称呼者的年纪、辈分、婚否以及与其他人的关系作出了错误判断。比如,将未婚妇女称为"夫人",就属于误会。相对年轻的女性,都可以称为"小姐",这样对方也乐意听。

3.使用庸俗低级的称呼

在人际交往中,有些称呼在正式场合时切勿使用。"哥们儿""姐们儿""磁器""死党""铁哥们儿"等一类称呼,就显得庸俗低级,档次不高,而且带有明显的黑社会人员的风格。逢人便称"老板",也显得不伦不类。

4.蔑视性称呼

如把老大爷叫"老头"等。对于关系一般者,切勿自作主张给对方起绰号,更不能随意以道听途说来的对方的绰号去称呼对方,还要注意,不要随意拿别人的姓名乱开玩笑。如:拐子、秃子、四眼、傻大个、麻秆儿等更不能说出。要尊重一个人,必须首先学会去尊重他的姓名。每一个正常人,都极为看重本人的姓名,因此,在人际交往中,一定要牢记。

二、问候礼仪

见面问候打招呼,是人们见面时最常用、最简便的礼节。见面问候是我们向他人表示尊重的一种方式。见面问候虽然只是打招呼、寒暄或是简单的三言两语,却代表着我们对他人的尊重。最简单的话语是"您好""早上好""晚上好"等。

旅游从业人员无论是接待宾客还是与其他人交流,首先是从问候开始的。良好、愉悦的问候可以增进双方的好感,可以使工作顺利进行有一个良好的开端。在向他人问候的时候,我们需要注意以下几点。

(一)问候的方式

问候的时间、场合不同,问候的方式也不相同。问候的方式分为直接式问候和间接式问候。

1.直接式问候

所谓直接式问候,就是直接以问好作为问候的主要内容。它适用于正式的交际场合,特别是在初次接触的商务及社交场合,如:"您好""大家好""早上好"等。

2.间接式问候

所谓间接式问候,就是用某些约定俗成的问候语,或者在当时条件下可以引起的话题,主要适用于非正式及熟人之间的交往。比如:"最近过得怎样""忙什么呢""您去哪里"等,以此来替代直接式问好。

(二)问候的态度

1. 主动

问候他人时,要积极、主动。同样,当别人首先问候自己之后,要立即予以回应,千万不要摆出一幅高不可攀的样子。

2. 热情

向问候他人时,要表现得热情、友好、真诚。毫无表情或者拉长苦瓜脸、表情冷漠的问候不如不问候。

3. 大方

问候他人时,除主动、热情外,还必须表现得大方。矫揉造作、神态夸张,或者扭扭捏捏,反而会给人留下虚情假意的坏印象。问候的时候,要面含笑意,与他人有正面的视觉交流,以做到眼到、口到、意到,不要在问候对方的时候,目光游离、东张西望,这样会让对方不知所措。

(三)问候的次序

在正式场合,问候一定要讲究次序。

1. 一对一的问候

一对一,两人之间的问候,通常是"位低者先问候",即身份较低者或年轻者首先问候身份较高者或年长者。

2. 一对多的问候

如果同时遇到多人,特别是在正式会面的时候,既可以笼统地加以问候,比如说"大家好",也可以逐个加以问候。当一个人逐一问候多人时,既可以由"尊"而"卑"、由"长"而"幼"地依次进行,也可以由"近"而"远"依次进行。

(四)问候的对象

国家、民族、地区不同,风俗习惯也不尽相同,所以在见面问候的时候,要注意问候对象的习惯,以免造成误会。中国人习惯见面打招呼用"吃了吗""上哪儿去""干什么去"等,这些仅仅是寒暄、打招呼,对于问候的对方是否已经吃饭、去哪儿、干什么等往往并不是很在意。但是与外国人打招呼的时候,要尽量避免使用这些中国式的问候语。与日本人打招呼,最常用的是"您好""请多关照"等,与巴基斯坦以及中东一些国家的人们打招呼的时候,第一句话是"真主保佑",以示祝福,然而与泰国、缅甸等信奉佛教的国家的人们打招呼的时候,第一句话应该是"菩萨保佑"。

三、介绍礼仪

介绍是人与人沟通的起点,对于旅游服务人员来说,做好介绍这一重要的环节,可以结识旅游者,也可以达到展示自我、宣传企业良好形象的作用。相互介绍是社交中常见且重要的一环。介绍的礼仪礼节虽不必严格遵守,但掌握这些礼节就等于掌握了一把打开社交之门的钥匙。旅游服务人员来,经常需要与生人打交道,了解了这些礼节能更好地进行社交活动。

(一)自我介绍

对别人做自我介绍的时候,语言要平和,切记不可过分炫耀、标榜自己。自我介绍的时候,要从容,介绍前要做好准备工作,切记不可一边想着一边说,没有逻辑。在做自我介绍的同时,也要牢牢记住别人的名字,以示尊重。

1. 自我介绍的形式

自我介绍时应先向对方点头致意,得到回应后再向对方介绍自己的姓名、身份、单位等。自我介绍有以下五种形式。

(1)应酬式自我介绍。应酬式自我介绍适用于某些公共场合和一般性的社交场合,这种自我介绍最为简洁,往往只包括姓名一项即可。如"你好,我叫张强""你好,我是李波"。

(2)工作式自我介绍。工作式自我介绍适用于工作场合,它包括本人姓名、供职单位及部门、职务或从事的具体工作等。如"你好,我叫张强,是金洪恩电脑公司的销售经理"。

(3)交流式自我介绍。交流式自我介绍适用于社交活动中,希望与交往对象进一步交流与沟通。它大体包括介绍者的姓名、工作、籍贯、学历、兴趣及与交往对象的某些熟人的关系。如"你好,我叫张强,我在金洪恩电脑公司上班。我是李波的老乡,都是北京人"。

(4)礼仪式自我介绍。礼仪式自我介绍适用于讲座、报告、演出、庆典、仪式等一些正规而隆重的场合,包括姓名、单位、职务等,同时还应加入一些适当的谦辞、敬辞。如:"各位来宾,大家好!我叫张强,我是金洪恩电脑公司的销售经理。我代表本公司热烈欢迎大家光临我们的展览会,希望大家……"

(5)问答式自我介绍。问答式自我介绍适用于应试、应聘和公务交往。问答式的自我介绍,应该是有问必答,问什么就答什么。如:"先生,你好!请问您怎么称呼?(请问您贵姓?)""先生您好！我叫张强。"主考官问:"请介绍一下你的基本情况。"应聘者答:"各位好！我叫李波,现年 26 岁,河北石家庄市人,汉族……"

2. 自我介绍礼仪的注意事项

（1）讲究态度。自我介绍的时候,态度一定要自然、友善、亲切、随和。应该落落大方、彬彬有礼,不能唯唯诺诺、虚张声势,要表现出自己渴望认识对方的真实情感。如果在自我介绍中,流露出胆怯和紧张,结结巴巴,目光不定,手忙脚乱,则会为他人所轻视,彼此间的沟通也会出现阻隔。

（2）注意时机。做自我介绍,要抓住时机,在适当的场合进行自我介绍。比如在对方有空闲、情绪好,又有兴趣的时候,这样就不会打扰到对方。

（3）注意时间。自我介绍还要言简意赅,尽可能地节省时间,以半分钟左右为佳,不宜超过一分钟,而且越短越好。话说得多了,会显得啰唆,交往的对象也未必会一下子记住那么多的信息。为了节省时间,还可以利用名片、介绍信等加以辅助。

（4）注意方法。进行自我介绍时,应先向对方点头致意,得到回应后再向对方介绍自己。如果有介绍人在场,就不需要进行自我介绍。如果你想认识某一个人,最好先获得一些有关他的资料或者情况,比如性格、特长、爱好等,这样在自我介绍时,就会很容易融洽地交谈。

（二）他人介绍

在社交场合与别人相识的时候,经常会碰见需要由他人来做介绍的情况。在人际交往活动中,经常需要在他人之间架起人际关系的桥梁。

他人介绍,又称第三者介绍,是经第三者为彼此不相识的双方引见、介绍的一种交际方式。他人介绍,通常是双向的,即对被介绍双方各自作一番介绍。有时,也进行单向的他人介绍,即只将被介绍者中的某一方介绍给另一方。

这位是皮特先生

1. 他人介绍的顺序

（1）介绍上级与下级认识时,应先介绍下级,后介绍上级。

（2）介绍长辈与晚辈认识时,应先介绍晚辈,后介绍长辈。

（3）介绍年长者与年幼者认识时,应先介绍年幼者,后介绍年长者。

（4）介绍女士与男士认识时，应先介绍男士，后介绍女士。

（5）介绍同事、朋友与家人认识时，应先介绍家人，后介绍同事、朋友。

（6）介绍来宾与主人认识时，应先介绍主人，后介绍来宾。

（7）介绍与会先到者与后来者认识时，应先介绍后来者，后介绍先到者。

由他人介绍的时候，自己处于被介绍的当事人之中，如果作为身份高者被介绍后，应立即主动与对方握手，表示很高兴与之相识。如果作为一般身份的人，当未被介绍给对方的时候，应该耐心等待。

2. 他人介绍的方式

（1）一般式：也称标准式，以介绍双方的姓名、单位、职务等为主，适用于正式场合。

（2）简单式：只介绍双方姓名一项，甚至只提到双方姓氏而已，适用一般的社交场合。

（3）引见式：介绍者所要做的，是将被介绍双方引到一起即可，适用于普通场合。

（4）推荐式：介绍者经过精心准备再将某人举荐给某人，介绍时通常会对前者的优点加以重点介绍，适用于比较正规的场合。

（5）礼仪式：是一种最为正规的他人介绍，适用于正式场合。其语气、表达、称呼上都更为规范和谦恭。

经介绍与他人相识时，不要有意拿腔拿调，或是心不在焉；也不要低三下四、阿谀奉承地去讨好对方。

3. 他人介绍的注意事项

介绍者为被介绍者人介绍之前，一定要征求一下被介绍双方的意见，切勿上去开口即讲，显得很唐突，让被介绍者感到措手不及。被介绍者在介绍者询问自己是否有意认识某人时，一般不应拒绝，而应欣然应允。实在不愿意时，则应说明理由。

为他人作介绍时，手势动作要文雅，无论介绍哪一方，都应该手心朝上，四指并拢，拇指张开，指向被介绍的一方，并向另一方点头微笑。必要时，可以说明被介绍的一方与自己的关系，以便新结实的朋友之间相互了解和信任。在介绍时，除了女士和长者之外，其余的人都应当站立起来。但是若在会谈进行中或者是宴会等场合，欠身致意即可，不必起身。

他人介绍时，首先，语言要简洁，表达要完整。介绍的时候应该特别注意称呼，通常的做法是连名带姓加上尊称敬语。千万不可以只称呼名字，而不称呼姓氏，也不可给人一种厚此薄彼的感觉；其次，要注意语言、语调、语速等，要态度认真、热情友好，表述清晰。

介绍完毕后，被介绍者双方应依照合乎礼仪的顺序握手，并且彼此问候对方。问候语有"你好、很高兴认识你、久仰大名、幸会幸会"，必要时还可以进一步做自我介绍。

（三）介绍后如何应对

当介绍人作了介绍以后，被介绍的双方就应互相问候"你好。"如果在"你好"之后再重复一遍对方的姓名或称谓，则更不失为一种亲切而礼貌的反应。对于长者或有名望的人，重复对其带有敬意的称谓无疑会使对方感到愉快。

四、握手礼仪

握手是商务活动中见面、接待、迎送时常见的礼节,如果应用得当,它能进一步增添别人对你的信赖感,而且在不经意的举手投足之间,显示出你的教养。握手礼不仅表示见面问候和告辞,而且还作为一种祝贺、感谢、鼓励、安慰等感情的礼节方式,现已经成为社交中应用最广泛的礼节。

(一)握手的标准动作

握手时,距对方约一米,上身稍向前倾,两足立正,伸出右手,四指并拢,虎口相交,拇指张开下滑,向受礼者握手。握手时用力适度,上下稍晃动三四次,松开手,恢复原状。

掌心向下握住对方的手,显示着一个人强烈的支配欲,无声地告诉别人,他此时处于高人一等的地位,应尽量避免这种傲慢无礼的握手方式。相反,掌心向里同他人的握手方式显示出谦卑与毕恭毕敬,如果伸出双手去捧接,则更是谦恭备至了。平等而自然的握手姿态是两手的手掌都处于垂直状态,这是一种最普通、最稳妥的握手方式。

与人握手时,神态要专注、热情、友好、自然,面带笑容,目视对方双眼,同时向对方问候。

(二)握手的时机

什么时候适合行握手礼? 这是一个复杂而微妙的问题,它通常取决于交往双方的关系、现场的气氛以及当事人的心情等多种因素。比如,向他人表示恭喜、祝贺的时候,应与之握手,表示贺喜;当他人给予自己一定的支持、鼓励或者帮助时,应主动行握手礼,表示衷心感谢等。在握手之前,一定要注意观察,审时度势,留意握手的信号,选择恰当的时机,要时刻避免出手过早或者几次伸手握手均不成功的尴尬局面。还应记住,有些场合是不必握手的,如对方手受伤、负重、忙于他事,或者对方在打电话、用餐、主持会议等,就不必上前握手。

(三)握手的先后顺序

在比较正式的场合,行握手礼时最重要的礼仪问题就是谁最先伸出手。如果对握手的礼仪不了解,在与他人握手的时候,轻率地抢先伸出手去,却得不到对方的回应,就会导致非常尴尬的局面。所以,我们需要掌握握手顺序的原则,在两人握手时,应该先确定握手双方身份的尊卑。

1. 身份不同时,遵循"尊者先伸手"的原则

身份尊卑不同的时候,一般应由位尊者首先伸出手来,位卑微者只能后行予以响应,而不能贸然抢先伸手。男女之间握手,男方要等女方先伸手后才能握手,如女方不伸手,无握手之意,方可用点头或鞠躬致意;宾主之间,主人应向客人先伸手,以示欢迎;长幼之间,年幼的要等年长的先伸手;上下级之间,下级要等上级先伸手,以示尊重。多人同时握手切忌交叉,要等别人握完后再伸手。握手时精神要集中,双目注视对方,微笑致意,握手时不要看着第三者,更不能东张西望,这都是不尊重对方的表现。军人戴军帽与对方握手时,应先行举手礼,然后再握手。

2. 身份相同时,伸手快者更有礼

身份相当的时候,谁先伸手,没有次序上的严格规定。一般谁伸手快,谁更有礼貌。同时,祝贺对方、感谢对方、宽慰对方时,应主动伸手,以表示真心诚意。

（四）握手的力度

握手时用力要适度。握手是为了表示热情友好,应当稍许用力,但以不握痛对方的手为限度。在一般情况下,握手不必用力,握一下即可。男子与女子握手不能握得太紧,西方人往往只握一下妇女的手指部分,老朋友可以例外,但是也不可以握得太轻,会给对方一种缺乏热情的感觉。

（五）握手时间的长短

握手时间的长短反映了握手双方的亲密程度。所以,可根据握手双方亲密程度灵活掌握握手时间。初次见面者,一般应控制在 3 秒以内,切忌握住异性的手久久不松开。即使握同性的手,时间也不宜过长。但时间过短,会被人认为傲慢冷淡、敷衍了事,是不合礼仪的。老朋友、关系亲近的人相握的时间可以长一些。

（六）握手的禁忌

（1）握手时双目应注视对方,微笑致意或问好,与人握手时不要看第三者或心不在焉。

（2）握手时不要一句话不说,也不可长篇大论、点头哈腰、过分客套。

（3）不要用左手,即使你是左撇子,也要用右手;有些国家习俗认为人的左手是脏的,所以这个错误不能犯。

（4）男士在握手前先脱下手套,摘下帽子;女士,特别是在晚会穿着晚礼服的女士可以戴着手套。

（5）在任何情况下拒绝对方主动要求握手的举动都是无礼的。但手上有水或不干净时,应谢绝握手,同时必须解释并致歉。

五、致意礼仪

致意就是用语言或者行为向别人表示问候、尊重、敬意。它通常在迎送、被别人引荐、拜访时,用于相识的人或只有一面之交的人在见面时的一种礼节。旅游服务人员在很多场合下都需要用到致意礼仪。

（一）致意的方式

1. 点头致意

点头致意,即微微点头,以表示对他人的礼貌,适用于不便于和对方直接交谈、比较随意的场合。比如在会议中、在路上行走时都可以点头行礼;经常见面的朋友、同事在公众场合相遇时,也可以点头致意。

2. 起立致意

在社交活动中,当领导、嘉宾到场,或者坐着的晚辈、下级在长辈、上级到来或离开的时候,或者坐着的男子见到站立的女子的时候,需要起立致意。起立致意一般用于较正式的场合。

3. 举手致意

举手致意,一般用于向距离比较远的同事、朋友打招呼。

4. 微笑致意

微笑致意适用于相识者或只有一面之交者在同一地点,彼此距离较近但不适宜交谈或无法交谈的场合。微笑致意可以不做其他动作,只是两唇轻轻示意,不必出声,即可表达友善之意。微笑如与点头示意结合起来,效果则更佳。

5. 脱帽致意

脱帽致意,一般用于朋友、熟人见面时。在戴帽子进入他人居室、路遇熟人、与人交谈、进入娱乐场所、升降国旗、演奏国歌等情况下,应脱帽致意。脱帽致意应微微颔首欠身,使用离对方稍远的那只手脱帽。脱帽致意时,另一只手不能插在口袋里。坐着时不宜脱帽致意。

(二)致意的注意事项

(1)致意的顺序遵循"尊者为上"的原则,即在各种场合,男士应该向女士致意,年轻者应该向年长者致意,学生应该向老师致意,下级应该向上级致意。

(2)遇到对方向自己致意,应该注意及时回礼致意,否则就显得比较失礼。

(3)遇到身份较高者,一般不应该立即起身向对方致意,应在对方的应酬告一段落后,再上前致意。女士一般不可以先向异性朋友致意,唯有遇到长辈、上级、老师以及见到一群朋友时,才可以先向他们致意。

案例分析

走不到的青海湖

一位年轻人去风景区旅游。那天天气炎热,他口干舌燥、筋疲力尽,不知距目的地还有多远,举目四望,不见一人。正失望时,远处走来一位老者,年轻人大喜,张口就问:"喂,离青海湖还有多远啊?"老者目不斜视地回答了两个字:"五里。"年轻人精神倍增,快速向前走去。他走呀走,走了好几个五里,青海湖也不见踪迹,他恼怒之下才想起自己言语不敬,后悔莫及。

思考:老者为什么不告诉年轻人青海湖的真实距离?

项目训练

项目训练一:常用见面礼仪的训练

(1)了解并掌握常用见面礼仪的要点和规范标准。

（2）播放各种见面礼仪的影像视频,使学生完全领会各种见面礼仪的要领。

（3）要求学生按照常用见面礼仪的规范标准和影像动作,两个一组进行训练。

（4）老师观察并指出学生的不足之处。

项目训练二:情景导入训练

将学生分组,分别按照以下情景进行模拟训练。

情景一:导游小李接待一个来自宝岛台湾的探亲旅游团队,共计 10 人,且该团队平均年龄 65 岁以上,请按见面礼仪规范进行模拟训练。

情景二:以 5 人为一组,进行一个客户来访的接待练习,主要扮演旅游者、接待人员等不同的角色。

情景三:学生以 3 人一组,模拟扮演不同的角色,轮换进行介绍自己和他人的训练。

项目二
人际交往礼貌礼节

项目导读

本项目主要学习常用的交际礼仪规范和几种主要社会关系的礼仪规范。

学习目标

1. 熟练掌握交谈、电话交谈中的礼仪;

2. 能够恰当地选择礼品,互赠礼品,能够正确运用鲜花表达情意;

3. 能够正确处理朋友、家人、上下级等关系中的礼仪规范。

一、常见的交际礼仪规范

(一) 交谈礼仪

1. 交谈礼仪的原则

（1）认同原则。交谈中,首先要对所谈论的内容表示认同。主要体现在"你说得对""其实我们的目的是一样的""我们很欣赏你的这种提法"等方面,只有建立在相互认同、观点统一的基础上,谈话才能够继续下去。

（2）赞赏原则。"凡我所遇见的人都有比我优秀之处,我要向他学习。"在交谈的过程中要适时地赞美对方,表现出你很欣赏对方。赞赏的技巧表现在:要真诚、真实、由衷地赞赏;要面对面的称赞;要适时把握好度,有分寸感;要能准确地说出对方的优点、称赞对方的成就、满足对方的虚荣心;向对方求助或征求意见等。赞赏对方的时候,要做到实事求是、内容具体、恰如其分、别出心裁。

2. 交谈礼仪的语言要求

(1)善于使用谦辞、敬语。恰当地称呼,礼貌地询问,善于使用"请"字。

(2)尽量做到谈吐文雅得体。在进行服务工作时使用文雅的语言,能够体现旅游服务人员的文化素养以及尊重他人的个人素质。在人们交流中,言谈用词要文雅,杜绝蔑视语、烦躁语、斗气语。比如"先生,请让一下""您找哪一位""真对不起,我确实不能来"等。

(3)把握好说话的语气语调,力争语言幽默、诙谐。

(4)要做到眼到、口到、意到。要有眼光交流;及时调整,因人而异地进行讲话;要有表情,落落大方,不卑不亢。

3. 交谈时说话的技巧

(1)就地取材好开头。交谈开始的时候要先寒暄,可以选择从赞美开始,也可以聊聊出生地籍贯、毕业学校、所学专业等,避免单刀直入,使人产生反感。

(2)适时地回应。在交谈询问的时候,应该特别注意以下问题:一是视对象而问,即要相应地了解所要询问的对象;二是要多使用开放式的问题;三是询问时的态度要谦逊;四是询问的时候,最好不要涉及机密或者询问对象的隐私,以免造成尴尬。对于提问者的提问,能够恰当地回答,能够显示出旅游服务人员的内涵、风度以及聪明才智,特别是回答有意刁难的问题。

(3)不要随意打断对方。不轻易打断、补充、纠正、质疑对方,不独占讲台,及时给予对方回应,不显得烦躁。要适时地表达自己的意见,配合表情和恰当的肢体语言。切记不可做出虚假的反应。

(4)尽量少讲自己。在交谈的过程中,要尽量少用"我",少说"我"怎么样、"我"如何,应尽量多地关注对方,多谈一些对方感兴趣的或者大家共同感兴趣的话题。

(5)学会倾听。倾听是对他人最基本的尊重,不仅能够获得更多的信息,还能更好地理解他人的想法。倾听的三大原则:耐心、关心、避免先入为主。

不好的倾听习惯表现在:喜欢批评、打断对方;注意力不集中;表现出对话题没有兴趣;没有目光的交流;反应过于情绪化;只为了解事实而听等。

好的倾听习惯表现在:能够了解对方心理;集中注意力;创造谈话兴趣;观察对方的身体语言;辨析对方意思并给予及时反馈;听取对方的全部意思等。

4. 交谈礼仪的谈话内容

对于旅游服务人员来说,由于要时刻与旅游者进行直接沟通,随时的交谈是免不了的。交谈中选择合适的话题非常重要。要学会用共同听得懂的语言,讲大家都可以参与进来的内容,可以谈论中性的话题,比如天气、艺术、体育等。

交谈中适宜选择的话题主要包括:格调高雅的话题,轻松愉快的话题(时尚、名胜、小吃、天气等);对方擅长的话题(向对方请教,让对方表现等)。

交谈中也有一些话题是不应该谈及的。例如:非议国家和政府;国家秘密和行业秘密;客人的内部事务;议论同事、领导;格调不高的话题(黄色段子、小道消息等);涉及个人隐私的话题(五不问:不问收入、年龄、婚姻家庭状况、健康状况、个人经历)。

5.交谈时的禁忌

在与人交谈的过程中,切忌以下几点:夸夸其谈说大话,旁若无人,喋喋不休;以自我为中心;说话唠唠叨叨;总是与人争辩指责,恶语相向;行为失礼,心不在焉,手舞足蹈等。

(二)电话礼仪

电话是现代生活中最常见的通信工具。在日常生活中,我们往往能够通过电话粗略地判断对方的人品、性格。因而,掌握正确的、礼貌待人的打电话礼仪是非常必要的。

1.打电话礼仪

打电话时,需要注意以下几点:

(1)要选好时间。如果不是特别重要的事情,尽量避开受话人休息、用餐的时间,最好不要在节假日的时候打扰对方。

(2)要掌握通话时间。打电话之前,最好先想好要讲的内容,以便节约通话时间,不要一边想一边说,"煲电话粥",通常一次通话不应该长于3分钟,即所谓的"3分钟"原则。

(3)态度要友好。和别人通话的时候,不要大喊大叫,震耳欲聋,要时刻保持态度友好。

(4)语言要规范。在和别人通话之初,要先做自我介绍,不要让对方"猜一猜"等。请别人找人或者代转电话时,应该有礼貌地说"劳驾"或者"麻烦您"等礼貌用语,不能认为别人的帮忙是理所应当的。

(5)姿势要规范。打电话的时候,做好用手拿着话筒,尽量不要把话筒夹在脖子上,或者抱着电话机随意走动,或者做一些不雅的动作。尽量不要边打电话边吃东西,这是非常不礼貌的行为。

(6)要控制音量。通话也要注意控制音量。不管打还是接,电话话筒和嘴都要保持3厘米左右的距离,声音宁小勿大。不管是长途电话还是市内电话,都不要大喊大叫。

2.接电话礼仪

接听电话的时候,不可以太随便,要讲究必要的礼仪和一定的技巧,以免生出一些不必要的误会。无论是打电话还是接电话,我们都应该做到语调热情、大方自然、声量适中、表达清楚、简明扼要、文明礼貌等。

(1)及时接电话。一般来说,在办公室里,电话铃响三遍之前就应该有人接听,六遍后就应该道歉:"对不起,让您久等了。"如果受话人正在做一件非常重要的事情而不能及时接听,代接的人应该代为妥善解释。尽快接电话会给对方留下好的印象,让对方觉得自己是被看重的。

(2)确认对方。对方打来电话,一般会主动介绍自己。如果没有介绍或者没有听清楚对方的介绍,就应该主动问"请问您是哪位""我能为您做什么""您找哪位?",如果对方找的人在旁边,您应该说"请稍等",然后用手掩住话筒,轻声招呼他人接电话。如果对方找的人不在,您应该告诉对方,并且问:"需要留言吗?我一定帮您转告。"

(3)讲究艺术。在接听电话的时候,应注意使嘴巴和话筒保持一定的距离,要把耳朵贴近话筒,仔细倾听对方的讲话。用左手接听电话,右手边准备一些纸笔,便于随时记下有用的信息。最后,应该让对方结束电话,然后轻轻把话筒放好。不可"啪"地一下扔回原处,这是非常不礼貌的行为。最好是在对方挂电话之后再挂电话。

(4)调整心态。当拿起电话听筒的时候,一定要面带笑容。亲切、温柔的声音会使对方马上对接听者产生良好的印象。说话的时候,声音不要过大或者过小,吐字清晰,保证对方能够听得清楚明白。打电话、接电话时,嘴里不能叼着香烟、嚼着口香糖。

(5)处理不满意电话的技巧。

①平定自己的情绪。在接到不满意的电话的时候,首先要平静自己的情绪。要耐心的聆听对方的讲话,尽量少插话,慢慢平复对方的情绪。听到恶言恶语的时候,千万不能急躁,要真诚地表示歉意,显示出知错的诚意,并让对方感受到。

②诚恳地解决问题。在听完对方抱怨完之后,要主动表示出解决问题的态度,及时针对问题提出解决的办法。最后,要和对方愉快地结束通话。

3.手机礼仪

随着手机的日益普及,手机礼仪越来越受到人们的广泛关注。使用手机时,需要注意以下几点:

(1)要遵守公共秩序。使用手机时不允许破坏公共秩序。不要在楼梯、电梯、路口、人行道等人来人往的地方旁若无人地使用手机;不允许在要求"保持肃静"的公共场合,如音乐厅、影剧院、展览馆等大张旗鼓地使用手机;不允许在聚会期间,如开会、上课、会谈等时候使用手机。最好把手机调到震动状态或直接关掉。

(2)要自觉维护安全。不管业务多忙,为了自己和其他人的安全,不要在驾驶汽车的时候使用手机,以保证安全驾驶;不要在加油站旁边使用手机,以免他们所发出的信号引发火灾、爆炸;不要在飞机起飞和飞行期间使用手机。

(3)要注意手机置放。在公共场合,手机应放在适当的位置上。当手机不在使用的时候,不要拿在手里、挂在腰间或者胸前,应该放到随身携带的包里或者上衣的口袋里。与别人交谈的时候,应将手机放在不起眼的地方,也可以放在手袋里。

(三)名片礼仪

名片是个人用作交际或者送给他人的一种介绍性媒介物。名片是社交场合中最简单、实用的自我介绍工具。不会使用名片的人是不懂得交际规则的人。旅游接待人员要掌握名片的递送、接受、存放等礼仪规则。

1.递交名片

(1)递交名片时应注意以下礼仪规范:

①递交名片前要将名片放在容易拿出的地方,需要时能够迅速拿取。一般,男士可以将名片放在西装口袋或者公文包里,女士可以将名片放在手提包内。

②向对方递交名片时,应面带微笑,稍欠身注视对方,将名片正对着对方,用双手的拇指和食指分别持握名片上端的两角送给对方。递送时可以说"我是××,这是我的名片,请收下"等之类的客气话。

（2）递交名片的顺序。递交名片的顺序没有太严格的礼仪讲究,但还是有一定的顺序的。一般来说,地位低的人先向地位高的人递名片;男性先向女性递名片。当对方不止一人的时候,应该先将名片递给职务较高或者年龄较大的,或者由近及远,依次进行,切勿跳跃式进行,以免让别人感到厚此薄彼。

（3）递交名片的注意事项:递名片时,切忌目光游移或者漫不经心;不可坐着递名片,这样很不礼貌,如果是坐着,应当起立或者欠身递送;不可单手递名片;注意名字不应该朝向自己;名片的递送应该在介绍之后,在尚未弄清对方身份时不应急于递送名片,更不要把名片视同传单随便散发。

2. 接受名片

（1）接受名片时应起身,面带微笑注视对方,用双手的拇指和食指压住名片下方的两角。

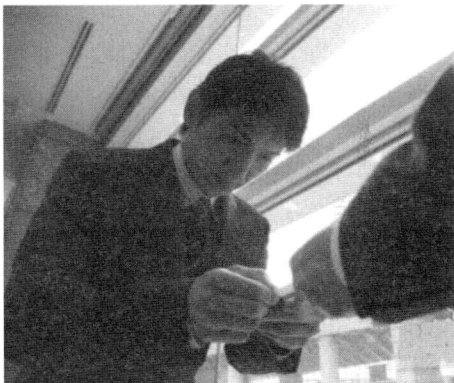

（2）接过名片时应说"谢谢"，随后有一个微笑阅读名片的过程，阅读时可将对方的姓名、职衔念出声来，并抬头看看对方的脸，使对方产生一种受重视的满足感。

（3）回敬一张本人的名片。如身上未带名片，应向对方表示歉意并如实说明理由。例如："很抱歉，我没有名片。""对不起，我今天带的名片用完了，过几天我会亲自寄一张给您的。"

（4）在对方离去之前，或话题尚未结束，不必急于将对方的名片收藏起来。

3. 存放名片

一般来说，自己的名片，应放置在容易拿出的地方，不要将其与杂物混在一起，以免要用的时候手忙脚乱，甚至拿不出来。

看完名片后要郑重地将其放在名片夹里，并表示感谢。如果是暂放在桌子上，切记不要在名片上放其他物品，不可漫不经心地放置在一旁，不能将名片当扑克牌玩耍，也不能随便地塞进口袋里或者丢在包里。

切记不要把别人的名片和自己的名片放在一起，一旦混乱中误将别人的名片当作自己的名片送给对方，这将是非常糟糕的。

4. 名片禁忌

（1）名片上一些头衔太多，特别是一些旧的职衔。

（2）名片过大，不方便对方存放，或者名片过小，不方便对方阅读。

（3）名片上带有香味。接受名片的人可能会对香味敏感或者抗拒，所以不宜采用。

二、几种主要社会关系的礼仪规范

（一）朋友交往的礼仪

古人云："学而无友，则孤陋而寡闻。"英国哲学家培根说："得不到友谊的人将是终生可怜的孤独者，没有友情的社会则只是一片繁华的沙漠。"生活当中我们不乏朋友，包括学业上的、事业上的、生活上的、网络上的。朋友能给人安慰与关怀，给人信心与力量，在人生旅途中能帮助我们度过最艰难的岁月。朋友能扩大我们的生活领域，使我们更深刻地认识这个世界。既然朋友在生活中的地位如此重要，那么我们在与朋友交往时就应该讲究礼仪，切不可随随便便。

1. 朋友交往的基本礼仪

（1）直率诚实地交谈，即朋友之间交谈时不隐瞒自己的想法，相互信任、肝胆相照，这样才能深化友谊。这是朋友间真诚相待、关系融洽的基本表现。

（2）对朋友的诉说要耐心倾听。当朋友遇上挫折、碰上烦恼时，能够真诚、耐心地倾听对方的诉说，这样会使对方觉得朋友间的情感是真正的依靠，更增加了彼此间的友谊。

（3）要相互尊重，言而有信。朋友间一定要守信，只有这样才能取得别人的信赖，得到他人的尊重。

（4）不要单纯地追求功利性的交往。千万不要把与朋友之间的交往作为功利性的交往。如果朋友之间一味地追求功利性的交往，这样的友谊是不会长久的。

除了以上几点，还有其他的一些，比如朋友求人情要适可而止，要在朋友最需要的时候提供帮助,和朋友之间的交往次数和距离要保持适度,朋友之间交往也要学会说"不"等。

2.朋友交往礼仪的禁忌事项

(1)忌势利眼、功利心太重。趋炎附势或者等价交换利益的势利之人,是真正的朋友所不齿的。朋友之间交往,不可否认会有功利心的因素,但是功利心太重,这种朋友的关系肯定是不能持久的。

(2)忌不信任。信任是对待朋友真心真意的友善表现,是对朋友的真诚和尊重。如果总是"人心隔肚皮",不敢付出自己的真心,就得不到朋友的理解和帮助,也得不到真正的朋友。

(3)忌不算账。俗话说:亲兄弟,明算账。朋友之间相互帮助在所难免,也总免不了牵涉经济问题。借款借物,好借好还。朋友之间交往,在经济上一定要分清彼此。

朋友交往礼仪的禁忌还包括不拘小节、嫉妒心、随便曝光朋友的隐私等,这些都会破坏我们好不容易建立起来的友谊关系。

(二)同事交往的礼仪

同事是与自己一起工作的人,是与我们接触最多的人。与同事相处得如何,直接关系到自己的工作、事业的进步与发展。同事关系恰恰又最难处理。除了工作之间的关系外,同事之间还有人事升迁、酬劳多少等利益关系纠缠在一起,这些都避免不了会产生摩擦和矛盾。

1.同事交往的基本礼仪

(1)要尊重同事,不可在背后议论同事。相互尊重是处理好人际关系的基础,同事之间也不例外。所以为了自己,为了更好地工作,要尊重同事,不在背后随便议论别人。

(2)经济上的往来要清楚明白,特别是相互借钱、借物或者馈赠礼品等物质上的往来。

(3)与同事相处要有度量,对同事的困难要表示关心。同事之间经常相处,一时的失误在所难免。如果出现失误,应主动向对方道歉,征得对方的谅解;对同事的错误和误解要能容纳,同事有困难,作为同事,应主动询问,对力所能及的事应尽力帮忙。

(4)在办公室里举止要庄重、文明。要注意保持良好姿态,不要将脚搭在办公桌上,也不要斜身倚靠办公桌,更不能坐在办公桌上面,尽量不在办公室里吃东西。谈话时注意身体距离,应以1米左右为宜,过近会令对方(尤其是异性)不自在。

(5)要注意同事交往的谈话语言,要注意分寸。不要跟在别人后面人云亦云,要学会发出自己的声音;不要把办公室里与人交谈当成辩论比赛;也不要在办公室炫耀自己,更不要在办公室互相诉说心事等。

2.同事交往礼仪的禁忌事项

(1)忌拉帮结派,传播小道消息。涉及工作问题要公正,有独立的见解,办公室内切忌私自拉帮结派,形成小圈子,这样容易引发其他同事的对立情绪。更不能在圈内圈外散布小道消息,或者在背后闲言碎语。

(2)忌满腹牢骚、逢人诉苦。即使遇到挫折、饱受委屈、得不到上司的信任,也不要牢骚满腹、怨气冲天、见人就说。这样不仅不能让事情有所改变,而且给周围同事带来负面消极的情绪,时间久了,同事也会嫌弃。

（3）忌故作姿态。在办公室这种正式场合,无论是装扮,还是举止言谈,切忌太过前卫,给人风骚或怪异的印象,这样容易招致办公室内同事的耻笑。同时,也会被人认为是没有实际工作能力。

（4）忌趋炎附势,过分表现。倘若在上司面前过分表现自己,办事积极主动,极尽溜须拍马的功夫;在同事或下属面前,推三阻四、爱理不理,一副予人恩惠的脸孔,长此以往,会遭到同事的孤立。

（三）上下级交往的礼仪

上下级关系,是人际关系中最主要的一种关系,这种关系协调、和谐,有利于领导活动的成功、团结,也有利于个人的成长和进步

1. 上级对待下级的交往礼仪

我们在生活中常常看到许多领导大呼小叫,颐指气使,对下级动辄训斥,认为这样才能显示自己的权威。其实,这就是不懂上下级交往礼仪规范的表现。对下属要以礼相待,要礼遇下属,要给下属足够的面子。上级对待下级的礼仪规范主要表现在:

（1）利益上要公平公正。上级应该坚持客观、公正地对待下级,避免情绪化看待和对待一个人,应该以团结大多数为重,正确认识和评价有争议的人才,让各种类型的人才得到一个施展才华的岗位。

（2）态度上要平等。上级应该高姿态、高风格,避免矛盾激化,对待下级应该尽可能做到扬善于公庭,规劝于密室,掌握批评的艺术。切忌当众训斥下级,避免让下级出现难堪的场面。

（3）管理上要宽严适度。对下级,应该敢于管理、善于管理,激励与监督同步,让下级在你的手下工作感到有安全、有希望。同时,又要让他们感到有约束、有规范、有压力。

2. 下级对待上级的交往礼仪

（1）完成上级交代的任务。出色地完成上级交代的任务,是对上级最大的支持,是对上级最大的礼遇。所以,作为一个下级,要乐于"当牛做马",不要"吹牛拍马";要尽职尽责地、积极主动地、出色地做好本职工作,不可故作姿态、故意张扬。要以自己的精明才干和出色的人品奠定与上级和谐共事的基础。

（2）尊重上级。一方面是尊重上级的意见。即使与自己的想法不符,也应按上级的安排去做。如果上级的意见确实不妥,也不必当众唱对台戏,让领导下不来台,这是一种严重的失礼。另一方面表现为在上级面前要注意自己的仪表仪态。在工作场合喊叫领导的小名、诨名,以示与领导的亲密程度,这是非常失礼的行为。

（3）学会借上级的权力做好自己的工作。下级相对来说没有权力或权力小于上级,要学会"借",就是加强请示汇报,让上级了解自己、理解自己、支持自己。有了上级的理解和支持,很多问题就可以迎刃而解,工作起来将会更加顺利。

（四）异性交往的礼仪

常言道:"男女搭配,干活不累。"得体恰当的异性关系能使人们在工作中获得愉快的

心情。男女异性间的交往,首要问题是要有一个正常的心态。异性交往要大方、自然、有礼貌及有分寸的热情,表现出拘谨、冷淡的样子或表现得过于热情,都是不恰当的,既不符合我们中华民族的文化传统,也不符合现代国际间通行的礼仪。旅游从业人员在与异性交往中,要遵守一些基本礼仪。

1. 异性交往中女士的礼仪规范

(1)要庄重、沉稳,不可轻浮、随便。不论与什么样的男士交往,都要保持庄重,这是有教养、有知识的女性共有的特点,也是礼仪修养的基本要求。

(2)与男士交往时要注意把握分寸。即使对方是熟悉的人,或者关系亲密的人,在公共场合交往时,也不要表现出亲密无间的样子,更不要给他人以亲昵暧昧的感觉,以免造成错觉,给他人留下不良印象。

(3)要时刻保持清醒的头脑。女士得到男士的照顾是很自然的事情,但是一定要明察秋毫,保持清醒的头脑,弄清楚男士是出于礼仪还是另有其他目的,不可把男士的照顾视为理所当然,应适时表示感谢。

(4)要光明正大、自强不息,不要矫揉造作、装腔作势。女士不要轻易给男士增添麻烦或造成额外的负担,也不要随便接受男士的邀请或约会,更不要经常让男士掏钱请客。与异性交往表现出矫揉造作、卖弄风情的样子,会招致正直男性的厌恶。

2. 异性交往中男士的礼仪规范

(1)要正直、正派。照顾女士要遵照相关礼仪,具体做法还要根据当时当地的客观情况恰当处理,原则上要把国际通行的礼仪要求和中华民族的文化传统、风俗习惯结合起来。

(2)要讲信誉。男士要把信誉放在第一位,说话算数,办事负责,工作认真,与女士交往要谦虚和气、有礼貌、有责任感,这样才能取得女士的信任。

(3)要注意仪表礼仪。男性在社会交往中,不要过分追求外表的光鲜,油头粉面会让人产生厌恶的感觉;蓬头垢面、不修边幅,纵是美男子也会令人不屑为伍。所以男士在与异性交往的时候,要注意自己的仪容仪态礼仪。

(4)要大度,不斤斤计较。大度是男性最突出、最重要的特征之一,从大处着眼,目光远大,胸怀大志,不计较小是小非,宽厚待人,这样就很能赢得周围人们的好感,更会获得女性的赞赏和亲近。

案例分析

好事为何变坏事

有一位中国先生要为一位外国朋友订做生日蛋糕。他来到一家酒店的餐厅,对服务小姐说:"小姐,你好,我要为一位外国朋友订一份生日蛋糕,同时打一份贺卡,你看可以吗?"小姐接过订单一看,忙说:"对不起,请问先生,您的朋友是小姐还是太太?"这位先生也不清楚这位外国朋友结婚没有,从来没有打听过,他为难地抓了抓后脑勺:"小姐? 太太? 一把岁数了,太太。"生日蛋糕做好后,服务员按照地址到酒店客房送生日蛋糕,一名女子开门后,服务员有礼貌地说:"请问您是怀特太太吗?"女子愣了愣,不高兴地说:"错了!"服务员丈二和尚摸不着头脑,抬头看看门牌号,再回去打电话问那位先生,没错,房间号码没错。再敲一遍,开门,"没错,怀特太太,这是您的蛋糕。"那位女子大声说:"告诉你错了,这里只有怀特小姐,没有怀特太太。"啪一声,门被用力关上,蛋糕掉地。

分析:生日蛋糕为什么被拒绝?

景泰蓝项链的故事

导游小张与一群美国游客到一家工艺品商店购物,别的游客都在那里兴致勃勃地选物品,而一位老太太却在柜台前来回徘徊。小张知道,她是一位退休工人,这次是用自己微薄的退休金来中国旅游的,估计她是身上没有多少余钱,看到价格昂贵的工艺品不敢问津。

小张主动走上前去,热情地说:"您不买点什么吗? 我给您当参谋。"老太太说,她只想花100元钱买件东西做永远的纪念。小张马上到柜台前与营业员商议,为老太太推荐了一只美国大众最喜爱的景泰蓝项链,还请营业员为项链配上一只有"寿"字的大红锦盒。老太太非常高兴。

分析:小张为什么能让老太太高兴起来?

模块训练

模块训练一:电话礼仪训练

1. 掌握电话礼仪的要点规范
- 拨打电话的训练要点和规范标准
- 接听电话的训练要点和规范标准

2. 模拟情景实例训练

情景一:电话响了好久,有人接起电话:"你好。"然后就没有声音了,打电话的也没有说话,又过了一段时间,接电话的"啪"地挂断了电话。

情景二:电话响了,有人接起电话:"你好,××公司。""找一下服务部的小张,谢谢。""市场部? 错了。"然后"啪"地挂了电话。

分析:

(1)请学生对情景一和情景二进行点评,哪些不符合电话礼仪?

(2)请两位学生对以上情景进行演练。

(3)老师指出学生扮演的不足之处。

3. 角色模拟训练

一位客人给酒店打电话,咨询房价后预订了两间标准间。请按照电话的礼仪规范进行情景模拟。

模块训练二:交谈礼仪训练

1. 熟悉掌握交谈礼仪规范的要点和标准

● 谈话礼仪规范要点和标准训练
● 倾听礼仪规范要点和标准训练

2. 话题交谈训练

给出一些交谈的话题,将学生分组,分别选择一个话题进行交谈训练,并相互交流感想。老师观察学生交谈细节,指出不足之处。

3. 角色模拟训练

情景一:A 同学和 B、C、D 同学四人为一组,面对面做好。角色要求:请 A 同学准备一段精彩的故事,稍后讲给 B、C、D 三位同学听。

要求:请 B、C、D 三位同学在听 A 同学讲故事的时候表现出不耐烦、伸懒腰、看手表、东张西望等姿态和表现出目光注视、点头、赞同等姿态两种情形。

情景二:某一旅游团队 7 天的旅游行程即将结束,在即将返回的时候,游客想挑一些比较有当地特色的礼物带回去给家人和朋友,并向导游员小王请教如何挑选礼物。根据各自不同的情况,请按照礼仪规范进行模拟训练。

模块训练三:名片礼仪训练

1. 掌握和熟悉名片礼仪的训练要点和规范标准

● 递名片的规范要点和规范标准训练
● 接名片的规范要点和规范标准训练
● 存放名片的规范要点和规范标准训练

2. 示范、模仿练习训练

(1)老师和一位学生进行递送和接受名片的动作规范演示。

(2)学生两人一组,按照名片礼仪规范要求进行训练。

(3)老师针对学生训练中出现的问题,指出学生的不足之处。

模块四

国际交往礼仪

涉外礼仪是人们在国际交往中形成和习惯使用的一种行为规范和行为方式。许多涉外活动,往往是通过各种交际礼宾活动进行的,如迎送、会见、会谈、宴请等。涉外接待活动是否符合国际礼宾惯例,将直接关系到我国旅游事业在国际上的声誉,关系我国的外交形象和尊严。

在 21 世纪的今天,随着中国的不断发展和经济全球化,现在每年涉外旅游都会接待来自世界各国的大量游客,还有可能配合外事部门承担一些接待事务。在这些交际活动中,必须讲究一定的规则和形式。因此,每一位旅游接待人员都应学习国际礼仪知识,掌握国际礼仪交际规范。

项目一
迎送国际宾客的礼仪规范

项目导读

本项目主要学习官方迎送、民间团体的迎送、一般客人的迎送礼仪知识。

学习目标

1. 熟练官方迎送礼仪规范;
2. 掌握民间团体和一般客人的迎送礼仪规范。

迎来送往是常见的社交礼节。在国际交往中,对外国来访的客人,通常均视其身份和访问性质以及两国关系等因素,安排相应的迎送活动。随着国际交往的密切,越来越多的外宾来访我国,如何迎接好外宾是一项非常重要的工作。

一、官方迎送

(一)接待准备

1.确定迎送的规格

对来宾的迎送规格各国做法不尽一致。确定迎送规格,主要依据来访者的身份和访问目的,适当考虑两国关系,同时要注意国际惯例,综合平衡。

一般来说,迎送活动分两种规格:隆重迎送和一般迎送。

(1)隆重迎送。隆重迎送适用于各国对外国国家元首、政府首脑的正式访问。对军方领导人的访问,也举行一定的欢迎仪式,如安排检阅仪仗队等。

(2)一般迎送。一般迎送适用于一般人员的访问。通常情况下,对一般代表团和人员的访问,原则上是不举行迎送仪式的。然而,对应邀前来的访问者,无论是官方人士、专业代表团还是民间团体、知名人士,在他们抵离时,均安排相应身份人员前往机场(车站、码头)迎送。对长期在本国工作的外国人士和外交使节、专家等,他们到离任时,各国有关方面亦安排相应人员送行。主人身份要与客人相差不大,同客人对口、对等为宜。其他迎送人员不宜过多。有时还可以从发展两国关系或当前政治需要出发,破格接待,安排较大的迎送场面。

2.掌握外宾的抵达和离开时间

必须准确掌握来宾乘坐飞机(火车、船舶)抵离时间,及早通知全体迎送人员和有关单位。由于天气变化等意外原因,飞机、火车、船舶都可能不准时,如有变化,应及时通知。一般大城市,机场离市区又较远,因此,既要顺利地接送客人,又不过多耽误迎送人员的时间,就要准确掌握抵离时间。

迎接人员应在飞机(火车、船舶)抵达之前到达机场(车站、码头)。要事先掌握飞机停机位置(出口的门号)或列车停靠的月台、车厢号码,以免来回奔跑或接空。送行则应在客人登机之前抵达(离去时如有欢送仪式,则应在仪式开始之前到达)。如客人乘坐班机离开,应通知其按航空公司规定时间抵达机场办理有关手续(身份高的客人,可由接待人员提前前往代办手续)。

（二）迎送的礼仪规范

1.迎送的献花礼仪规范

献花适用于礼遇较高的外宾,迎接普通外宾一般不需要献花。

如安排献花活动时,需注意以下几点:

（1）须用鲜花,并保持花朵整洁、鲜艳。要根据来访国的习惯选购鲜花,一般忌用菊花、杜鹃花、石竹花和黄颜色的花。

（2）通常由女青年或少年儿童在主人和客人握手后,将花献上,要认真挑选献花人员。

（3）要注意花的安全和禁忌爱好,购花后做到花不离人。

（4）指定专人负责执行此项活动,必要时,要事先让献花者进行排练。

2.迎送的礼宾介绍礼仪规范

外宾与接待人员见面时应该互相介绍。

通常先将前来欢迎的中方主人介绍给来宾,职位从高到低,可以由礼宾交际工作人员或者其他接待人员介绍,也可以由迎接人员中职位较高的人介绍,有时候也可以做自我介绍。客人初次到访,一般较为拘谨,主人应主动与客人寒暄问好。所以,当客人下机（车、船）后,迎接人员要主动迎上前去表示欢迎,由礼宾官或迎接人员首先将中方前来欢迎的主要领导（职务及全称）介绍给来宾,其他领导可简明扼要地介绍。

由于各国、各民族语言、风俗习惯不同,称呼与姓名也有所不同。在社交场合中,称呼和姓名是很有讲究的,如果不小心弄错了,常常会闹出笑话,甚至还会引起对方的反感,造成不必要的误会。

3.迎送的陪车礼仪规范

（1）乘车的座位安排。

①小轿车的乘车礼仪。双排、三排座的小型轿车。如果由主人亲自驾驶,以驾驶座右侧为首位,后排右侧次之,左侧再次之,而后排中间座为末席,前排中间座则不宜再安排客人。主人亲自驾车,坐客只有一人,应坐在主人旁边。若同坐多人,中途坐前座的客人下车后,在后面坐的客人应改坐前座,此项礼节最易疏忽。

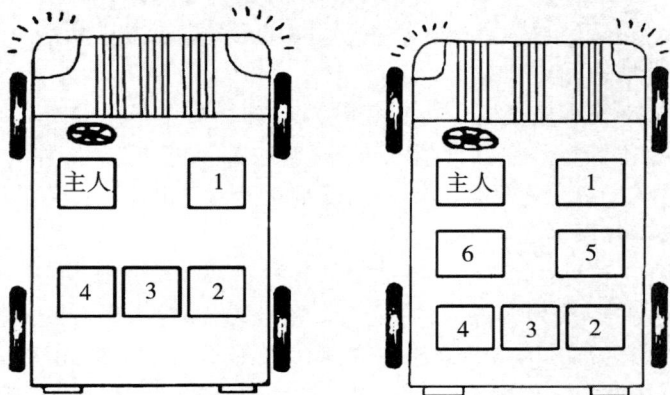

如果有专职司机驾驶,如有司机驾驶时,以后排右侧为首位,左侧次之,中间座位再次之,前座右侧垫后,前排中间为末席。遵循以右为"尊"左"卑"的原则。

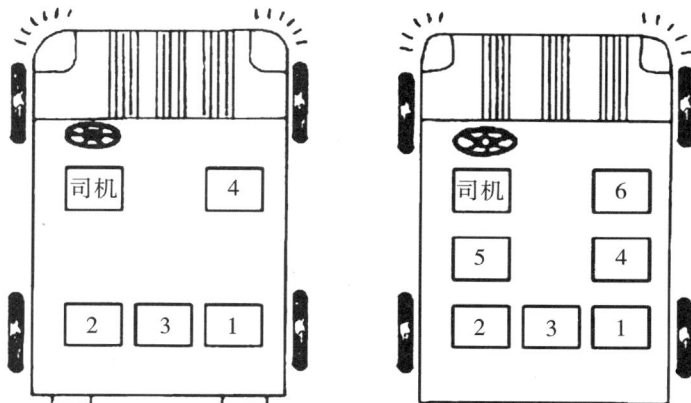

②吉普车的乘车礼仪。吉普车无论是主人驾驶还是司机驾驶,都应以前排右座为尊,后排右侧次之,后排左侧为末席。上车时,后排位低者先上车,前排尊者后上。下车时前排客人先下,后排客人再下车。

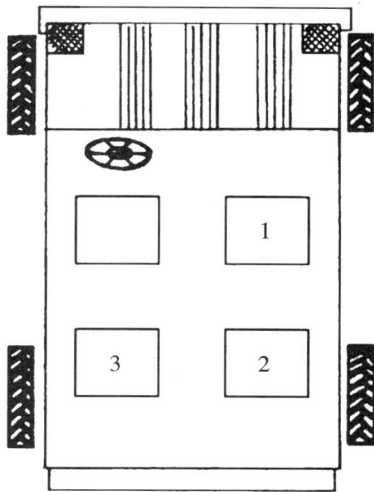

③旅行车的乘车礼仪。我们在接待团体客人时,多采用旅行车接送客人。旅行车以司机座后第一排即前排为尊,后排依次为小。其座位的尊卑,依每排右侧往左侧递减。

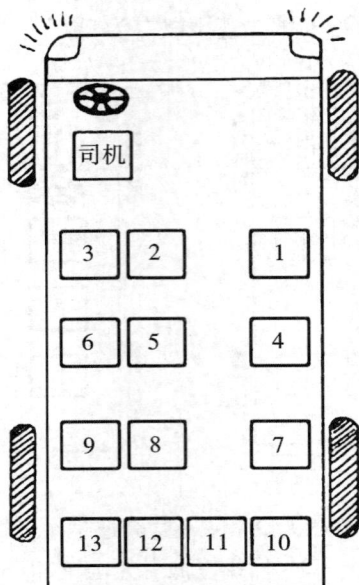

（2）迎送陪车的上下顺序。上下轿车的先后顺序通常为：尊长、来宾先上后下，秘书或其他陪同人员后上先下。上车时，最好请客人从右侧门上车，主人从左侧门上车，避免从客人膝前穿过。如客人先上车，坐到主人的位置上，则不必请客人移动。

4.迎送礼仪中的其他注意事项

（1）迎送贵宾时，应事先在迎送地安排贵宾休息室，准备饮料。

（2）如客人首次来访，双方又不认识，则事先联系好或做一特定标识牌，方便对方辨认。

（3）应安排汽车，预定住房。如有条件，在外宾到达之前应将住房地点、用膳方式、日程安排、联络方式以及联络人等相关事宜通知到具体外宾。如果实在没有条件，也可以将一系列事项打印好，分发给每一位即将到达的外宾，让外宾心中有数，配合相关工作人员工作，以免造成混乱。

（4）应指派专人协助办理出入境手续及票务、行李提取和托运手续等。

（5）客人抵达后，一般不要马上安排活动，应稍事休息，起码应给客人留下更衣时间。

（6）整个活动应安排得热情周到，有条不紊，使外宾有"宾至如归"的感觉，不应有冷淡、粗心和怠慢客人的现象发生。

二、民间团体、一般客人的迎送

（一）对民间团体的迎送

迎送民间团体客人，不举行官方的正式仪式，同时民间团体的访问多具有特殊性和专业目的性，所以在民间团体的迎送中要根据客人身份、地位，安排具有对等身份、对口部门的人前往进行接待。迎送的程序可以简单一些，但要能够体现出主人的热情和周到。

(二)对一般客人的迎送

迎接一般客人,无官方正式仪式,主要是做好各项安排。如果客人是熟人,则可不必介绍,仅向前握手,互致问候;如果客人是首次前来,又不认识,接待人员应主动打听,主动自我介绍;如果迎接大批客人,也可以事先准备特定的标志,如小旗或牌子等,让客人从远处就能看到,以便客人主动前来接洽。

(三)一般迎送的礼仪规范

1. 欢迎礼仪

旅游接待人员接到客人后,首先应该热情地向客人表示问候和欢迎。然后向客人作自我介绍,告诉客人如何称呼自己。如果客人有行李,则主动帮助客人提行李,并把客人引领到目的地。如果有的客人执意要自己提行李,要尊重客人的意愿,不必强求。如果客人是乘车来的,待车停稳后,要注意及时用左手拉开轿车的右侧后门,并用右手挡住车篷的上沿边,提醒客人,以免客人碰到头部。

2. 送客礼仪

客人离开的时候,服务人员要再三保证客人的行礼准确完好地送上车,注意核实行李件数,待客人坐好后,为客人关上车门。关车门的时候,不可以用力过猛,更不可以夹住客人手脚或衣物,微笑着注视客人与客人道别,祝客人"一路平安"并对客人发出诚挚的邀请"欢迎再次光临",待客人走出视线后再转身离开。如果陪同客人同乘一辆车,服务人员应该绕过车尾从左侧的后门上车,同时还应注意座次安排的礼仪。

案例分析

"女士优先"

在一个秋高气爽的日子里,迎宾员小贺第一次走上了迎宾员的岗位。一辆白色的高级轿车向饭店驶来,小贺看到后排坐着两位男士、前排副驾驶座上坐着一位身材较高的外国女宾。小贺上前一步,以优雅的姿态和职业性动作先为后排客人打开车门,做好护顶关好车门后,小贺迅速走向前门,准备以同样的礼仪迎接那位女宾下车。

但那位女宾满脸不悦,使小贺茫然不知所措。通常后排座椅为上座,一般有身份者皆在此就座。优先为重要客人提供服务是饭店服务程序的常规。

思考:这位女宾为什么不悦呢?

项目训练

项目训练一:迎送国际宾客的礼仪训练

1.熟悉掌握迎送国际宾客的礼仪规范和要点标准

2.模拟迎送国际宾客礼仪训练

情景一:将学生分成5人一组,2个学生扮演酒店总经理和经理助理,另外3人扮演外宾。用椅子模仿车位,教室或者实训室的一角设定为机场的出口,进行外宾的迎送模拟训练。

情景二:把学生分成若干小组,由学生扮演旅游接待工作人员和外国游客等相关角色,模拟迎送外国旅行社代表团,模拟见面、接站、送行、乘车的礼仪。

项目训练二:迎送陪车礼仪规范训练

(1)熟悉掌握各种乘车的座次安排要点和规范。

(2)按照车子座位的尊卑顺序,用画图的方式让学生填数字进行训练。

(3)教师对学生画的图进行点评指导,指出不足之处。

项目二
会见、会谈的礼仪规范

> **项目导读**
> 本项目主要学习会见的礼仪规范和会谈的礼仪规范。
> **学习目标**
> 1.掌握会见的安排和服务流程;
> 2.掌握会谈的座位安排和服务流程。

在国际交往中,会见与会谈是一种十分重要的交往方式,有广泛的适用范围,可以在不同的层次和各个不同方面的人员中进行。国家领导人之间的会见与会谈,无疑具有最为重要的性质。除国家领导人之间的会见和会谈以外,国际上每天发生的各种会见或会谈,有政治的、外交的、经济交往的、文化交往的以及其他各个领域的,又分各种不同的层次。国际中的各种问题,很多都要通过有关人员之间的会见和会谈来解决。

一、会见的礼仪规范

会见,国际上一般称接见或拜会。身份高的人士会见身份低的,或是主人会见客人,这种会见,一般称为接见或召见。身份低的人士会见身份高的,或是客人会见主人,这种会见,一般称为拜会或拜见。拜见君主,又称谒见、觐见。我国不作上述区分,一律统称会见。接见和拜会后的回访,称回拜。

(一)会见的分类

1.按会见内容分类

会见按其内容不同可分为:礼节性会见、政治性会见和事务性会见,或三者兼而有之。

礼节性会见,是出于礼节的需要而进行的见面仪式。一般来说,会见的时间比较短,会见双方谈论的话题也较为广泛,是一种纯粹性的礼节形式。

政治性的会见,一般来说主要是围绕双边关系、国际形势以及国际重大事件来进行的,有着较为突出和关心的话题,多用来阐述和表明观点。

事务性的会见,包括一般的外交交涉、业务洽谈,通常有着特定的主题和对象,有着比较鲜明的目的性,着力于创造某种局面或者解决某些问题而举行。

2.按会见对象分类

会见根据对象的不同,划分为个别约见和大型接见。

个别约见,多是指国家首脑或者某个部门(如外交部等)负责人由于某个或者某一方面的外交事务和业务问题,与个别人士或者特定国家的使馆人员,进行的会面商谈的一种礼宾活动。一般来说,会见的范围较小、保密性较强。

大型接见,往往是指国家领导人会见一国或几国的群众团体、国际会议代表、重要的他国访问组织等。参加会见的人数较多,而且场面比较隆重。

(二)会见的安排

会见一般都安排在会客厅或办公室,会见时的座次安排是会见礼节中的重要方面,需要加以注意。会见的座次安排有多种形式,有时宾主各坐一方,有时穿插坐在一起。某些国家元首会见还有独特礼仪程序,例如双方简短致辞、合影等。在布置形式上,各国也是不一样的。

我国的会见安排比较简单,无特殊的仪式。会见的地点安排在人民大会堂、中南海或者钓鱼台国宾馆。我国习惯性的安排是客人坐在主人的右边,译员、记录员在主人和主宾后面,其他客人按礼宾次序在主宾一侧就座,主方陪见人在主人一侧按身份高低就座(如下图所示)。

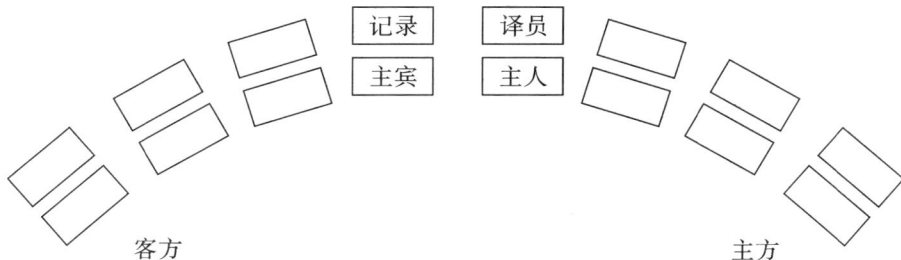

会见座次安排图(一)

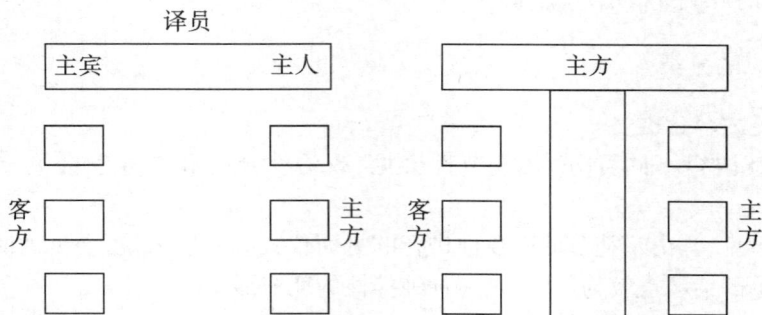

会见座次安排图（二）

座位多采用单人沙发或者扶手椅座位。人数多的会见，内圈用沙发，外圈用扶手椅或者靠背椅围置的形式。

（三）会见的服务流程

宾客到达的时候，服务员要利用主人出去迎接客人的间隙，迅速整理好茶几上的物品和沙发上的坐垫，然后为主人和客人安排好茶水。宾客来到会见桌前时，服务员要上前帮助客人入座，同时用茶杯上茶。这时要特别注意茶杯的摆放，使用带把的茶具一定要把杯子的把朝客人的右手一侧。初次斟茶时只要倒入茶杯的一半即可，不要太满。

客人和主人入座后，通常由两名服务人员开始递毛巾，从主宾和主人开始，这时服务人员应热情地说一声"请"。如果只有一名服务员，应该先从客人开始，然后再是主人。

会见过程中的续水服务，一般来说应该 30 分钟一次。续水的时候用小暖瓶，并带一块儿小毛巾。续水应先客后主，先贵宾后随行。

如果会见过程中有休息，服务员还要利用间隙迅速整理物品，要特别注意不能弄乱和乱翻阅会见桌子上的文件、手册等。会见的整个过程中，都要有服务人员在场提供服务，而且要做到随时应承，及时处理。

二、会谈的礼仪规范

会谈是双方或多方就某些重大的政治、经济、文化、军事及其他共同关心的问题交换意见，或者就具体业务进行谈判的活动。会谈也可以指洽谈公务和业务谈判。一般来说，会谈的内容较为正式，政治性和专业性都比较强，其内容大都经过事先商定。

外国领导人来我国访问，首次会谈一般安排在人民大会堂举行。如需进行第二次会谈，有时安排在国宾下榻的国宾馆进行。会谈开始之前，一般允许双方的记者进行采访以及进行相关的新闻介绍，一旦会谈开始所有的记者都必须退场。

（一）会谈的特点

参加会谈的双方或者多方的主要领导人的身份、地位、级别原则上要求必须是对等的，所负责的事务也应是对口的。会谈有着较为明显的级别和专业特点，比如外方是由总统、总理统帅的代表团,我方就由国家主席、总理出面;外方是外交部部长出席,则我方也应是外交部部长。随着双方关系的不同或处理事务的要求和目标不同而举行不同级别的会谈。

一般来说,会谈的内容较为正式且政治性和业务性都比较强,所以要特别注意保密。代表团身份和规格很高的情况下,还要悬挂双方国旗。

(二)会谈座位的安排

会谈座次的安排也是一项重要的礼节。会谈可分双边会谈和多边会谈两种。双边会谈通常用长方形或椭圆形桌子,宾主相对而坐,主人坐背门一侧,客人面向正门一侧,主谈人居中,译员座位安排应尊重主人意见,可以安排在主人右侧,也可以安排在主人后面。其他人可按礼宾次序左右排列。记录员安排在后面,如果参加会谈的人数较少,也可以安排在会谈桌边就座(如下图所示):

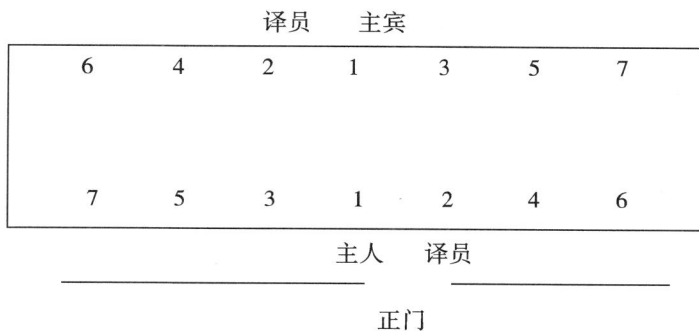

如果会谈长桌一端对向正门,则以入门方向为准,右为客方,左为主方。多边会谈,座位可摆成圆形、方形等(如下图所示)。小范围会谈也可以不用长桌,只设沙发,双方座次按照会见时的座次安排。

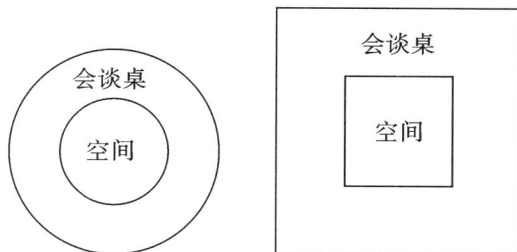

(三)会谈的服务流程

1.会谈的用品配置

在每个座位前桌面的中间摆放一本供记录的便签本。便签本的下方距离桌子的边缘约5厘米的距离,紧邻便签的右侧摆放红、黑笔各一支,便签的右上方放置一个茶杯垫盘,盘中放置方巾一块。

2.会谈的服务流程

当主人提前到达现场的时候,服务人员应将其迎接到厅内的沙发上就座、上茶。在主办单位通知外宾从驻地出发时,服务人员在工作间内将茶水沏好。当主人到门口迎接宾客时,把沏好的茶端上,放在每个人面前的茶杯垫上。客人和主人来到会谈桌前,服务员要上前拉椅子让座。当记者采访和摄影完毕后,服务人员要分别从两边为宾主双方递上毛巾,用完后,应及时将毛巾收回。

会谈中间,如上饮料、干果等,应先把牙签、小毛巾、饮料垫摆上桌。然后再把饮料、干果盘等依次摆上桌。

一般来说,会谈活动的时间较长,可以根据宾客的具体情况及时续水等。如果会谈中间休息,服务人员要及时整理好座椅、桌面用品等。在整理的时候,千万注意不能乱动、乱翻阅桌上的文件等。

会谈结束的时候,要照顾宾客退席,注意按照工作程序做好收尾的工作。

(四)会见、会谈中的几项具体安排

(1)提出会见要求的一方,应将要求会见人的姓名、职务及会见何人、会见的目的告知对方,接见一方应尽早给予答复,约定时间。如因故不能接见,应婉言解释。

(2)接见一方的安排者,应主动将会见、会谈的时间、地点、主方出席人及有关事项通知对方。

(3)应准确掌握会见、会谈时间、地点和双方参加人员的名单,及早通知有关人员和有关单位,作好安排。

(4)会见、会谈场所应安排足够的座位。人员较多时,应安装好扩音器,放好中外文座位卡。

(5)如有合影,应事先布置好场地,设计好合影图,备好照相设备。合影时主人和主宾居中,按礼宾次序,主客双方间隔排列,第一排既要考虑人员身份,也要考虑镜头的摄入范围。一般来讲,两边均应由主方人员把边。

(6)客人到达时,主人应在门口迎候。若主人不能在门口迎候,应由指定的工作人员在大楼门口将客人引入会客厅。

(7)领导人之间的会见、会谈,除陪见人和必要的译员、记录员外,其他工作人员在安排就绪后均应退出。谈话过程中,旁人不要随意进出。

(8)要备好饮料。我国一般只备茶水,夏季加冷饮。如果会谈时间较长,可适当上咖啡或红茶。

项目训练

项目训练:会见、会谈座位排列训练

(1)熟悉掌握会见、会谈座位排列顺序的要点和规范标准。

(2)按照会见、会谈座位的尊卑顺序,用画图的方式让学生填数字进行训练。

(3)教师对学生画的图,进行点评指导,指出不足之处。

项目三
宴请礼仪规范

项目导读

本项目主要学习宴请的形式、宴请活动的组织礼仪、宴请的桌次和座位安排、出席宴会的礼仪规范等知识。

学习目标

1. 掌握宴请活动的组织礼仪规范;
2. 掌握宴请的桌次和座位安排的规范;
3. 掌握出席宴会的礼仪规范。

宴请是社会交往中比较常见的待客方式,尤其是在旅游接待活动中表示欢迎、庆贺、饯行、答谢,以增进友谊和融洽气氛的重要手段,是组织与外界"广结良缘"的一个重要组成部分。接待宴请从落座的位置、上菜的顺序、菜肴的配置、酒水的搭配、餐具的使用等都有严格的规范。中国"饮食文化"历史悠久,如果不熟悉宴请礼仪,举止粗俗无礼,不仅损害个人形象,而且也不能达到交往的目的。所以,宴请的组织者又只对宴请活动礼仪有比较充分的了解,才能较好的进行一场宴会的组织与策划。

一、宴请的形式

各国宴请都有自己国家或民族的特点与习惯。国际上通用的宴请形式有宴会、招待会、茶会、工作进餐等。举办宴请活动采用何种形式,通常根据活动目的、邀请对象以及经费开支等各种因素而定。

(一)宴会

宴会有国宴、正式宴会、便宴、家宴之分;按举行的时间,又有早宴(早餐)、午宴、晚宴之分;按餐别分为中餐、西餐和中西餐结合。从礼仪上可把宴会分为欢迎宴会、答谢宴会、饯行宴会等。其隆重程度、出席规格以及菜肴的品种与质量等均有区别。一般来说,晚上举行的宴会较白天举行的更为隆重。

1.国宴

国宴是国家元首、政府首脑为欢迎外国元首、政府首脑或举办大型庆典活动等而举办的宴会。国宴规格较高,宴会厅内悬挂国旗,有乐队伴奏。国宴一般专设主持人,宴会的主人致祝酒词或欢迎词,主要客人致答谢词等。菜单和座席卡上均印有国徽。出席者的身份规格较高,宾主均按照身份排位就座,礼仪非常严格。

2. 正式宴会

正式宴会指各类社会组织为欢迎来访的宾客、召开各种专题性活动答谢合作者和支持者,或是来访宾客为答谢主人而举行的宴会。正式宴会规模可大可小,规格可高可低。除不挂国旗、不奏国歌以及出席规格不同外,其余安排大体与国宴相同。有时亦安排乐队奏席间乐。宾主均按身份排位就座。对餐具、酒水、菜肴道数、陈设以及服务员的装束、仪态都严格要求。许多国家正式宴会十分讲究排场,在请柬上注明对客人服饰的要求。外国人对宴会服饰比较讲究。

我国在这方面做法较简单,餐前如有条件,在休息室稍做叙谈,通常上茶和汽水、啤酒等饮料。如无休息室也可直接入席。席间一般用两种酒,一种甜酒,一种烈性酒。餐后不再回休息室座谈,亦不再上饭后酒。

3. 便宴

便宴常用于非正式宴请,通常是组织为招待小批客人、个别采访者、合作者等而举行的宴会。常见的有午宴、晚宴,有时亦有早上举行的早餐。便宴的规模较小,规格要求不高,不拘于严格的礼仪,宾主可随意,气氛比较宽松、和谐。这类宴会形式简便,可以不排席位,不作正式讲话,菜肴道数亦可酌减。便宴较随便、亲切,宜用于日常友好交往。

4. 家宴

家宴则是家庭为招待客人而举行的便宴。家人共同招待客人,显得亲切、自然。让客人有"宾至如归"的感觉,家宴往往由主妇亲自下厨烹调,家人共同招待。

(二) 招待会

招待会是指各种不备正餐,只备食品、酒水饮料的一种方便灵活的招待宴请活动。常备食品、酒水饮料,但通常不排席位,可以自由活动。招待会的形式主要有招待酒会(鸡尾酒会)、冷餐招待会(自助餐)等。

1. 酒会又称鸡尾酒会

这种招待会形式较活泼,便于广泛接触交谈。招待品以酒水为主,略备小吃。不设座椅,仅置小桌(或茶几),以便客人随意走动。酒会举行的时间较灵活,中午、下午、晚上均可,请柬上往往注明整个活动持续的时间,客人可在其间任何时候到达和退席,来去自由,不受约束。

鸡尾酒是用多种酒配成的混合饮料。酒会上不一定都用鸡尾酒。但通常用的酒类品种较多,并配以各种果汁,不用或少用烈性酒。食品多为三明治、面包、小香肠、炸春卷等各种小吃,以牙签取食。饮料和食品由招待员用托盘端送,或部分放置于小桌上。

2. 冷餐会(自助餐)

这种宴请不排席位。菜肴以冷食为主,也可用热菜,连同餐具陈设在菜桌上,供客人自取。客人可自由活动,可以多次取食。酒水可陈放在桌上,也可由招待员端送。冷餐会在室内或在院子里、花园里举行,可设小桌、椅子,自由入座,也可以不设座椅,站立进餐。根据主、客双方身份,冷餐会规格隆重程度可高可低,举办时间一般在中午12时至下午2时、下午5时至7时。这种形式常用于官方正式活动,以宴请人数众多的宾客。

我国举行的大型冷餐招待会,往往用大圆桌,设座椅,主宾席排座位,其余各席不固定座位,食品与饮料均事先放置桌上。

近年国际上举办大型活动采用酒会形式逐渐普遍。庆祝各种节日、欢迎代表团访问以及各种开幕、闭幕典礼往往举行酒会。自1980年起我国国庆招待会也改用酒会形式。

(三)茶会

茶会是一种简便的招待形式,多为社会团体举行纪念和庆祝活动所采用。举行的时间一般在下午4时左右(亦有上午10时举行)。茶会通常设在客厅。厅内设茶几、座椅。不排席位,但如是为某贵宾举行的活动,入座时,有意识地将主宾同主人安排坐在一起,其他人随意就座。茶会,顾名思义是请客人品茶。因此,茶叶、茶具的选择要有所讲究,或具有地方特色。茶具一般用陶瓷器皿,不用玻璃杯,也不用热水瓶代替茶壶。外国人一般用红茶,略备点心和地方风味小吃。亦有不用茶而用咖啡者,其组织安排与茶会相同。席间通常安排一些小型文艺节目助兴,活跃气氛。

(四)工作餐

按用餐时间可将工作餐分为工作早餐、工作午餐、工作晚餐。工作餐是现代国际交往中经常采用的一种非正式宴请形式(有的时候由参加者各自付费),利用进餐时间,边吃边谈问题。此类活动一般只请与工作有关的人员,不请配偶。双边工作进餐往往排席位,尤以用长桌更便于谈话。如用长桌,其座位排法与会谈桌席位安排相仿。

二、宴请活动的组织礼仪

(一)宴请前的准备

宴请既然作为一种礼仪性的社交活动,实现其目的,自然是组织者所追求的目标。为了能使这种交际活动获得圆满成功,组织者在宴请前必须作好充分的准备工作。

1. 确定宴请的目的、名义、对象、范围和形式

(1)宴请的目的是多种多样的,可以为某一个人,也可以为某一事件。例如:为代表团的来访,为庆祝某一节日、纪念日,为外交使节或外交官员的到离任,为展览会的开幕、闭幕,为某项工程的动工、竣工等。

(2)确定邀请名义和对象的主要根据是主、客双方的身份,即主客身份应该对等。例如,作为东道国宴请来访的外国代表团,出面主人的职务和专业一般同代表团团长对等,身份低使人感到冷淡,规格过高则无必要。又如外国使馆宴请驻在国部长级以上官员,一般由大使(临时代办)出面邀请,低级官员请对方高级人士,就不礼貌。如请主宾偕夫人出席,主人若已婚,一般以夫妇名义发出邀请。我国大型正式活动以一人名义发出邀请。日常交往小型宴请则根据具体情况以个人名义或以夫妇名义出面邀请。

(3)邀请范围是指请哪些方面人士,请到哪一级别,请多少人,主人这方请什么人出来作陪。这要考虑多方因素,如宴请的性质、主宾的身份、国际惯例等。多边活动尤其要考虑政治关系,对政治上相互对立的国家是否邀请其他人员出席同一活动,要慎重考虑。

(4)宴请采取何种形式,在很大程度上取决于当地的习惯做法。一般来说,正式、规

格高、人数少的以宴会为宜,人数多则冷餐或酒会更为合适,妇女界活动多用茶会。

目前各国礼宾工作都在简化,宴请范围趋向缩小,形式也更为简便。酒会、冷餐会被广泛采用,而且中午举行的酒会往往不请配偶,不少国家招待国宾宴会只请身份较高的陪同人员,不请随行人员。我国也在进行改革,提倡多举办冷餐会和酒会以代替宴会。

2. 确定宴请的时间、地点

(1)宴请的时间应安排在主宾双方都较为合适的时间。注意在时间的确定上,要避免对方的重大节假日、已有重要活动的时间或是禁忌日,对信奉基督教的人士不要选13号。伊斯兰教在斋月内白天禁食,宴请宜在日落后举行。小型宴请应首先征询主宾意见,最好口头当面约请,也可用电话联系。主宾同意后,时间即被认为最后确定,可以按此约请其他宾客。

(2)选择宴请的地点,要根据邀请的对象、活动性质、规模大小及形式等因素来确定。如官方正式、隆重的宴会一般安排在政府议会大厦或客人下榻的酒店。选定的场所要能容纳全体人员。举行小型正式宴会,在条件允许下,宴会厅外另设休息厅(又称等候厅),供宴会前简短交谈用,待主宾到达后一起进宴会厅入席。

3. 发出邀请

各种宴请活动,一般均发请柬,这既是礼貌,亦对客人起提醒、备忘之用。便宴经约妥后,可发亦可不发请柬。工作进餐一般不发请柬。有些国家,邀请最高领导人作为主宾参加活动,需单独发邀请信,其他宾客发请柬。

(1)邀请形式。邀请有两种形式,即口头邀请和书面邀请。口头邀请就是当面或者通过电话把宴请的目的、名义以及邀请的范围、时间、地点等告诉对方,然后等待对方的答复。书面邀请即给对方发送请柬,将宴请的内容告诉对方。

(2)邀请的时间。各种宴请邀请时间一般以提前3~7天为宜,过早,客人会因日期长久而遗忘,太迟,会使客人措手不及,难以如期应邀出席。

(3)了解回执。需安排座位的宴请活动,为确切掌握出席情况,往往要求被邀请者答复能否出席。随请柬可以附上被邀请者是否出席宴请的回执,应要求对方在宴请日的3天之前,给举办方回音,便于主办方早做准备。

(二)宾客、主人抵达时的迎接工作

根据宴会开席的时间,接待人员要提前到岗恭候客人光临。来宾到来的时候,应热情谦逊,面带笑容,服务用语规范。同时协助来宾脱帽,并将其引入会客室、休息室或者直接陪同客人进入宴会厅。

来宾进入会客室、休息室后,应根据来宾不同的生活习惯热情地送茶、送毛巾,并视情况为吸烟的客人点火。

当来宾进入宴会厅走进座位的时候,接待员应面带笑容,拉开座椅,引导宾客入座,同时慢慢地将座椅推回原位,使宾客坐稳坐好。引宾客入座时,要按照先女宾客后男宾客、先主宾客后其他的顺序进行。

(三)宾客、主人入座后的服务工作

宴请席间,要严格按照操作程序和方法,完成上菜、斟酒、派菜等一系列工作,尤其是要做好对主宾和主人的服务。

(四)宴请结束后的整理工作

宴会结束的时候,应为宾客拉开椅子,以方便其行走。视情况目送或者陪送到宴会厅门口。如果来宾用餐后要在会客厅休息,应根据实际需要及时端茶送水。

宾客离开的时候,衣帽间的服务员应及时、准确地将衣帽取出,递给来宾,并热情地协助其穿戴整齐。

收台的时候,要认真检查,如果发现有宾客遗留物品时,应及时送还给宾客。

三、宴请的桌次和座位安排

(一)宴请的桌次安排

按照国际习惯,桌次的高低以离主桌位置远近而定,离主桌越近桌次越高,同距离时右边高于左边。桌数多时,要摆桌次排。这样既可以方便宾客、主人入座,也有利于管理。

一桌以上的宴会,桌子之间的距离要适当。团体宴请时,桌子排列一般以最前面或居中的桌子为主桌。

在正式宴会安排桌次时,应遵循以下原则:

(1)居中为上。即多张桌子围在一起时,居于正中间的一张为主桌。

(2)以右为尊。即横向排列时,以宴会厅的正门为准,右侧的桌次高于左侧的桌次。

(3)远门为上。即纵向排列时,以距宴会厅正门的远近为准,距离越远桌次越高。

(4)在桌次较多的情况下,上述排列常规往往交叉使用。

宴会可以用圆桌也可以用长桌。

(二)宴请的座位安排

正式宴会一般均排席位,也可只排部分客人的席位,其他人只排桌次或自由入座。无论采用哪种做法,都要在入席前通知到每一个出席者,使大家心中有数,这样既方便宾主入座、服务员上菜,也有利于宴会的统一管理。宾客入场时,宴会厅门口的领台员要热情上前引导入席。大型的宴会,最好排席位,以免混乱。

1.中餐的座位排列

中餐一般使用圆桌。中餐的席位排列有以下三项规定:

(1)面门为主。在每张餐桌上,以面朝宴会厅正门口的中央座位为主位,通常由主人在此就座。

(2)以右为尊。一般请主宾就座于主人的右侧,并按照职务高低依次排列。

(3)主位同向或面向。就是指两桌以上的宴会,其他各桌的第一主人位置,可以与主桌主人的位置相同方向,也可以是面向主桌的位置为主位。

主位
① ②
③ ④
⑤ ⑥
⑦

主人1
主宾1 主宾2
主人2 主人3
主宾3 主宾4
主人4 主人5
主宾5 主宾6
主人6

主位
① ③
⑤ ⑦
⑧ ⑥
④ ②
第二主位
（女主人）

主位
① ②
⑤ ⑥
⑧ ⑦
④ ③
第二主位
（女主人）

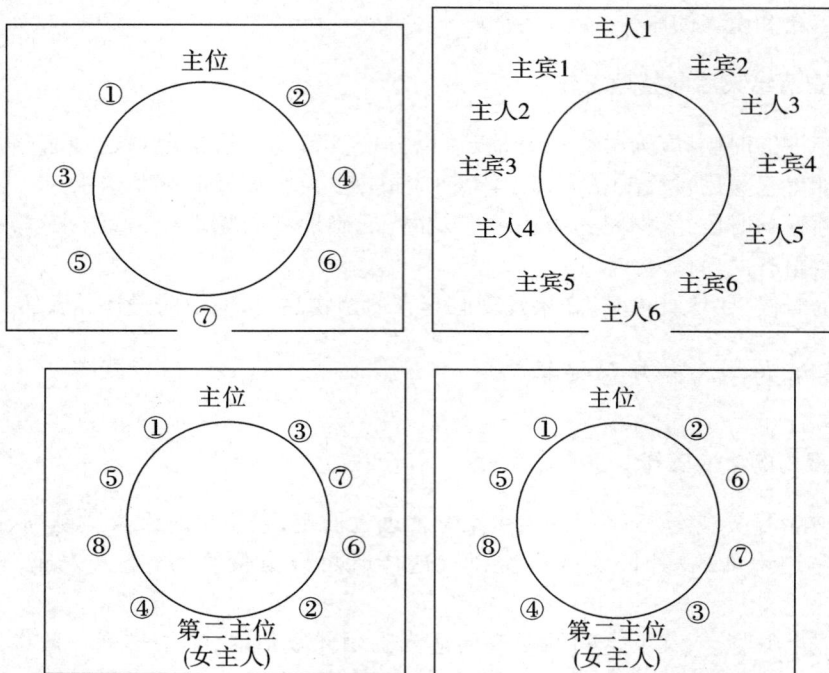

2. 西餐的座位排列

西餐桌主要以长桌为主,按照西方的传统习惯,正规的宴请是,男主人(第一主人)坐主位,遵照以右为尊的原则,其右手边是第一贵宾的夫人,左手边是第二贵宾的夫人。女主人(第二主人)坐在男主人的对面,其右手边是第一贵宾,左手边是第二贵宾。下面介绍几种常见的长桌宴会座次排列法,如图:

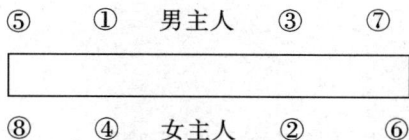

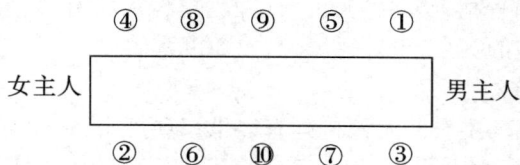

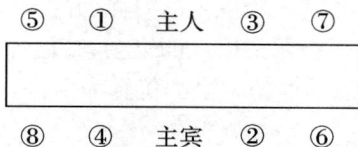

⑤ ① 男主人 ③ ⑦

⑧ ④ 女主人 ② ⑥

④ ⑧ ⑨ ⑤ ①

女主人   男主人

② ⑥ ⑩ ⑦ ③

⑤ ① 主人 ③ ⑦

⑧ ④ 主宾 ② ⑥

礼宾次序是排席位的主要依据。译员一般安排在主宾右侧。在以长桌作主宾席时，译员也可以考虑安排在对面，便于交谈。在许多国家，译员不上席，为便于交谈，译员坐在主人和主宾背后。

以上是国际上安排席位的一些常规。遇特殊情况，可灵活处理。

席位排妥后着手写座位卡。我方举行的宴会，中文写在上面，外文写在下面。卡片用钢笔或毛笔书写，字应尽量写得大些，以便于辨认。便宴、家宴可以不放座位卡，但主人对客人的座位也要有大致安排。

四、出席宴会的礼仪规范

古往今来，宴会一直是人际交往的一种重要形式，早在《礼记·礼运篇》中，就有"夫礼之初，始于饮食"的结论。千百年来，人们在摆席设宴中形成了一套纷繁复杂的礼仪。常言道："君子食有容。"一个人在宴会中的举止是否得体，用餐姿态是否规范，是衡量其文明修养水平的标准之一。虽然随着时代的变迁，餐桌礼仪已由烦琐逐渐趋于简化，但一些基本的礼节规范却依然保存着，成为人们的行为标准。

（一）接受邀请时的礼仪规范

1. 确认宴会类型，做好必要的准备

一般在请柬上都会说明宴会的类型或目的，是中式的还是西式的；是去邀请者家里做客，还是去饭店参加庆典；是庆祝宴会还是欢迎宴会等。客人在应邀出席一项活动之前，要核实宴请的主人，活动举办的地点、时间，是否邀请了配偶，以及主人对服装的要求。另外还要考虑是否需要准备礼物，或者其他的一些准备工作等。

2. 收到邀请后，给邀请者一定的回复

按照一般的礼节要求，应该在收到邀请后的第一天内给主人以回复。请柬上一般都印有"敬候回音"或"如不光临请予回复"的字样。前一种是指被邀请者无论是否赴宴，都要予以回复；后一种则指被邀请者如不能赴宴才予以回复。一旦答应赴宴，如果没有特殊的原因，不要随意变动，以免给主人带来不便。万一有特殊情况不能出席，应及时、有礼貌地向主人解释或道歉，万万不可不经解释就随意不去参加，这是极不礼貌的行为。

3. 掌握出席时间，准时参加宴会

出席宴请活动，抵达时间迟早。迟到、早退、逗留时间过短被视为失礼或有意冷落。身份高者可略晚到达，一般客人宜略早到达，主宾退席后再陆续告辞。在我国一般是正点或提前两三分钟或按主人的要求到达出席宴会。确实有事需提前退席，应向主人说明后悄悄离去，也可事前打招呼，届时离席。

（二）席间的礼仪规范

1. 入席时注意事项

（1）赴宴时。走进主人家或者宴会厅里，首先应跟主人打招呼，表明你已经到达，随后还应跟已经到达的其他客人（不管相熟与否）一一点头示意或握手寒暄。特别要注意的是：对方若是长者，则应表现出格外的尊重，比如或起立或让座等；对方若是女性，则应举止庄重,彬彬有礼;对方若是小孩,则应表现出长者的关爱等。

(2)入席时。入席时应注意以下几点:第一,如果桌次和座号均无任何标示,则应听从主人的安排,千万不要贸然入座;第二,如有桌次和座号的标示,也不要急切入座,而应由主人引而入座;第三,入座时应向其他的客人表示适当礼让。

(3)就座后。就座后应该注意的地方约有如下几点:坐姿要端正,不要摇晃双腿或头靠椅背伸懒腰、打哈欠等;与人交谈时不要指手画脚,飞沫四溅,或声音很高;一般来说,男性不宜只穿衬衣,女性就座时也不宜将裙子撩高;在等待上菜的间隙,应与主人及其他客人轻松自如地交谈,不可默不作声只等进餐,也不可左顾右盼或玩弄、敲打碗筷等。

2.进餐时注意事项

与西餐相比,吃中餐也有自己的规矩。中餐宴会是中国传统的、具有民族特色的宴会。进餐中,应遵循中国的饮食习惯、吃中国菜肴、饮中国酒、用中国餐具、行中国传统礼仪。

(1)文明、规范的使用餐具。中餐一般使用圆桌进餐,大家围坐圆桌旁,自己用筷子夹菜吃。中餐的餐桌上,每个席位前放有汤碗、筷碟和小瓷汤匙,桌中备有酱油、醋等调料,菜夹到碟子里之后再吃。筷子的使用有很多讲究,要注意文明和卫生。

①不要舔筷、咬筷,不要在盘中拿筷子翻检食物。

②不方便取食的食物,可用汤匙取食,不可用筷子插食。

③不要用自己的筷子给别人夹菜,不要把不干净的筷子伸到盘子中取菜。

④不要举着筷子在几个盘子间游移不定,或将筷子跨放于碗或盘上,应放在筷架上。

如果不注意这些细节问题,不仅不卫生,而且影响其他人进餐,同时也损害了自己的形象。

(2)餐桌上注意谦让、讲礼貌。谦虚、礼让是我们中华民族的传统美德,我们在进餐时也要注意做一个文明、谦让的客人。

①上桌后不要先拿筷,应等主人邀请,主宾动筷时再拿筷。

②主人向客人介绍菜式,请大家趁热品尝时,不得争抢,应首先礼让邻座客人后,再伸筷取食。

③筷子不要伸得太长,不要在菜盘里翻找自己喜欢的菜肴,应先将转台上自己想吃的菜转到自己的面前,再从容取菜。不要把自己喜欢的菜总是转到自己的面前,也不要在别人夹菜的时候转动转台。

(3)餐桌上要注意饮食卫生。中餐就餐时,大家共同食用相同的食物,如果不注意饮食卫生,不仅对健康不利,也是不文明、不雅观的表现。

①已经咬过的食物不要放回盘子里,应将其吃完。

②冷盘菜、海味、虾、蒸鱼等需要蘸调料的食物可自由调味,但切记勿将咬过的食物再放回调料盘中调蘸。

③自己使用的餐具要处理干净后再伸到盘中取食。

④吃东西要文雅。闭嘴咀嚼,喝汤不要啜,吃东西不要发出声音。如汤菜太热,可稍稍待凉后再吃,切勿用嘴吹。嘴内的鱼刺、骨头不要直接外吐,用餐巾掩嘴,用手(吃中餐可用筷子)取出,或轻轻吐在叉上,放在菜盘子内。吃剩的菜,用过的餐具、牙签,都应放

在盘内,勿置桌上。嘴内有食物时,切勿说话。剔牙时,用手或餐巾遮口。

(4)要注意进餐速度。当其他客人还没有吃完时,不要独自先离席。在宴会餐桌上,进餐速度快慢不是依个人习惯,而应适应宴会的节奏,等大家都吃完,主人起身,主宾离席时再致谢退席。

(5)沉着处理意外情况。宴会进行中,由于不慎发生异常情况,例如用力过猛,使刀叉撞击盘子,发出声响,或餐具摔落地上,或打翻酒水等,应沉着不必着急。餐具碰出声音,可轻松向邻座(或向主人)说一声"对不起"。餐具掉落可另换一套。酒水打翻溅到邻座身上,应表示歉意,协助擦干,如对方是妇女,只要把干净餐巾或手帕递上即可,由她自己擦干。

3. 祝酒时注意事项

古往今来,酒水在人际交往中一直扮演着重要的角色,在宴会进行过程中,敬酒是不可缺少的项目,重要的宴请活动,还有专门的祝酒仪式,作为与宴者,要做到心中有数,避免失礼。

(1)要事先准备好为何人、何事敬酒,何时敬酒,按什么顺序敬酒等。一般来讲,第一杯酒应该敬主宾,第二杯酒敬主人,其他的人可按顺时针的顺序依次敬酒。也可根据实际情况灵活安排。值得注意的是,对餐桌上的客人要一视同仁,不可厚此薄彼。只对特定的对象敬酒是不礼貌的。

(2)碰杯时,主人和主宾先碰,人多时可同时举杯示意,不须逐一碰杯,祝酒时要注意不可交叉碰杯。碰杯时在餐桌上不要将手伸得太长,如果对方和自己距离较远,可以将酒杯在桌面上顿一下,代替碰杯。与他人碰杯时应当把自己的酒杯举得比他人酒杯略低一些,以示谦让和对他人的尊重。

(3)主人致祝酒词或别人向自己敬酒时,应当放下筷子暂停进餐,更不要与其他人交流或抽烟,耐心倾听才符合礼仪规范。

(4)祝酒时,一定要配合相应的语言,可以说一些吉利的、表示客气的话,不能一言不发,别人给自己敬酒时要说一些表示感谢的话。

4. 交谈时注意事项

(1)宴会上沉默寡言会使宴会气氛显得沉闷,男女主人应主动引出交谈的话题,促使客人们相互讨论大家都感兴趣的内容,使宴会始终保持轻松愉快的气氛,要避免谈一些荒诞、庸俗低级的内容,也要尽量回避容易引起他人尴尬、难堪、伤心、愤怒的话题。

(2)不要只同几个熟人或一两个人讲话,也不要金口难开,枯坐一隅。宴会中不可哈哈大笑、窃窃私语,或者大声打招呼。

(3)注意不要边吃食物边讲话,或边摆弄刀叉边讲话。想说话时,要等吃完了嘴里的食物再说。

5. 宴会结束时的礼仪规范

(1)选择适当的时机。一般来说,离席不宜在别人正在讲话或刚刚讲完一番话之后,这样会使讲话者感到你对其讲话颇不耐烦。通常离席应选在同桌进餐完毕之后,此外,还应劝请其他客人多坐些时以尽兴叙谈。

(2)离席前不应有不耐烦的表情或举止。离席最早的人不宜高声道别,只需悄声与主人道别。如果走时被同桌其他客人发现,则应礼貌地与之道"再见",如对方是不同桌的客人,则点头示意即可。

(3)向主人提出提早离席的原因。

(4)已经提出离席后,就应尽快起身离席,不要口说走身却不动。

(5)离席与主人道别时不要拉住主人谈得过长,那样很易影响一桌气氛。

(6)通常离席时,男宾先向男主人告别,女宾则先向女主人告别,然后再交叉告别。

(7)如果许多人一起离席,则只需分别与主人点头、微笑或握手即可。

案例分析

演员不辞而别

武汉市与日本某市缔结友好城市,在某著名饭店举办了一场大型的中餐宴会,邀请本市最著名的演员到场助兴。这位演员到达后,费了很长时间才找到自己的位置。当他入座后发现与其同桌的人都是接送领导和客人的司机,演员感到自尊心受到了伤害,没有同任何人打招呼就悄悄离开了饭店。当时宴会组织者并没有察觉到这一点,一直等到宴会进行中主持人拟邀请这位演员演唱时,才发现演员并不在场。

思考:演员为何不辞而别?

模块训练

模块训练一:宴请礼仪的桌次和座次排列训练

(1)熟悉掌握宴请的桌次和座次排列顺序的要点和规范标准。

(2)以按照宴请桌次和座次的尊卑顺序,用画图的方式让学生填数字进行训练。

(3)教师对学生画的图,进行点评指导,指出不足之处。

模块训练二:出席宴会的礼仪规范训练

(1)熟悉掌握出席宴会礼仪规范的要点和规范标准。

(2)模拟出席宴会的场景,让学生扮演不同的角色进行训练。

(3)案例分析模拟训练。

(4)参加具体实际宴会,让学生感受宴会礼仪的要领和规范。

专　业　篇

模块五

岗位服务礼仪

为了给客人提供一流的优质服务,最大限度地使旅游者的需求得到满足,旅游接待人员应把公关接待礼仪体现与落实在客人的吃、住、行、游、购、娱等各个环节之中。

项目一
前厅服务的礼貌礼节

项目导读
本项目主要学习迎宾接待服务礼仪、总台接待服务礼仪等知识。
学习目标
1. 了解接待礼仪在前厅各部门各岗位服务中的具体应用;
2. 掌握饭店各岗位接待礼仪的工作规范和基本技巧。

前厅,是指进入饭店大门后到饭店客房、餐厅之前的公共区域。前厅是每一位宾客抵达、离开饭店的必经之地,是旅游酒店服务的第一个站点。前厅部是旅游酒店中十分重要的部门之一,可以为客人提供登记、接待、订房、分房、换房、问讯、电话、订票、留言、退房等各项服务,可以称作酒店的"门面"或者"窗口"。前厅服务工作的质量直接涉及客人对酒店的第一印象以及满意度和回头率,其销售业绩直接关系到旅游酒店的经济效益。所以,旅游酒店从业人员应熟练掌握前厅各工作岗位接待与服务规范,为客人提供高规格、高标准的服务,从而也为旅游酒店的发展兴旺作出贡献。

一、迎宾接待服务礼仪

(一)迎宾员接待礼仪

1. 在岗时
迎宾员要穿制服上岗,站在正门便于环视宾客和车辆出入的地方。着装要整齐,站立要挺直,不可叉腰、弯腰、靠物,走路要自然、稳重、雄健、仪表堂堂、目光炯炯。在岗时要保持双手自然下垂或者背于身后,两眼平视前方,双脚自然张开与肩同宽,挺胸收腹,表情自然,面带微笑。

2. 车辆到店时

(1)欢迎。凡是来饭店的车辆停在大门时,要主动迎上,距离迎面来车约 10 米时,身体微向右侧,右手侧举成 90°,手掌张开,五指并拢,左手上举至胸部位置,引领司机在恰当位置停车(右手迅速紧握成拳,示意停车)。

(2)开门。观察车内情况,迅速为客人开启车门。一般先开启右车门,用右手挡住车门的上方,提醒客人不要碰头。如果事先知道客人是宗教人士,则不能挡,因为他们认为用手一挡,"佛光"就被遮住了,是不尊重人的行为。对老弱病残及女客人应予以帮助,并注意门口台阶。

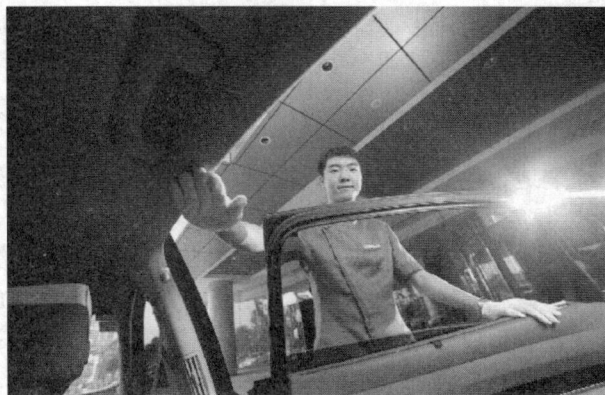

(3)问候。开启车门后,问候客人要面带微笑,热情问候"您好,欢迎光临",并致以 15°鞠躬礼。对于常住客人要记住称呼他们的姓氏,并可以灵活问候,此时不宜说"欢迎光临",可用"您回来啦,××先生"等代替,给客人一种宾至如归的感觉。如果遇到团体宾客或者大型会议、宴会的客人较集中到达或者离开时,要注意工作效率,尽量减少客人的等候时间,同时,还应不厌其烦地向宾客微笑、点头示意,尽量使每一位客人都能得到亲切的问候。

(4)处理行李。遇到车上装有行李时,主动与客人一起清点行李数目,检查是否有损坏,并注意有无遗漏的物品。迅速示意行李员,并协助行李员卸下行李并疏导车辆,保证门前道路畅通。

(5)牢记车牌号和颜色。迎宾员要牢记常来本店客人的车辆号码和颜色,以便提供快捷、周到的服务。

(6)雨天。逢雨天,客人到店时,要为客人打伞。若宾客自己带伞,则应该接过,用后放在专设的伞架上,并代为保管。

3. 客人进店时

客人进店时要为客人开启大门,并说"您好,欢迎光临",用手示意客人"请进"。并引导客人至接待处办理登记手续。行李放好后向客人交接及解释,并迅速到行李领班处报告,然后返回岗位。

4. 客人离店时

(1)送客。客人离店,负责离店的门卫应主动上前向客人打招呼并为客人叫车。待车停稳后,替客人打开车门,请客人上车;客人如有行李应主动帮客人将行李放上车并与客人核实行李件数。待客人坐好后,为客人关上车门。车辆即将开动,门卫躬身立正,站在车的斜前方一米远的位置,上身前倾15°,双眼注视客人,举手致意,微笑道别。同时,可以说"再见""祝您一路平安""欢迎您再来"等。当重要宾客车辆抵达或离开时,要先行安排、重点照顾。

(2)特殊情况。当候车人多而无车时,应有礼貌地请客人按先后次序排队乘车。载客的车多而人少时,应按汽车到达的先后顺序安排客人乘车。

(二)行李员接待礼仪

行李员的主要职责是负责客人的行李接送工作,在服务中要做到以下几点:

(1)着装整齐,仪容端庄,按照站立服务的规范要求,精神饱满,思想集中,立于大厅中便于看到客人的地方。

(2)客人抵达时,热情相迎,微笑问候。主动帮助客人提行李,清点行李数目,检查是否损坏。记下送客的出租车牌号,交给客人。客人坚持亲自提携的物品,应尊重客人意愿,不要强行接过来。用推车装运行李时,要轻拿轻放。

(3)陪同客人到总服务台,帮助客人搬运所带的行李,搬运时必须十分小心,不可以损坏行李;贵重物品要让客人自己拿。客人办理住宿登记时,行李员要站在客人身后 1 米外等候。

(4)引领客人到客房时,行李员要走在客人左前方两三步处,随着客人的行进节奏,遇到转弯或者客人进入相关部门(如餐厅)时,要微笑以引导手势示意。

(5)乘电梯时,要请客人先进去。如有电梯工,行李员应遵循后上后下的原则;如没有电梯工,行李员要先上以操纵电梯,后下以控制电梯门。若电梯比较拥挤时,行李员要后上先下。总之,无论什么情况,都要尊重客人、方便客人。

(6)进入房间之前,要先敲门,确定无人再进入。将行李放好,若是白天,应为客人打开窗帘,将钥匙交给客人,为客人介绍房内设施。询问客人有无其他要求,并耐心回答客人的询问。若客人没有其他要求时,应及时退出房间。离开房间时要面对客人,并说"请您好好休息,再见",退出房间时应轻轻关门。

(7)客人要退房离开时,行李员在接到搬运行李的通知后应该立即赶到,进入客房前无论门是开着或者关着,均要按门铃或敲门,得到允许后方可进入。

(8)与客人一起清点过行李后,即可提携行李,并运送到指定地点;如果客人跟行李一起走,提醒客人不要遗忘东西,并在客人离开房间时将房门轻轻关上,一路跟随客人直到安顿好行李,并与大门迎宾员一起向客人热情告别。

(三)迎送接待礼仪

对提前预订远道而来的团队客人以及重要客人,酒店往往会派遣场站接待人员主动到车站、码头、机场迎接。

1. 迎接宾客服务

(1)提前一天了解和获取抵达酒店客人的名单,了解是否有 VIP 客人或需照顾的客人,了解除了预订的房间外还有多少房间可接散客,掌握该日抵达酒店客人的姓名、所乘交通工具和抵达时间。一般要在班机、火车、轮船到达前 15 分钟赶到,这样会让经过长途跋涉到达目的地的客人不会因等待而产生不快。

(2)客人到达时,主动迎上去向客人表示欢迎。若须过边防海关,应请客人先过边防、海关;若不须过,则引领客人到车上就座等候行李。行李领出后要请客人清点行李。如果客人自领行李,领出后要帮客人提运,客人表示行李无差错时,可关好车门,送客人到酒店。

(3)场站若有未预订房间的客人想入住本酒店,如果酒店还有房间,则要安排客人乘酒店专接零散客人的车辆回酒店。

(4)若有团体客人抵达,接待人员接到客人后,要安排客人先上车并将客人行李牌收齐,让客人乘车回酒店,然后帮客人领取行李,用行李车运回酒店送到客人房间。若客人要求行李跟客人的,可按客人要求办理。接待团体客人时,必须要点齐人数,行李上车后要点齐行李件数后方可开车。

（5）照顾好老人、伤残者、小孩等。

2. 送客服务

接待人员到总服务台了解次日需要送走的客人名单，所乘交通工具、班次等情况。向交通服务部门订车，了解机、车、船准确出发的时间，并与客人商定离开酒店的时间。清点行李，照顾重点客人、老年人、伤残者、小孩等。送客路上应征求客人对酒店的意见，并欢迎他们下次惠顾。

3. 接待礼仪要求

（1）要注意自己的仪容、仪表，礼貌待客，全程使用敬语。

（2）客人到达时，要热情主动地问候客人。平等待客，一视同仁。

（3）送别客人时，应主动征求客人对酒店的意见。

（4）迎客和送客时不可误接、误送或误时接送。掌握最新的交通信息，并转告酒店有关部门，便于为宾客提供服务。

二、总台接待服务礼仪

酒店的总台是住店客人进店和离店的必经之处，是酒店的"窗口"，也是酒店管理的"中枢神经"。客人从进入酒店到离开酒店的这段时间，总少不了要同总台打交道。这里既是接待客人的第一个环节，又是最后一个服务环节。因此，总台服务人员在看到客人到来时应主动招呼、热情询问，并向客人介绍酒店的基本情况、住宿条件和房价。工作人员必须认真对待每一位客人，让客人来时有"宾至如归"和离时有"宾去思归"的感觉。

（一）总服务台接待礼仪

1. 接待员服务礼仪

总服务台要始终保持整洁、干净，使人看上去有一种舒适的感觉。总服务台接待人员也要着装整洁，仪容端庄，优雅站立，精神饱满地恭候宾客的光临。

（1）客人朝总服务台走过来时，接待人员应面带微笑用眼神迎接，热情问候招呼"您好，欢迎光临""请问您有预定吗""我能为你做些什么"等。遇到客人较多而工作繁忙的时候，要按照顺序依次办理住宿手续，做到办理一个，接待另一个，招呼第三个，切忌冷落了客人。

（2）请客人填写住宿登记单时，登记单的文字要正对客人双手递过去，验看、核对客人的证件与登记单无误后，证件要立即双手交还给客人，并表示感谢，而且还要留意客人，记住客人的姓氏，在接下来的服务中称呼客人的姓氏，提供个性化的服务。

（3）将房门卡交给客人的时候，应亲切地说"××先生（女士），您的房间号是××，祝您愉快"，并可以根据房间的具体优势做解释。如遇到客房已满的情况，要耐心地和客人解释，并可以向不了解本地情况的客人提供附近酒店的大概方位。如果客人不需要，应说"欢迎下次光临"，给客人留下预订电话和酒店宣传资料。

（4）如果客人通过电话预订房间，应认真记录客人的要求，并向客人复述一遍，以免出现遗漏或差错。订房后应信守契约、恪守时间，待客人到达时，切实做到按照预定客房要求安排。若遇到订房纠纷，要注意礼貌，对客人耐心解释，切记不要争吵，冷静分析，灵活对待。

2. 预订礼仪

预定员主要负责客房预订。预订方式有上门预订、电话预订、传真预订、信函预订、网络预订等。

（1）应答客人。客人上门预订，服务员应主动、热情问候。若有客人要求的房间，主动介绍设备、询问细节、报价，并帮助客人落实订房。若无客人要求的房间，礼貌回绝客人或者介绍其他酒店。电话预订，铃响三声之内必须接听，敬语当先，礼貌接待。预订部人员接到的电话多数是先问及有关酒店的服务项目、房价等，订房员要耐心回答，抓住机会向客人推销。

（2）仔细报价。首先要说明合理税率；其次解释一些额外服务或宜人环境应增补的费用；第三要核实验证酒店是否有最低限度的下榻时间规定以及是否会影响客人的时间要求。

（3）准确记录。认真、准确记录客人的要求，并向客人复述核对，防止出现差错或遗漏。

（4）适度推销。可以根据客人的要求，为客人推荐客房。推销过程中，要注意语言的艺术性，充分表达所推荐房间的优势。

3. 入住登记礼仪

(1) 登记入住。客人一抵达就迅速为其办理住房登记手续,保证总服务台经营高效率,使客人满意。

(2) 先来后到,一视同仁,切不可以貌取人,厚此薄彼。

(3) 仔细查验,认真填写,做到精通业务。除了本职工作外,也必须对于一些突发状况,即客人的特殊要求作出反应,提供协助并给予服务。

(4) 妥善排房,适度推销。总服务台与客房部多联系多协调,保证快速敏捷地为客人分配房间,避免造成部门之间沟通不完善,导致客人登记所花时间太长。总服务台必须确定并查对客人所下榻的客房条件是否符合客人所需,例如房间的类别、等级、价格等。

(5) 报房号,交房卡。

4. 退房礼仪

(1) 温婉有礼。遇到客人退房时,要温婉有礼,不能态度粗鲁或不高兴。

(2) 留下好印象。客人办理退房和结账手续一般在上午 7:30 ~ 9:30,如果员工准备工作就绪,工作安排得有条不紊,就能使退房过程顺利、有效地进行并给客人留下良好的印象。

5. 结账礼仪

(1) 了解结账方式。如果客人选择现金结账,那么酒店通常要求客人在入住时一次付齐。客人要求转账结算,要确认事先已经核准的转账地址以及转账安排。

(2) 精心、小心、耐心。总服务台员工一定要牢记,在与客人谈到金钱问题时,一定要精心、小心、耐心。

(3) 态度和蔼。

(4) 严谨、准确、快捷。

(二) 总服务台问询服务礼仪

问询服务员主要做的工作是回答宾客的咨询。接待问询人员要熟悉业务,明确职责,以便能以快捷的方式为客人解答清晰或至少能够提供有价值的线索。问询服务员在接待问询时要注意以下礼仪规范。

(1) 服务员必须掌握大量的、具有时效性的信息。比如所在城市天气情况、旅游景点、购物场所、餐饮场所、交通工具情况;景点门票的价格;车船到港进站的时间;酒店服务项目、收费标准、营业时间等基本情况。

(2) 客人前来询问时,问询服务人员要主动迎接问好,面带微笑,两眼注视客人,听清客人问询内容和要求,简明扼要回答客人。自己不清楚或需要有关部门查询的问题,请客人稍后,请教或查询有关人员后回答。服务的过程中不能推脱、怠慢、不理睬客人或简单地回答"不行""不知道"等。

(3) 尽量满足客人要求。服务员在接待宾客时必须耐心、热情、细心。对客人提出的每一个问题都要认真解答。由于问询处在酒店的中心位置及其对客人服务的重要作用,问询处必须是酒店主要的信息源。有关酒店所在地的各种资料和重要活动,也都是客人询问的内容。毋庸置疑,问询处能提供的信息越多,便越能够满足客人的需求。

（三）电话总机服务礼仪

电话总机服务员是酒店里看不见的服务员,但是由于人的声音与表情是协调一致的,所以礼仪上依然有很严格的要求。总机服务员的主要任务是接转电话、代客留言、电话查询和叫醒服务,在这些服务的过程中,应注意遵循以下礼仪规范。

（1）语言要准确,用词要恰当,态度要诚恳,要时刻避免使用"我不知道""我很忙""听不到"等不耐烦的用语和语气;应常用"请稍候""我立即为您查询"等。

（2）遵循电话礼仪。铃响三声内接听,但是不要一声还没有响完就立即接听,吓客人一跳。接听后也不要用"喂,谁啊""你找谁""干什么"等不礼貌的问候语。礼貌问候以后,应主动以中英文报出酒店名称,然后倾听来电内容,再分别处理。

（3）代客留言时一定要认真听清,并做好记录,复述一遍确认,以免出现遗漏或差错。对于来电查询住店客人的电话,总机服务人员应注意为客人保密。留言要写清楚来电人的姓名、单位、来电时间、留言内容和联系方式等,待客人回来应立即转告。

（4）叫醒服务是一项重要的工作。客人因旅途疲劳而又要早起赶时间的时候,需要总机服务人员提供叫醒服务。接受要求时,要详细填写叫醒时间表,问清楚姓名、楼层、房间号、电话号和叫醒的准确时间。叫醒客人的时候应说:"早上好,现在是××点。"如果无人接电话,隔两三分钟再叫一次,三次无人接听再通知楼层服务人员直接叫醒。细心而准确地叫醒客人是电话服务人员的职责。电话服务人员的任何一次失职都会引起客人的不满、气愤,因为这种粗心可能使客人误了一次航班或者损失了一笔大生意。

案例分析

叫醒失误的代价

　　小尧是刚从旅游院校毕业的大学生,分配到某酒店房务中心是为了让他从基层开始锻炼。今天是他到房务中心上班的第二天,轮到值大夜班。刚接班没多久,电话铃响了,小尧接起电话:"您好,房务中心,请讲。""明天早晨5点30分叫醒。"一位中年男子沙哑的声音。"5点30分叫醒是吗? 好的,没问题。"小尧知道,叫醒虽然是总机的事,但一站式服务理念和首问负责制要求自己先接受客人要求,然后立即转告总机,于是他毫不犹豫地答应了。当小尧接通总机电话后,才突然想起来,刚才竟忘了问清客人的房号! 再看一下电话机键盘,把他吓出一身冷汗——这部电话机根本就没有号码显示屏! 小尧顿时心慌,立即将此事向总机说明。总机也无法查到房号。于是小尧的领班马上报告值班经理。值班经理考虑到这时已是三更半夜,不好逐个房间查询。再根据客人要求一大早叫醒情况看,估计十有八九是明早赶飞机或火车的客人。现在只好把希望寄托在客人也许自己会将手机设置叫醒。否则,只有等待投诉了。

　　早晨7点30分,一位睡眼惺忪的客人来到总台,投诉说酒店未按他的要求叫醒,使他误了飞机,其神态沮丧而气愤。早已在大堂等候的大堂经理见状立即上前将这位客人请到大堂咖啡厅接受投诉。

　　原来,该客人是从郊县先到省城过夜,准备一大早赶往机场,与一家旅行社组织的一个旅游团成员汇合后乘飞机出外旅游。没想到他在要求叫醒时,以为服务员可以从电话号码显示屏上知道自己的房号,就省略未报。

　　酒店方面立即与这家旅行社联系商量弥补办法。该旅行社答应让这位客人可以加入明天的另一个旅游团,不过今天这位客人在旅游目的地的客房预订金270元要由客人负责。接下来酒店的处理结果是:为客人支付这笔订金,同时免费让客人在本酒店再住一夜,而且免去客人昨晚的房费。这样算下来,因为一次叫醒失误,导致酒店经济损失共计790元。

　　思考:小尧接电话时犯了什么错误?

老先生住店满意而归

　　一个周日的下午,从一辆出租车上出来一位残疾的老先生,行李员推着轮椅送老先生进入酒店大堂。看到大堂经理在忙,酒店总台服务员快步走到总台外,面向这位老先生,微笑着问道:"老先生,欢迎您光临我们酒店,我来帮您办理入住手续,好吗?"老先生点点头。"安排您住朝南的1007房间,这边的阳光和景观都不错,房间离电梯也比较近,10楼电梯按钮又在最下排,这样方便您的起居,您看可以吗?"服务员半蹲着征询老先生的意见,老人表示同意。从填写入住单、身份证登记到交付押金、领取钥匙,服务员一次一次地走到老先生跟前屈膝低身为老先生服务着。

"每个酒店的服务台都很高,以前每次办理入住手续我都是在仰望中办理,没有多少人能够理解我的心情啊! 不过,今天不一样。"办完手续后,老先生有些感慨。

几天后,老先生离店时,在房间里留下了这样一张字条:"我对酒店服务表示满意,特别是我进酒店时总台小姐能走出服务台,并弯身服务,那份亲切和热情,让我难以忘怀。"

思考:总台接待服务人员除了提供常规化的日程服务,还应注意哪些细节方面?

项目训练

项目训练一:前厅迎送礼仪训练

(1)在教师的指导下,要求学生分组,模拟行李员服务礼仪。

(2)将学生分组,模拟客人进出酒店,进行迎送礼仪练习。

①散客迎送礼仪练习。

②团队迎送礼仪练习。

项目训练二:总台接待礼仪训练

在教师的指导下,学生分组,模拟酒店前台服务人员接待客人预订。

(1)接受客人前台预订服务礼仪练习。

(2)接受客人电话预订服务礼仪练习。

项目训练三:前厅问询服务礼仪训练

在教师的指导下,学生分组,模拟酒店前台服务人员回答客人问询。两人一组,一名同学扮演"客人",另一名同学扮演酒店前台"问询服务人员","客人"提出各种问题,"问询员"一一作出回答。

模块训练四:总台电话总机服务礼仪训练

在老师的指导下,安排学生分组,模拟总台电话总机叫醒服务的礼仪练习。

项目二
客房服务的礼貌礼节

项目导读

本项目主要学习客房服务人员的仪表仪态礼仪、迎宾接待服务礼仪、住宿接待服务礼仪和离店送客礼仪等知识。

学习目标

1. 熟悉客房部员工基本素质要求；
2. 了解客房接待人员服务礼仪；
3. 了解客房楼层清洁服务礼仪。

客房是酒店的主体，是酒店存在的基础，是客人在酒店中逗留时间最长的地方，客人"家"的感觉主要来自于客房。客房的清洁卫生程度、安全状况、设备与物品配置，服务项目是否齐全，服务人员的服务态度和水平如何等，都是直接影响客人对酒店印象的因素。因此，客房服务人员的服务是客人衡量"价"与"值"是否相符的主要依据，客房服务质量成为衡量整个酒店服务质量的重要标志。

一、客房服务人员的仪表仪态礼仪

从某种意义上来说，一个酒店的形象往往和服务员的仪表仪态相关联，这就要求酒店服务人员在上班时间应穿着酒店统一的工作服，佩戴胸卡，并保持服装的干净整洁。客房服务人员应对自身的卫生、仪表仪态足够重视。个人卫生方面要做到勤洗澡、勤理发。遇到客人应主动打招呼问候，除非客人先伸手，否则不必与客人握手。在过道行走时应轻快没有声音，且不要忽快忽慢，也不要做一些无谓的其他动作，影响到客人休息。

二、迎客接待服务礼仪

（一）迎客的准备工作礼仪

准备工作是服务过程的第一个环节，它直接关系到整个接待服务的质量，所以准备工作应做得充分、周密，并在客人进店之前完成。

1. 了解客人的情况

为了正确地进行准备工作，必须先了解将要到来的客人到店时间、离店时间、何地来、去何地、人数、身份、国籍、健康状况、性别、年龄、宗教信仰、风俗习惯、生活特点及接待规格、收费标准和办法等情况，以便制定接待计划，安排接待服务工作。

2. 整理房间

客人预住的房间,要在客人到达前1小时整理好,保持整洁、整齐、卫生、安全。设备要齐全完好,生活用品要充足,符合客房等级规格和定额标准。

3. 检查房间的布置和设备

房间整理完以后,管理人员要全面检查房间的设备和用品,特别是对 VIP 客人的房间要逐项检查。根据客人的风俗习惯、生活特点和接待规格,对房间进行布置整理。根据需要,布置其他生活用品和卫生用品。布置好后,要对房内的家具、电器、卫生设备进行检查、如有损坏,要及时报修。要试放面盆、浴缸的冷热水,如发现混浊,须放水,直到水清为止。如果客人在风俗习惯或宗教信仰方面有特殊要求,凡属合理的均应予以满足。对客人宗教信仰方面忌讳的用品,要从房间撤出来,以示尊重。

4. 迎客的准备

客人到达前要调好室温,保持空气清新。温度一般应保持在22℃~24℃。如果客人是晚上到达,要拉上窗帘,开亮房灯,做好夜床。完成准备工作后,服务员应整理好个人仪表,站在电梯口迎候。

(二)到店迎接服务礼仪

1. 梯口迎宾

VIP 客人由行李员引领来到楼层,服务员应面带笑容,热情招呼,主动向客人问好,然后引领客人到已经为客人准备好的房间门口,侧身站立,行李员用钥匙打开房门,请客人先进。如果接待团体客人,应集中人力具体分工,分别迎接客人。

2. 介绍情况

客人初到酒店,不熟悉环境,不了解情况,服务员首先向客人介绍房内设备及使用方法,同时向客人介绍酒店服务设施和服务时间,向客人介绍房间的设施及设施的使用方法。介绍时要简洁明了,时间不能拖得太长。客房介绍完毕后征求客人的其他要求。

3. 端茶送巾

客人进房后,针对接待对象按"三到"——"客到、茶到、毛巾到"的要求进行服务。如果客人喜欢饮用冰水、用冷毛巾,也应该按照其习惯满足客人。当住店客人有访客到来时,客房服务员应该根据实际需要为客人送上茶水,对访客要热情对待,尽可能满足其合理要求,访客离开时要热情相送,并留意其有无在主人未注意的情况下带走房间内的物品。

三、住宿接待服务礼仪

(一)进入客房的礼仪

进入房间前应先敲门或按门铃并自报身份,房中无人方可直接开门入内,房间有人时,要得到同意,等候客人开门。正确的敲门方法是:用食指关节,力度适中,缓慢而有节奏地敲门。每次一般敲三下,敲两次。如果按门铃,应在三下之间稍稍停顿,不可以按住不放。进门后,无论客人是否在房间内,都应将门打开。

(1)敲门时,门开着或者客人来开门,都要有礼貌地向客人问好,并征求客人同意,方可以进入房间。若房间无人答应,服务员进入房间,发现客人衣冠不整应马上道歉,退出房间,把门关好。

(2)若房间门上挂着"请勿打扰"的牌子时,服务人员不应打扰。若"请勿打扰"的牌子挂的时间超过下午两点,由客房部服务员通知客房部主管或大堂经理,打电话询问客人并定出整理房间的时间。若房间内无人接电话,则由客房部主管、大堂经理、保安人员一起开门进入房间,查看是否有异常。若客人忘记取下"请勿打扰"的牌子,客房服务人员可以安排房间清理,留言告知客人。

(二)整理客房礼仪

将客人的文件、杂志、书报稍加整理,但不要弄错位置,更不得翻看。除扔在垃圾桶里的东西外,即使是放在地上的东西也只能替客人作简单整理,千万不能自行处理。要特别留意,尽量不触动客人的物品,更不要随意触摸客人的贵重物品。

客人的外衣可以挂起来放在衣橱内,内衣尽量不要去动,如果是女宾客的内衣,则更加不要去改变位置。客人洗过的衣物如挂在空调出风口、窗帘杆、落地灯架或床头灯架上,应取下来挂到卫生间浴帘杆上。女性用的化妆品,稍加收拾,但不要挪动其位置,即使化妆品用完,也不得擅自将空瓶、纸盒扔掉。

有时候,当我们发现客人的床上有很多物品时,可以暂时不去做床,给客人留张小纸条,告诉客人如需要整理,即可通知楼层。

清洁房间时,要注意一些客人忽略的细节,如牙膏没有盖,要帮客人盖好;梳子脏了,帮客人洗干净;剃须刀没有关,帮客人关好;皮鞋没有擦,帮客人擦干净等。

房间整理完离开时,若客人不在要切断电源锁好门,若客人在房间,要礼貌地向客人道歉:"对不起,打扰了。"然后退出房间,轻轻关上房门。

(三)安全检查

客房是客人在酒店逗留期间最重要的生活之地,客人对客房的安全期望是很高的。酒店首先应对客人的生命财产负责,确保客人的安全是客房部的一项极其重要的职责。要随时注意进出客房的人员,记住自己工作范围内住客的姓名、特征;客人未带房卡要求开门时,应先核对客人身份;未经客人同意,不能将任何访客带入客人房间;有关住店客人的姓名、身份、房号、所携带物品等,未经本人允许不得告诉任何人;对出现在楼层的陌生人要仔细询问,必要时要报告相关部门;客人外出后要跟房,查看有无安全隐患,并对客人进出的情况进行详细记录;服务员在当班期间,必须将钥匙或房卡随身携带,妥善保管。

(四)客房送餐服务礼仪

(1)客人用电话预约时,要记清楚客人的姓名、用餐人数、房间号、餐饮品种及数量、送餐时间,记录后要向客人复述一遍,避免出现差错。

(2)送餐前要根据客人点的食品、饮料,先准备好餐具。食品运送过程中要注意安全。

(3)进房间时要先按门铃,经客人允许后方可进入房间。见到客人要讲"不好意思,打扰您了。我是来给您送餐的,餐桌摆在这里好吗?"客人同意后,才可给客人摆上。

(4)一切就绪后,将账单拿给客人签字。客人签字或付现金后要向客人表示感谢,离开房间时要有礼貌地向客人告别,并将房门轻轻关上。

(5)客人用完餐后,要及时将餐具收回,交给管事部清洁。

(五)委托代办和其他事务的礼仪

要认真、细致、及时、准确地为客人办好委托代办的事项,如洗衣、房间用餐和其他客人委托代办的事宜。

客人若有叫醒要求,服务员应详细记录客人的房号、姓名、叫醒时间,并切记实施。如若客人要求的叫醒时间不是自己的当班时间,要记得在交班时对接班的服务员交代清楚。

四、离店送客礼仪

(一)做好客人离店前的准备工作

要了解客人离店的日期、时间、所乘交通工具的车次、班次、航次,所有委托代办的项目是否已办妥,账款是否已结清,有无错漏。早晨离店的客人是否需要叫醒,什么时间叫醒。如果房间有自动叫醒钟应告诉客人如何使用。最后还要问客人还有什么需要帮助做的事情,协助客人做好离店的准备工作。

(二)定时的送别工作

利用客人离店前的客房服务机会,查看客人有无物品遗留在房间,如有要提醒客人。客人离开楼层时,要热情送到电梯口,有礼貌地说"再见""欢迎您再来"。服务员应帮助客人提行李,并送至大厅。对老弱病残客人要有专人护送下楼,并搀扶上汽车。

(三)客人走后的检查工作

客人进入电梯后要迅速进入房间,检查有无客人遗忘的物品,如有应立即派人追送,如送不到应交总台登记保管,以便客人寻找时归还。同时,要检查房间配备物品如烟灰缸或其他手工艺品等有无丢失,设施设备如电视机、电脑等有无损坏,如有应立即报告总台。

案例分析

小龚的迷茫

服务员小龚第一天上班,被分在酒店主楼12层做值台,由于她刚经过三个月的岗位培训,对做好这项工作充满信心,自我感觉良好。一个上午的接待工作确也颇为顺手。

午后,电梯门"叮当"一声打开,走出两位香港客人,小龚立刻迎上前去,微笑着说:"先生,您好!"她看过客人的住宿证,然后一边接过他们的行李,一边说"欢迎入住酒店,请跟我来。"接着她又用手示意,一一介绍客房设备设施:"这是床头控制柜,这是空调开关……"这时,其中一位客人用粤语打断她的话头,说:"知道了。"但是小龚仍然继续说:"这是电冰箱,桌上文件夹内有'入住须知'和'电话指南'……"未等她说完,另一位客人又掏出钱包抽出一张面值10元的外汇券不耐烦地给她。霎时,小龚愣住了,一片好意被拒绝甚至误解,使她感到既沮丧又委屈,她涨红着脸对客人说:"对不起,先生,我们不收小费,谢谢您!"

思考:小龚的热情,客人为什么不领情呢?

干洗还是湿洗

某酒店客房,一位台湾人的一件名贵西装弄脏了,需要清洗,当见到客房服务员小江进房间送开水的时候,便招呼她说:"小姐,我要洗这件西装,请帮我填一张洗衣单。"小江想客人也许是累了,就爽快地答应了,随即按她所领会的意思帮客人在洗衣单湿洗一栏中填上,然后将西装和单子送进洗衣房。接手的洗衣工也是名新手,她毫不犹豫地按单上的要求对这件名贵西装进行了湿洗,结果在口袋盖背面造成了一点破损。台湾人收到西装发现有破损,气愤之极,立刻向客房部经理进行了投诉。

思考:客房服务员小江在为客人提供服务的过程中出现了哪些问题?

项目训练

项目训练一:客房接待服务礼仪训练

1. 熟悉客房服务礼仪规范的要点和标准

- 迎接客人的礼仪规范标准
- 住宿接待服务的礼仪规范标准
- 送别客人的礼仪规范标准

2. 情景模拟训练

情景一:在老师的指导下将学生分组,5 人一组,每一组派出两名学生分别扮演行李员、客房服务人员,其他的 3 名学生扮演客人,每一组一次接待。模拟行李员、客房服务人员的接待规范礼仪。

情景二:模拟客房服务员进入房间打扫,遇到客人在房间内的情景,模拟客房清洁服务的礼仪规范。

项目三
餐厅服务的礼貌礼节

项目导读

本项目主要学习餐前准备服务礼仪、餐厅迎宾服务礼仪、就餐服务礼仪和结账送客服务礼仪等知识。

学习目标

1. 掌握中西餐前准备服务礼仪;

2. 掌握餐厅迎宾服务礼仪;

3. 掌握就餐中服务礼仪;

4. 掌握结账送客服务礼仪。

餐饮部是饭店经营收入的另一个主要来源,对整个饭店的正常运转有着举足轻重的地位和作用,餐饮部的服务质量是饭店服务水准的客观标志。餐厅服务人员每天直接与客人接触,其服务态度、业务水平、操作技能等都直观反映在客人面前。因而,餐饮部的服务人员必须熟练掌握餐饮服务各个流程,并具备良好的礼貌礼仪,为客人提供优质的服务。

一、餐前准备服务礼仪

（一）服务人员的仪容仪表礼仪

服务人员头发要经常梳洗，发型要朴实大方，不要留长指甲，也不要涂有色指甲油，注意口腔卫生，上班忌吃葱、蒜等使口腔有异味的食物，不得喝酒。要检查女员工是否淡妆上岗，男员工是否戴好领带、领结。服务人员要仪容整洁，仪表端庄，面带微笑地为客人服务。

（二）餐前准备工作

首先，确保餐厅的环境卫生，为客人创造良好的就餐环境。环境布置要有文化艺术氛围，能够体现餐厅的服务特色和品味。

其次，保证餐厅食品、餐具的卫生。餐饮企业提供的食品必须符合国家制定的餐饮卫生标准。

最后，要检查预订本，调整好桌子，铺好台布，准备餐巾纸等，检查餐具、瓷器等以及补充各种调味品。

（三）订餐服务礼仪

宾客前来订餐，要拉椅子让座，使用礼貌服务敬语，微笑服务。对于不清楚或者不宜解答的问题要想方设法地讲清楚或婉言告诉客人，不能使用否定语，答复不能含混不清楚。

要主动介绍餐厅的情况、设施设备、菜单、食品以及餐厅的特色风味。主动明码报价，有针对性地给客人提供适合宾客口味的餐食，且在就餐时间和方式上方便宾客。

与客人达成口头订餐协议以后，让宾客填写，特别是就餐标准、就餐人数、就餐时间、就餐地点、付费方式、就餐布置以及其他客人提出的要求，一并请宾客签字确认。

二、餐厅迎宾服务礼仪

(一)迎宾服务礼仪

到岗准时。餐厅营业前20分钟,迎宾员应站立于餐厅门口的两侧或餐厅内便于环顾四周的位置。开餐前5分钟,在分管的岗位上等候开餐,迎接客人。餐厅属于站立服务,在站立时要注意姿势。

迎宾员要了解每餐的菜单和预订情况,熟悉餐厅的所有宴会厅及餐桌、餐位。

微笑迎客。客人走进餐厅门口约2米处时,应面带微笑主动上前迎接,进行问候:"小姐(先生),您好,欢迎光临!"客人离开餐厅时,应礼貌道别:"小姐(先生),谢谢您的光临,请慢走,再见!"要优先服务女士及老人,在服务时避免靠在客人身上。

积极主动。迎宾员答问要热情亲切,积极主动,使客人一进门就能感觉到他们是最受欢迎的尊贵客人,从而给客人留下美好的第一印象。

(二)引位服务礼仪

客人进门后,立即迎候,面带微笑地说:"小姐(先生),您好!"或者"晚上好。""请问,有预定过吗?""请问,一共几位?"宾客初来,对餐厅环境不熟悉,引座员应礼貌地迎客,手持清洁的菜单、酒单走在客人面前约1米处,将客人引导到餐桌边。引位时,应不时回头示意宾客说"请跟我来""这边请""里面请",并用手示意,把客人引领到适当的位置入座或进入包房,并同时伴有规范的手势。

(三)候位服务礼仪

如果餐位已满或有客人需要等人聚齐时,可以先请客人在沙发上等候,一般不安排拼桌,以免客人难堪。帮助客人选择合适的餐位。如:

遇到重要宾客光临,可引领到餐厅最好的靠窗靠里的位置或雅座,以示恭敬与尊重。

遇夫妇或情侣到来,可引领到餐厅一角安静的餐桌就座,便于小声交谈。

见到服饰华丽、打扮时髦和容貌漂亮的女士,可引领到众多客人均可看到的显眼中心位置就座,这样既可以满足这部分客人的心理需求,又能使餐厅增添华贵的气氛。

(四)入位服务礼仪

聚会客人安排到中间的大餐桌上;带小孩的宾客尽量选择靠墙角、不易乱跑的位置上。年老、体弱的客人,尽可能安排在离入口较近的位置,以便于出入;遇到全家或众多亲朋好友来聚餐时,要引领到餐厅靠里的一侧或包房,既便于安心进餐,又不影响干扰其他客人的用餐,以示礼貌。

靠近厨房出入口的位置,是最不受欢迎的位置,用餐高峰时,应对安排在这里的客人多说几句礼貌话,以示关心与热情。

为客人拉开椅子让座时,可示意性地为一两位客人拉椅子就可以了,具体做法是:双手将椅子拉出,右脚在前,膝盖顶住椅子后部,待宾客屈腿入座的同时,顺势将椅子推向前方。

安排宾客落座,协助客人脱衣摘帽,并按照顺序挂好。注意勿将衣服倒提,以防口袋内的物品掉落。贵重衣服用衣架挂好。如果客人的衣服搭在椅子上,应及时套好衣服罩子。

三、就餐服务礼仪

(一)斟茶递毛巾服务

待客人入座后,要及时为客人递毛巾、斟茶。递毛巾从客人的左边递,要把毛巾放在小碟子内,用夹钳递给客人。端茶时,切忌用手指接触茶杯杯口。斟茶从客人的右边斟,按照顺时针顺序依次斟上,需要续茶时,应右手提茶壶,左手按壶盖,将茶缓缓倒入杯中,注意水不应斟得太满,约占水杯的3/4即可。

(二)恭请客人点菜

客人入座后,服务人员要随时注意客人要点菜的示意,适时地递上菜单。递送菜单时要从客人的左边递上,态度恭敬。如果是男女或夫妇一起用餐,应将菜单先递给女士。如果是很多人一起用餐,最好将菜单先递给主宾。要让客人有充分的时间考虑,不要催促客人或者显示出不耐烦的动作,以免使客人反感。

客人点菜时,服务员应站在客人左侧,与客人保持一定的距离,上身适当前倾,手持点菜簿,随时准备记录,并适时向客人介绍推销菜点。如果客人所点菜肴已经售完,应向客人表示歉意,并婉转向客人介绍其他类似的菜肴。如果客人点出菜单上没有的菜时,服务人员也不要不假思索立即回绝。可以说"对不起,这道菜目前菜单上没有,请允许我马上和厨师长商量一下,看能否满足您的要求"等,如果确实没有,应向客人道歉说明情况。

客人点菜完毕后,要将记录下的菜点逐一复述核对一遍,并询问客人还有什么需要,如酒水、饮料等。

(三) 餐间服务礼仪

1. 斟酒服务礼仪

斟酒要严格按照规格和操作程序进行。由客人决定选用哪一种酒水,服务人员切不可想当然、自作主张。

(1)准备工作。开餐前,将酒水瓶擦拭干净(特别是瓶口部位),同时检查酒水质量。酒水要在工作台上摆放整齐,并用托盘装上开好瓶盖的酒水,要内高外低,商标向外。

(2)示酒。服务员要站在点酒宾客的右侧,左手托瓶底,右手扶瓶颈,酒标朝向宾客(或托在盘中),让宾客辨认商标、品种。

(3)斟酒。斟酒时,瓶口不可搭在酒杯上,不要碰到杯口,也不要拿得过高,相距1厘米为宜,以免酒水溅出,不要站在一个位置上为两位客人同时斟酒。

控制好斟酒量,白酒斟八成,红葡萄酒斟五成,白葡萄酒斟七成。香槟酒应分两次斟,第一次斟1/3,待泡沫平息后,再斟至2/3处。斟啤酒时,应使酒液顺杯壁滑入杯中,呈八成酒二成沫。

（4）宴会斟酒。宴会中有白酒、红酒、啤酒及饮料等。斟酒时要征询客人意见,礼貌用语:"先生(小姐)请问您喜欢用哪一种。"

重要宴会要提前5分钟斟上红酒和白酒。斟酒从主宾右侧开始,先主宾后主人,先女士后男士。两个服务员斟酒时,一个从主宾开始,另一个从副主宾开始,按座次绕台进行。

在宴会进行中,服务员应当精神饱满地坚守在岗位上,随时注意添酒,勿使杯中酒空,使客人有受冷落之感。

2. 上菜服务礼仪

餐饮服务要讲究工作效率,节约客人的时间。一般来说,客人点菜10分钟内冷菜就要摆上台,热菜最好不要超过20分钟。上菜时动作要轻、稳,看准方向,摆放平稳,不可碰到酒杯餐具等。

（1）宴会服务上菜位置在陪同(或副主人)右边,不应再询问客人点了什么菜,而应从订单上了解他们个人选定的菜肴。严禁从主人和主宾之间上菜。

（2）上菜时应用右手操作,并用"对不起,打扰一下"提醒客人注意。将菜放到转台上(放菜时要轻)并顺时针转动转台,将所上的菜,转至主宾面前,退后一步,报菜名,并伸手示意,要声音洪亮,委婉动听,上每道菜时都要报菜名,视情况作适当介绍。

（3）上整鸡、整鸭、整鱼时,应注意"鸡不献头,鸭不献掌,鱼不献脊",并要主动为客人用刀划开、剔骨。上特色菜时,应用礼貌用语:"各位来宾,这是我店特色菜×××,请您品尝并多提宝贵意见。"此间视情况对特色菜品给予适当介绍。

（4）菜上齐后应礼貌提醒客人:"您的菜已经上齐了。"

3. 席间服务礼仪

席间服务要做到一快、三轻、四勤,一快即服务快;三轻,即走路轻、说话轻、操作轻;四勤,即勤问斟、勤换茶水、勤换烟缸、勤换餐碟。

服务员在撤换餐具时要征得客人同意,注意客人是否吃完,如无把握应轻声询问:"请问,这还需要吗?"上、撤餐具要轻拿轻放。如使用托盘,动作要优雅利落。

在客人就餐的整个过程中,服务人员应细心观察宾客的表情及示意动作,主动服务。服务时,态度要和蔼,语言要亲切,动作要敏捷。

四、结账送客服务礼仪

（一）结账服务礼仪

结账在餐饮服务中属于收尾工作,在这个阶段中,服务仍不能松懈。

首先,要注意结账的时间。若客人用餐完毕没有要求结账,任何情况下都不能催促客人离开。结账应该由客人主动提出,以免造成赶宾客离开的印象。

其次,要注意结账的对象。客人餐毕,应把账单正面朝下放在小托盘上,从客人的左边递上。一般应该递给主人,不要直接递给主人宴请的宾客。

最后,要注意服务的态度。即使在结账阶段,也要体现出热情,决不能在客人结完账后就停止为其服务,应继续为他们服务,询问客人的要求,直到宾客离去。

结账时唱收唱付,语气要柔,吐字要清,面带笑容,略向前躬身。

（二）送客服务礼仪

送客是礼貌服务的具体体现,表示餐厅部门对宾客的尊重、关心、欢迎和爱护,是在餐饮服务中不可或缺的项目。在送客的过程中,服务人员要做到礼貌、耐心、细致、周全,使客人满意。

（1）当客人就餐完毕起身离座时,值台员要拉椅,协助疏通走道,帮助客人穿戴外衣,提携东西,礼貌提醒客人不要遗忘物品。

（2）如客人要将没吃完的食品打包带走时,服务员应及时提供打包服务,用专用的饭盒盛装食品后装入专用塑料袋,以便客人携带。

（3）送客至餐厅门口,微笑着给客人礼貌道别。

（4）大型宴会结束后,服务员应列队在餐厅门口欢送。

案例分析

上错菜

某个冬天的傍晚,常客李先生在某酒店的餐厅宴请他的几位大学同学。因为多年不见,他们便忙着说话,没有留意到桌上的基围虾并非他们所点。由于传菜员的失误,将别的客人点的菜上到了李先生的餐桌上。直到就餐完毕结账时,李先生才发现账单上多出了基围虾的钱。李先生心里十分气愤,认为是酒店有意将自身失误造成的损失转嫁到他的头上。于是,他来到大堂,找到大堂经理投诉,要求酒店给他一个说法,否则他将考虑退房去其他的酒店。

分析:上错菜属于餐厅服务哪一环节的失误?

"我给您换个骨碟"

一天晚上,某酒店新装修的二楼餐厅来了七八位衣着朴素的客人,他们找了角落里一个位置坐下,开始点菜。值台服务员小段主动为客人介绍了酒店的一些特色菜肴。用餐期间,小段发现客人们都将骨头、鱼刺等吐在台布上,不仅会造成台布的洗涤困难,还不利于收台等工作,而且堆积过多也会给就餐带来不便,但她忽然想到可能是客人不明白骨碟的真正用途,因此,小段立刻用托盘托着干净的骨碟走上前去,对客人说:"对不起,我给您换个骨碟。"然后将客人放在桌子上的杂物用筷子夹进骨碟里,拿走脏骨碟,换上干净骨碟。客人们看着忙碌的小段,似乎明白了什么。之后,小段发现客人们开始很自觉地将骨头、虾壳等杂物放在了骨碟里,而小段一发现客人骨碟里的杂物较多时,便及时给予撤换。

思考:从本案例中,思考餐厅接待服务人员应注意哪些礼节礼仪规范?

项目训练

在老师的指导下将学生进行分组,每一组挑选一部分学生扮演餐厅各岗位的服务人员,其他学生充当客人,各个组依次进行接待演练。

情景一:模拟就餐服务中递巾送茶、递送菜单、恭请点菜及席间上菜、分菜、撤盘等各环节的操作。

情景二:模拟练习"客人吃饭的过程中,在菜里发现了一根头发,对服务员指责"这一情景的妥善处理。

项目四
酒吧服务的礼貌礼节

项目导读

本项目主要学习酒吧服务员礼仪、调酒师服务礼仪等知识。

学习目标

1. 掌握酒吧服务员服务礼仪规范；
2. 了解调酒师服务礼仪规范。

酒吧是宾客休闲、娱乐、交际的场所，也是饭店里盈利较高的部门，酒吧是餐饮部的下属单位。酒吧环境幽静、格调雅致，并伴有轻松的音乐。酒吧常常在中午或傍晚开门，夜间生意最兴隆，营业时间一般至深夜。酒吧通常供应含有酒精的饮品，也有汽水、果汁等饮料。为了烘托酒吧的高雅氛围，给宾客提供一个优美的休憩环境，酒吧服务员必须提供更高标准的服务。

一、酒吧服务员礼仪

(一)迎接客人

服务员提前5分钟到达工作岗位，检查仪容仪表、环境卫生、酒水饮料等的准备状况。做到仪表整洁、仪容端庄，坚持站立服务，精神饱满，思想集中地恭候客人的光临。

迎宾员应保持身体直立与自然，准备迎接来酒吧的顾客。有顾客来时，当知道顾客的名字时，应称呼其名字。如果是新顾客，以"先生""小姐""女士"代称招呼。

(二)引客人入座

同餐厅服务一样，客人到来后，服务员笑脸相迎，热情问候。领位员根据客人要求，以最快的速度把顾客领到满意的座位。主动拉椅，帮助客人尤其是女士入座。

(三)接受客人点酒礼仪

向宾客问候，恭敬的用双手将酒单从宾客的右侧递上。如果是单页酒单，应打开后送上；若是多页，可以合拢递上，同时将当日特色菜和酒水推荐给客人。注意首先递给女士，最后递给主人。

点单过程中要仔细听清并详细记录宾客的要求。开票时，上身略前倾站在客人右侧，专注客人的要求，要把酒名、年份、类型等都记录下来，并复述一遍，以防差错。还要留意客人细小的要求，如"多加些冰块"等。

　　服务员必须事先知道当日的特色品种和不能供应的品种,当客人对饮用什么酒或选用什么佐酒的小吃拿不定主意时,可向顾客介绍酒吧的特色和促销活动。

(四)酒水服务

1.上酒礼仪

　　客人点酒后应尽快把所点酒水或饮料拿到桌上并报酒,注意所上酒水、饮料必须是准确的。服务时注意要轻拿轻放,切忌手指接触到客人的杯口上。若客人点的是整瓶酒,首先要注意查看商标是否完好,酒瓶本身是否干净,拿取时注意动作要轻稳。

　　上酒水、饮料及食品时,均用托盘从客人的右侧上,以方便客人饮用。操作时要轻拿轻放,并注意自己照看的桌子。放酒杯时,不宜拿得过高,要从低处慢慢送到客人面前。对背向坐的客人,上酒水时要提醒客人注意,以免碰翻酒水。

2.开瓶礼仪

　　开瓶时应站在男主人右手侧,身体稍侧。开瓶时,用工作巾把酒瓶托住,先把酒标显示给来客中的主人看,然后除去瓶顶锡纸并抹干净,用开酒刀的螺旋锥转入瓶中,将瓶塞慢慢拔开,再用洁净的工作巾将瓶口抹干净。整个开瓶过程动作要小心、轻捷、迅速,以免摇动酒瓶将酒瓶底部的酒渣扬起来,影响酒味。

3.斟酒礼仪

　　在斟酒之前,要将酒瓶擦干净,特别要把塞子碎屑和瓶口部位擦干净。闻一下瓶塞的味道,变质的酒会有异味。斟酒的时候,服务人员应站在客人右侧、面向客人,左手托盘、右手持酒瓶并侧身斟酒。注意身体不要紧贴客人,但是也不要离得过远。按照先宾后主、先女后男、先老后少的斟酒次序进行,以示礼貌和尊重。饮料、酒水都应该从客人的右边上,绝不可以左右开弓。斟酒时用右手抓住瓶身下方,瓶口略高出酒杯1～2 cm,不要碰触到杯口,即便是空杯也是如此,但也不要拿得过高。过高酒水容易溅出。斟酒完成后,将瓶口提高3厘米,旋转45°后抽走,使最后一滴酒均匀分布于瓶口,以免滴在桌上。

（五）其他相关礼仪

酒吧服务员在服务中，要注意站立的姿势和位置，不要将胳膊支撑在吧台上，也不要与同事聊天或者读书看报等。不得在客人面前使用为客人准备的酒具、茶杯等，不得在岗位上饮食等。

在服务过程中，如果需要与客人交谈，要时刻注意自己的身份和职责，不可忘乎所以，不能因与一些客人交谈而忘记工作，以免忽视照料其他的客人。

二、调酒师服务礼仪

调酒师在服务中，应该做到客人到吧台前，应主动微笑问候。在吧台前为客人调制各种饮品时，要做到以下几点礼仪规范：

（1）要尊重客人选择，按要求、标准严格操作。讲究卫生，文明操作，摇晃调酒壶的动作要适度，态度认真，不敷衍。坚持站立服务，不背向客人，拿取背后的酒瓶时，应侧身进行，以示对客人的尊重。对常来的客人要记住其爱好，热忱地为其提供喜爱的饮料。对熟客、女客不要显得过分亲热，以免引起其他客人的不满和反感。

（2）对于一个人前来的客人，为了不使他感到寂寞，可以适当地陪他聊天，但要顺着客人的意思讲，不可以喧宾夺主，以示尊重。客人之间的谈话不可以侧耳旁听。客人若低声交谈时应主动回避。

（3）进行调酒服务的时候，不能将胳膊支撑在吧台上，也不可以双手交叉相抱或斜靠在酒柜上，更不能在吧台吃东西、看书或与同事聊天，这些都是没有礼貌的表现。

项目训练

在老师的指导下，将全班学生进行分组，模拟酒吧服务的一个接待任务。每组中，一部分学生充当相应岗位的服务人员，另一部分人充当客人。

情景一：模拟酒吧接待员服务的全过程，尤其要练习上酒、斟酒服务。

情景二：模拟即将打烊，服务员如何劝说客人离店。

项目五
导游服务中的礼貌礼节

项目导读
本项目主要学习导游及导游服务礼仪的基本要求、导游接待服务礼仪、导游沟通协调礼仪和导游讲解礼仪等知识。

学习目标
1. 明确导游的素质要求，导游接待礼仪规范；
2. 掌握导游讲解礼仪规范；
3. 掌握导游过程中做好沟通协调和突发事件处理的技巧。

在旅游团队接待过程中，导游自始至终都与客人接触，导游的言谈举止不仅代表了旅游企业的形象，而且会影响游客在游览过程中的心情，从而间接影响游客对企业的满意度。因此，导游人员除了必须熟练掌握业务技能外，还必须重视自己在服务过程中的礼仪礼貌，这样才能树立良好的形象，给游客带来愉悦的享受。

一、导游及导游服务礼仪的基本要求

（一）导游的概念

1. 导游的含义

导游是为旅行者（包括旅游团）组织安排旅行和游览事项，提供向导、讲解和旅途服务的人员。他们是旅行社的代表性工作人员之一，他们工作在接待第一线，涉及面广，工作量大，独立性强，和游客接触交往的时间最长。导游被视为"旅行团的灵魂"，应具有丰富的文化知识、过硬的语言功底，较强的组织能力和公关能力。在旅游者的心目中，导游往往是一个地区、一个民族乃至一个国家的形象代表。

2. 导游的基本职责

（1）守时守信。遵守时间是导游应遵循的最为重要的礼仪规范。由于旅游者参观游览活动都有一定的行程安排并有较强的时间约束，为了确保团队活动的顺利进行，导游人员必须尽早将每天的日程安排准确无误地告知每一位游客，并且随时提醒游客。如遇到特殊情况，必须耐心地向客人解释，取得旅游者的谅解。此外，导游人员还应该做到诚实守信，答应旅客办理的事情，必须尽力帮助办理。

（2）尊重游客。导游人员在带团的过程中，应尊重游客，尊重旅游者的宗教信仰、风俗习惯，特别注意他们的宗教习惯和禁忌。对游客应一视同仁，不应厚此薄彼，但是对于旅游团中的长者、女士、儿童及残疾游客等需要帮助的人群应给予更多的帮助和关照，做到体贴入微,而不是同情、怜悯。对于一些重要客人的接待服务要把握好分寸,做到不卑不亢。

（3）互敬互谅。导游工作只是整体旅游接待工作的一个组成部分。如没有其他相关工作人员,尤其是随团的汽车司机、旅游景点、购物商场以及旅游酒店等一系列为游客提供直接或间接服务的工作人员的大力支持合作,导游人员的服务工作就无法顺利、圆满完成。为此,尊重每一位旅游服务工作人员,体谅他们的工作处境与困难,积极地配合他们的工作,是做好导游服务工作的前提保障,也是导游人员良好礼仪素养的体现。

（4）热情好客,有人情味。导游要把游客当作客人来款待,而不是当作购买旅游产品的顾客,对他们要热情、体贴、关怀、诚实、恳切。旅游者在旅游的过程中,期望的是能够得到接待人员的欢迎、尊重、关怀、帮助,而不是冷漠、歧视、慢待。导游在为游客提供服务的过程中,不要机械地完成任务,而是要把感情注入其中,以情感人,使游客从服务中得到精神上的享受。

3. 导游的工作特点

（1）独立性。导游人员接受旅行社委派的任务,带团外出旅游中往往要求能独当一面,根据旅游计划独立组织旅游活动,出现问题的时候,要独立地、合理妥善地解决。

（2）复杂性。对于导游人员来说,首先,其接待的服务对象比较复杂,来自五湖四海,不同国籍、不同社会阶层,从事不同的职业等;其次,导游的工作内容复杂,包括落实旅游计划,安排旅客的食、住、行、游等,沟通上下、内外部门之间的关系;再次,导游人员讲解的内容也比较复杂,要上至天文地理,下至鸡毛蒜皮。随着社会的进步、科技的发展,导游的方法也越来越多,越来越复杂化。

（3）跨文化性。导游的工作是传播文化的重要渠道。各国、各民族、各地区所具有的文化传统、风俗习惯等都各不相同,因此就决定了导游工作的跨文化性。导游人员要尽可能多地了解中外文化和中国各民族、各地区文化的差异,承担起传播文化的重任。

（二）导游服务礼仪的基本要求

外表上,导游服务人员要给人稳重、大方的感觉,以获得游客的好感。

行动上,导游服务人员要不卑不亢、落落大方,站、坐、行、手势等均要合乎行为礼仪规范,做到端庄稳重、自然亲切、训练有素。

态度上,要和蔼可亲、热情好客,表情要真实、真切,时刻做到微笑服务。

语言上,要谈吐文雅、表达得体,符合语言礼仪规范,讲究语言艺术,正确使用敬语、谦语、雅语等。

接待礼仪上,待客要彬彬有礼,讲究接待规格,要以游客为主,尊重他人。

二、导游接待服务礼仪

旅游团队的迎送是导游人员的一项十分重要的工作,导游服务在团队旅游接待的过程中起着关键的作用。迎接游客的礼仪是否周全,直接影响着旅行社和导游人员本人在游客心目中的第一印象。而送团则是带团的最后一项工作,如果前面的服务游客非常满意,但是送团的过程中出现了差错,礼貌不周,同样也会破坏旅行社和导游人员在游客心目中的整体形象,并使陪团前期所做出的努力前功尽弃。

(一)接团准备

1. 熟悉接待计划

导游人员在接受旅游团的接待任务后,首先要认真查阅接待计划以及相关资料和函件,全面掌握旅游团的情况,研究旅游团成员的特点和特殊要求,以便提供有针对性的服务。重要的事情要记录在陪同日志上,以免服务过程中忘记。

2. 落实各项工作

在旅游团到来之前,导游人员要落实有关部门的接待事宜,检查旅游团的交通、住宿、行李运输等情况;联系与旅游活动有关的接待部门以及游客有特殊要求的接待部门;根据需要提前一天与接待社联系,安排好接待工作;提前落实或打电话询问旅游团计划有无变化;确认旅游团所乘交通工具的准确抵达时间,以免漏接。

3. 做好物质准备

在接团之前必须携带好旅游接待计划、导游 IC 卡、导游旗、接站牌、手提扩音器、公园门票、结算单、团队结算凭证、行李牌、记事本、意见本等必备物品。事先准备好足够旅游团客人乘坐的旅游车,并督促司机将车身和车内清洗、打扫干净。

4. 做好心理准备

导游员要做好应对艰苦复杂以及可能出现突发事件的心理准备;同时,也要做好针对个别游客抱怨、指责和投诉的心理准备,保证对每一位游客都以礼相待。

(二)迎接服务礼仪

1. 旅游人员抵达前

导游人员要携带必要的证件、资料提前 30 分钟到机场、车站、码头迎接旅游人员,当游客乘坐的交通工具抵达后,要佩戴好导游 IC 卡,举着接站牌在出口醒目位置迎接游客。导游证、旅行社的徽章或名牌应佩戴在服装左胸的正上方。

2. 旅游人员抵达时

接待旅游者时要首先向游客问好,热情主动做自我介绍,介绍时要面带笑容,语气热情,对游客的到来表示欢迎。

3. 旅游人员抵达后

领队核实旅游团实到人数、所需的房间数、对餐饮的特殊要求。如果与原计划有出入,导游人员应及时与接待社联系,报告组团社。

把游客的行李集中到一起,与领队一起清点,确认无误后提醒游客注意检查随身携带的物品,并引导游客到停车位置,协助游客上车,要让老人、妇女先行,对老弱病残幼要上前搀扶,主动给予照顾。对身体不适者,也应该主动给予关怀。游客入座后清点游客数量,确认到齐后请司机开车。

4.致欢迎词

车子启动后,导游人员应站在车厢的前方,面向游客致欢迎词。致欢迎词是导游人员和旅游者沟通的第一座桥梁。因此,导游人员在接团的时候,应该认真准备,并根据旅游者的特点(如国籍、年龄、职业),选择合适的欢迎词模式,欢迎词的内容通常包括向团队旅游者问候、自我介绍、代表旅行社向旅游者表示欢迎、表明自己愿意竭尽全力为旅游者提供导游服务的态度,最后祝旅游者旅途愉快。好的欢迎辞,能够给旅游者留下深刻的印象,给旅游者一种热情友好的感觉,可以起到尽快缩短导游人员与旅游者的心理距离、调节游客情绪的作用。

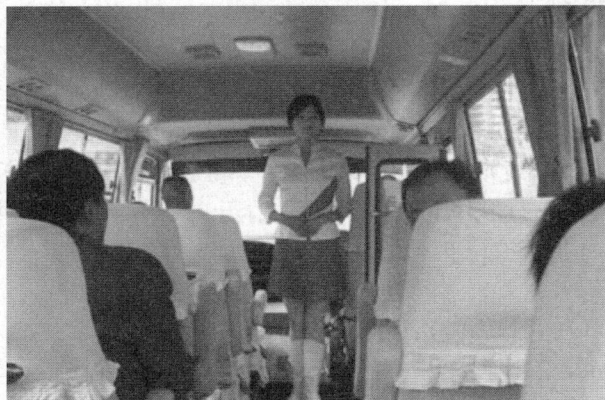

介绍后,将旅游活动的日程表发到客人的手上,以便客人了解此次旅游的行程安排、活动项目以及停留时间等。为了帮助客人熟悉城市,还可以准备一些有关的出版物给客人阅读,比如报纸、杂志、旅游指南等。

需要注意的是:清点人数的时候,有条件的可以使用计数器清点,也可以默数。切忌用社旗来回比画,也不能用手拍打客人的肩背部位,更不得用单手手指对游客头部或脸部指指点点。

(三)住店服务礼仪

到达入住的饭店后,导游先下车站在车门一侧,恭请、帮助游客下车,并提醒游客将随身携带的物品带下车。进入饭店后,导游应积极地协助客人登记入住,并借机熟悉客人情况,并向游客介绍饭店内的设施情况和就餐形式、时间、地点及住店的注意事项。

客人进房间前,导游人员应先简单介绍接下来旅游行程的安排,并宣布当天和第二天日程细节、集合时间和地点,并协助游客入住的各类问题。导游人员还应主动查看游客进房间情况,询问游客是否都拿到了各自的行李。如果第二天活动时间安排的较早,应通知总台提供团队客人的叫醒服务,并记住团队所住房间号码,再一次与领队进行细节问题的沟通协调。

不要忘记询问客人的健康状况,如团队客人中有身体不适者,首先应表示关心,若需要应想办法为游客提供必要的药物,进行预防或者治疗,以保证第二天的旅游行程计划能够顺利进行。

(四)途中服务礼仪

在车上作沿途讲解的时候,导游人员站姿要到位,表情自然,与游客保持良好的"视觉交流",目光应关照全体在场者,以示一视同仁。手持话筒、音量适当,规范讲解,手势力求到位,动作不宜过多,幅度不宜过大。

到达目的地前,应提前将即将进行的活动安排、集会时间和地点等相关信息明白无误地向全体游客通告,并再次告知旅游车的车牌号码以及司机姓名,以方便掉队的游客寻找。

旅行期间,导游人员要时刻提醒旅游者注意行路安全,凡遇到难以行走或者拐弯的地方,应及早提醒客人多加注意,对年老体弱者,应提供帮助。导游人员的行走速度不宜过快,以免游客掉队或走失。旅客离开活动场所的时候,要及时提醒游客注意安全,随身携带好自己的贵重物品。

导游人员在带领游客游览的过程中,认真组织好旅客的活动,做到服务热情、主动、周全,讲解内容准确、表达流畅、条理清楚、语言生动,使游客详细了解参观游览对象的历史背景、景观特色、艺术价值、形成原因。此外,还要给旅客留有摄影的时间。

导游人员应该自觉携带旅行社社旗,行进过程中,左手持旗,举过头顶,保持正直,以便队尾的旅客及时跟进。切忌将社旗拖于地面或者扛在肩头。

对于游客对导游人员的工作提出的意见或者要求,应做到认真倾听、耐心解释,以理服人,尽量满足游客的合理要求。

(五)送客服务礼仪

游客旅行结束前,要提前为客人预订好下一站旅游景点或返回的机票(车票、船票),游客乘坐的车厢、船舱尽量做集中安排,以利于团队活动的统一协调。导游人员要核实旅游团队的一系列情况,做好提醒、联络工作,与领队商量好离店事宜并告知所有游客。

离店的时候,要协助游客处理与饭店的有关事宜,与领队做好行李清点、交接工作。同时,提醒游客和饭店结账,付清所住房间的电话、饮料、洗衣等一切费用。提醒游客不要遗忘自己的物品,也不要带走房间钥匙。

为客人送行时,应使对方感受到自己的热情、诚恳、有礼貌和有修养。临别前应亲切询问客人有无还没有来得及办理的、需要自己代为办理的事情,并及时帮助客人处理解决。送团时,要提醒游客带好证件以及贵重物品,并致欢送词,感谢游客的合作,表达友好惜别之情,欢迎再次光临。火车、轮船开动或者飞机起飞后,应向游客挥手致意,祝客人一路平安。

三、导游沟通协调礼仪

带旅行团出行旅游,涵盖了旅游六大要素中吃、住、行、游、购、娱的方方面面。旅游者各自的兴趣、爱好、要求各不相同,素质参差不齐,要使每个旅游者满意,是一件非常不容易的事情。对于导游人员来说,要做好沟通协调的工作,也应该遵循一定的礼仪规范。

(一)善于洞悉游客心理

"凡事预则立,不预则废。"一名合格的导游人员,要圆满地完成带团任务,并尽量使每个游客都游得开心、游得满意,应对所接待的旅行团成员的姓名、国籍、种族、身份、年龄、性别、职业、文化程度等方面的资料进行详细的了解,并对他们的旅游动机、心理需求、游览偏好等情况做出大致预测,从而对合理安排旅游路线、合理分配景点的停留时间、确定景点介绍的侧重点有一个全面的把握,以使整个接团工作在团队没有到达之前便已经做到心中有数。

(二)善于激发游客的兴趣

旅游者旅游兴致如何是导游人员工作成败的关键。游客的兴致可以激发导游的灵感,使导游在整个旅游过程中和游客心灵相通,一路欢声笑语。

激发游客旅游兴致的因素包括两个方面:一是景点本身的吸引力;二是导游借助语言功能调动和引导的作用。

导游人员对景点介绍时,一定要注意讲解的针对性、科学性和语言表达主动性的完美结合,应根据不同的景点进行详略不同的介绍。总之,景点介绍的风格特点和内容取舍,始终应以游客的兴趣为前提。

在旅游的过程中,导游人员还要善于变换游客感兴趣的话题,可以根据不同游客的心理特点进行选择,例如满足求知欲的话题、娱乐性话题等。

(三)善于调节游客的情绪

情绪是人对于客观事物是否符合本身需要而产生的一种态度和体验。在旅游活动中,繁多的不确定因素和不可控制的因素,随时都会导致计划的改变。例如有时由于客观原因游览景点要减少,游客感兴趣的景点停留时间要缩短;预定好的中餐因为某些原因临时改变为西餐;订好的机票因为大风、大雾等停飞,只得临时改乘火车等类似事件在接待旅游团和陪团的时候经常发生。这些都会直接或者间接影响到游客的情绪。导游人员要能运用分析方法,以诚恳、冷静的态度,幽默、风趣的语言,及时化解游客的不满情绪。

(四)导游沟通协调的技巧

1. 回答问题的技巧

由于旅游者来自世界各地,兴趣爱好、游览动机不同,提出的问题也都是稀奇古怪、五花八门的,对不同问题所采取的立场态度和所选择回答的方式方法,是检验一个导游人员语言灵活运用能力和临场应变能力的标准之一。

首先,如果旅游者提出的某些问题涉及一定的原则立场,一定要给予明确的回答。这些问题一般涉及民族尊严,甚至涉及中国的国际形象,如香港的"一国两制"、"台湾问题"等,要是非分明、毫不忌讳,并力求用正确的回答方式澄清对方的误解和模糊认识。

其次,旅游者提出问题以后,不要立即进行回答,应多想着讲一些理由,提出一些条件或者反问一个问题,诱使对方自我否定,放弃自己的问题。对于一些提出刁钻问题的游客,要以曲折含蓄的语言予以回避。

2. 拒绝的技巧

对于旅游者的合理要求,导游人员应当尽量予以满足,但是有些要求不尽合理,按照礼貌服务的要求,导游不要轻易对客人说"不"。导游人员不应该直截了当地拒绝客人的要求。在必须针对某个问题向客人表示拒绝的时候,也可以采取先肯定对方的动机,或表明自己与对方主观愿望一致,然后再以无可奈何的客观理由为借口予以拒绝。还可以采取婉言谢绝的方式,以顺水推舟的方式拒绝,达到断然拒绝的目的,也不至影响游客的情绪,伤害游客的面子。

总之,在多数情况下,拒绝客人是不得已而为之的,只要措辞得当,表达态度诚恳并掌握适当的分寸,客人是会予以理解和接受的。

四、导游讲解礼仪

旅游活动中风景名胜区的魅力就在于能触发游客的艺术想象,而导游讲解的目的就是要去触发游客审美想象,使他们获得享受。导游讲解是对旅游活动的具体宣传,作为很重要的一项内容,往往会在游客的心中打上一个深深的"烙印",为旅游活动的顺利进行提供了可靠的保障。

(一)注意树立自己良好的服务形象

导游人员,从第一次接触旅游者开始,要时刻注意自己的仪容仪表和言谈举止,要做到行为姿态优雅,称呼得体,谈吐大方,态度热情友好,办事稳重,给游客留下良好的印象。

(二)走在前面

导游人员,作为旅游活动的组织者,要时刻以身作则,走在旅游者的前面。

(三)端正讲解姿态

在旅游车上,导游人员在进行讲解时,应面对着游客,而不能背对游客;讲解的时候,目光应巡视全体游客,不能只对着某几个人讲解,表情要亲切自然;行为要端正优美,落落大方。

(四)尽其所能为游客介绍景点

导游人员在工作服务的过程中,要尽职尽责,不可以只是游玩,不加以引导。导游人员应该充分发挥自己的语言表达能力,为游客介绍旅游过程中的景点。

(五)遵守导游职业道德

旅游人员在旅游的过程中,往往都会选择购买一些具有地方特色的物品留作纪念或者馈赠朋友,导游人员应该积极主动给游客当好参谋,将他们带到商品质量较好、物美价廉的商店进行选购,切不可以违背职业道德,将游客带进贩卖伪劣商品的"黑点"。

案例分析

导游员小王的烦恼

实习导游员小王今天带领团队出团旅游,他精神饱满地奔赴酒店,准备当天的旅游接待工作。小王笑容可掬地站在车门旁边迎候游客上车,客人刚刚在车上就座,小王就按惯例开始清点人数,并大声地喊出"1、2、3……"同时用手指点数游客。游客很准时,没有迟到的。在旅游过程中,小王的旅游知识尽管很丰富,服务也很周到,但是他发现游客还是有点不对劲儿。小王百思不得其解。

思考:小王在导游接待服务中应加强注意哪些礼仪规范?

辩证的解释

一个旅游团因订不到火车卧铺票而改乘轮船,游客十分不满,在情绪上与导游形成了强烈的对立。导游面带微笑,一方面向游客道歉,请大家谅解,由于旅游旺季火车票的紧张状况导致了计划的临时改变;另一方面,耐心地开导游客,乘轮船速度虽然慢了一点,但是提前一天上船,并不会影响整个的旅程,并且在游船上,还能够欣赏到两岸的风光,相当于增加了一个旅游项目。渐渐地,游客才和导游缓和了关系。

思考:游客和导游的关系是怎么缓和的?

饭店少给两间客房

导游员小颜是个从事导游工作时间不长的小伙子,一次,旅游旺季的时候,他出任全陪带一个26人的旅游团去黄山。依照计划,该团在黄山住××饭店,客房由黄山地方接待社代订。下了车,进了饭店,小颜把游客安顿在大厅,就随地陪、领队来到总台。地陪刚报完团号,总台小姐就不好意思地跟地陪、小颜及领队说:"对不起,今晚饭店客房非常紧张,原订13间客房只能给11间客房,有4个游客要睡加床,但明天就可以给13间客房。"山上饭店少,附近没有其他饭店,而此时天色已晚,若下山找饭店,因索道已停开,也无可能。小颜是个急性子,这种情况又是第一次碰到,当知饭店已不可能提供客房后,他转过身来对着站在自己后边的地陪,脱口说道:"你们社怎么搞的,拿客房能力那么差!"地陪也不是个好捏的软柿子,听了这话,起先还一愣,但马上针尖对麦芒地回了一句:"有本事,你们社自订!何必委托我们订房呢!"说完,就离开了总台,赌气地在大厅沙发上坐了下来。领队看到小颜、地陪闹意见,也没多说什么,拿了11间客房的钥匙,把游客召集到一起,把情况和大家摊了牌,然后态度诚恳地说:"各位,情况就是这样,希望大家能相互体谅,也能帮我的忙。有愿意睡加床的客人请举手。"说完,领队自己先举起了手,好几位游客都跟着举起了手。就这样,领队轻而易举地解决了一个让小颜恼火、为难又让地陪赌气的问题。

思考:导游员小颜的行为是否符合导游接待的礼仪规范?

模块训练

模块训练一:导游欢送词训练

(1)熟练掌握导游迎送词的基本格式、内容以及训练的要点和规范标准。

(2)经典迎送词案例的欣赏。并要求学生分组讨论,每人各写出一篇导游迎送词交流。

(3)模拟训练导游迎送词。

①随机抽出一位学生做导游,其他学生扮演旅游者。

②模拟在客车上接到旅游团时的场景,分别致欢迎词和欢送词。

③要求扮演游客的学生,要做出适当的回应和配合。

注意练习鞠躬、开场白的设计以及手势、表情等

模块训练二:导游讲解训练

(1)掌握导游沿途讲解情景的训练要点和规范标准。

(2)观看经典导游沿途讲解的影像视频,使学生领会讲解的要点和规范。

(3)将学生分组,以小组为单位选定一个沿途讲解线路进行训练。

(4)老师对各个学生的表现进行点评,指出不足之处。

注意讲解中的语速、语音、视线、站姿、手势、表情等。

模块训练三:导游沟通协调礼仪规范训练

(1)熟悉导游沟通协调礼仪的要点和规范。

①特殊情况下和游客的沟通礼仪规范。

②劝导游客改变主意的礼仪规范。

③对游客不满情绪的安抚礼仪规范。

(2)将学生分组,每组由一名学生扮演导游,学生扮演游客,模拟各种情况下,导游与游客之间的沟通协调礼仪。

(3)老师根据学生不同的表现,进行点评,指出一些不足之处。

模块六

四川省主要民族礼貌礼节

项目一
四川省概况

项目导读

本项目主要学习四川省基本概况和旅游资源概况。

学习目标

1. 熟悉四川主要少数民族的分布；

2. 熟悉四川旅游资源概况。

一、四川省基本概况

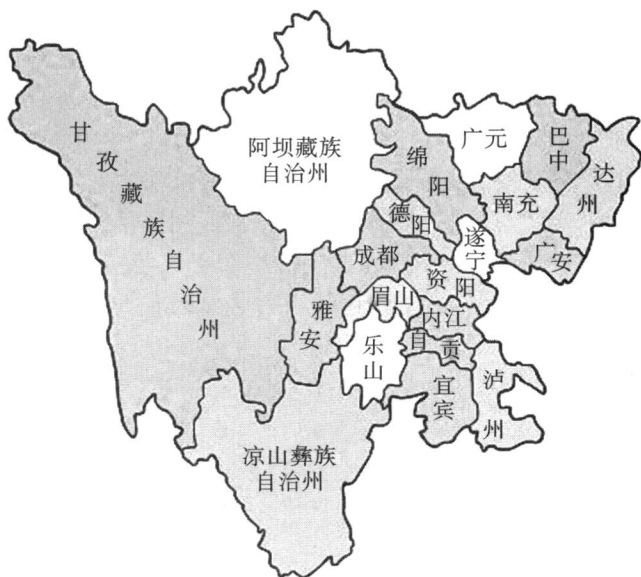

四川简称"川"或"蜀",位于我国西南地区、长江上游。东部气候湿润,为富饶的成都平原。西部为高原山地,属青藏高原东缘。四川气候温和,物产丰富,远在青铜时代,这里就出现了灿烂的文明。四川地跨南北,又处于长江和黄河两大文明发源地之间,境内有长江横贯西南部和四川盆地,横断山脉纵贯西部地区,自古就是各民族东西和南北迁徙的重要通道。四川是一个多民族聚居的地区,是我国民族种类最多的省份之一,素有"民族走廊"之称。自有史记载以来,有数十个民族先后在这里活动、生息、繁衍和相互融合。

目前除汉族外,境内仍分布有彝、藏、土家、苗、羌、回、蒙古、傈僳、满、纳西、布依、白、傣、壮等 14 个少数民族,共有人口 460 多万。约占全省人口 3.7% 的少数民族地区主要在西部高原山地和南部边缘山地,其中以彝族、藏族、羌族等最具有代表性。四川有中国第二大藏区、最大的彝族聚居区和唯一的羌族聚居区。彝族是四川境内人数最多的少数民族,主要聚居在大小凉山与安宁河流域;藏族居住在甘孜、阿坝州和凉山州的木里藏族自治县等高原地区;羌族是中国历史最悠久的民族之一,主要居住在岷江上游的茂县、汶川、黑水、松潘、北川等地。

二、四川省旅游资源概况

四川地域辽阔,造就了丰富多彩的民间民俗文化。四川现有保存完好的古镇 23 座,在我国八大菜系中名列前茅的川菜以及中外驰名的川酒等也体现出独特的四川民俗。

悠久的历史造就了四川丰富多彩的民间民俗文化:有文化部命名的"自贡彩灯之乡""安岳石刻之乡";有川剧、清音、谐剧、散打评书;有在国际上极具影响的凉山彝族自治州歌舞团、甘孜和阿坝等地的藏戏团、"金沙遗址表演团"以及九寨甲蕃古城的九寨天堂大剧院、中国情歌王国康定;还有蜀锦、蜡染、灯彩、糖画、剪纸、年画、龙灯、竹编、风筝、竹丝画帘、刺绣、龙舞、弦子、石雕等民间艺术,这些在世界上都是独一无二的民俗文化旅游资源。

四川还是多民族地区,藏、彝、羌、苗、回和土家等少数民族各有特色的居住、饮食、服饰、婚嫁、宗教仪式等传统习俗,皆有自己独特的风俗民情,其发展前景极为广阔。四川羌族地区作为我国唯一的羌族聚居地,地处边陲,偏远闭塞。在几千年的历史长河中,羌族人民创造了辉煌灿烂的文化,形成了具有浓郁民族特色和地域特色的习俗。

四川的庄园、民居、川菜、川酒等也体现出独特的四川民俗特色。丰富多彩的民俗文化为四川省的旅游开发提供了充足的资源。所以,对于旅游接待人员来说,了解四川地区的礼貌礼节,对于进出四川旅游者的接待是很有必要的。

项目二
汉族礼貌礼节

项目导读

本项目主要学习汉族概况、汉族礼仪习俗、汉族礼仪禁忌等知识。

学习目标

1. 了解汉族日常见面礼仪、交往称呼礼仪、拜贺礼仪等;

2. 了解汉族礼仪禁忌。

汉族是世界上最大的一个古老民族,由于其历史悠久、文化发达,所以风土人情多姿多彩,非常丰富。

一、汉族的概况

公元前 2700 年,活动于陕西中部地区的一个姬姓部落,首领是黄帝,其南面还有一个以炎帝为首领的姜姓部落,双方经常发生摩擦。两大部落终于爆发了阪泉之战,黄帝打败了炎帝,之后两个部落结为联盟,并攻占了周边,形成了最初的华夏族。如今,汉族主要分布在中国的各个省、自治区和直辖市,是中国人口最多、地域分布最广的民族。

汉语是汉族的本民族语言,属汉藏语系汉语系,共有北方方言、吴语、湘语、赣语、客家话、闽语、粤语七大方言。其中北方语言为官方语言,是现代汉语普通话的基础,北京语言则成为现代汉语的标准音。汉字是汉族的民族文字,是世界上最古老的文字之一,已有 6000 年左右的历史,现为国际通用语言之一。

汉族在漫长的历史长河中与各兄弟民族之间有着极为广泛的政治、经济、文化联系与交流,尤其在新中国成立以后,在党的民族政策的正确指引下,汉族与各兄弟民族建立了团结、友爱、互助、平等、合作的新关系。但是汉族作为中原地区的主体民族,两千年来一脉相承的典章制度始终促成并约束着汉族的风俗习惯。

二、汉族的礼仪习俗

(一)日常见面礼仪

人们日常见面既要态度热情,也要彬彬有礼。如何与不同身份的人相见,都有一定的规矩。比如一般性的打招呼,在传统上行拱手礼。拱手礼是最普通的见面礼仪,方式是双手合抱举至胸前,立而不俯,表示一般性的客套。

如果到家做客,在进门与落座时,主客相互客气行礼谦让,这时行的是作揖之礼,称为"揖让"。作揖同样是两手抱拳,拱起再按下去,同时低头,上身略向前屈。作揖礼在日常生活中为常见礼仪,除了上述社交场合外,向人致谢、祝贺、道歉及托人办事等也常行作揖礼。身份高的人对身份低的人的回礼也常用作揖礼。传统社会对至尊者还有跪拜礼,即双膝着地,头手有节奏触地叩拜,即所谓叩首。现今,跪拜礼只在偏远乡村的拜年活动中能够见到。当今社会,人们相见一般习惯用西方社会传入的握手礼。

(二)汉族的交往礼仪

春节期间互问"过年好""恭喜发财"。接待客人要主动到门外热情迎接。主客交谈时,家人应该避开,不要面带倦容、打哈欠或不时看时钟。咳嗽、打喷嚏应把脸扭向旁边,最好用手帕掩住口鼻。客人告辞时要婉言相留。汉族人请客,客人要按时赴约,待客菜肴宜双数。主人要陪到客人表示酒足饭饱方可下桌。饭后要敬茶并相谈。

(三)汉族的称呼礼仪

汉族在言语交际中,一个非常突出的特点就是讲究亲属称谓和长幼辈分的严格区别。晚辈绝不可以直呼长辈的姓名。对亲属中的长辈,交谈的时候必须使用称谓,这是有礼貌、有教养的表现。对有官职的谈话对象,习惯以职务相称。在交际中,为了抬高对方的地位,往往使用一些谦称,如:敝姓、寒舍、浅见等。亲属称呼也可以用于邻里之间或初次相识的人之间,以表示亲切和尊敬。

(四)拜贺庆吊礼仪

中国自古是一个人情社会,人们相互关怀、相互体恤,在拜贺庆吊中有许多仪礼规范。拜贺礼,一般行于节庆期间,是晚辈或低级地位的人向尊长者的礼敬,同辈之间也有相互的拜贺。如古代元旦官员朝贺、民间新年拜年之礼。行拜贺礼时,不仅态度恭敬,口诵贺词,俯首叩拜,同时也得有贺礼奉上。庆吊之礼,主要行于人生大事中。人的一生要经历诞生、成年、婚嫁、寿庆、死亡等若干阶段,围绕着这些人生节点,形成了一系列人生礼仪。拜贺庆吊之礼显示了汉族人民相互扶助的社会合作精神与社会团结的气象。

(五)汉族的节日礼仪

汉族的传统节日众多,主要有阴历正月初一的春节、阳历四月五日的清明节、阴历五月初五的端午节、阴历七月初七的七夕节、阴历七月十五的中元节(鬼节)、阴历八月十五的中秋节、阴历九月初九的重阳节、阴历腊月初八的腊八节和阴历腊月二十四的小年。

三、汉族的礼仪禁忌

(一)饮食禁忌

汉族多在正月初一、二、三忌生食,因而有的地方在年前将一切用品备齐,过节三天间不动刀、剪。妇女生育期间的各种饮食禁忌较多,如不少地区忌食兔子肉;还有的地方禁食鲜姜;孕妇多忌食狗肉,认为狗肉不洁,而且容易招致难产。

(二)生活禁忌

忌讳饭前敲碗、桌子;忌讳饭后扣碗;忌讳将筷子插在已经盛饭的碗中;忌讳房门与烟囱相对;忌讳礼物送钟;忌讳夫妻在娘家同房。

吃进去的东西不能吐出来,吃饭时不要发出声音。按照中华民族的习惯,菜是一种一种端上桌的,如果同桌的有领导、老人、客人,每当一种新菜端上来时,就请他们先动筷子,或者轮流请他们动筷子,以表示对他们的尊重。口中有食物时,应避免说话,食物若是没有咽下,不能再往嘴里塞食物。剔牙时不能直接张大嘴,要用手或餐巾纸遮掩一下,剔下来的食物残渣也不能直接吐到地上,要用纸巾擦下来。

项目三
四川省少数民族礼貌礼节

> **项目导读**
> 本项目主要学习四川省主要少数民族及其他少数民族礼貌礼节等知识。
> **学习目标**
> 1. 了解四川彝族、藏族、羌族等少数民族礼貌礼节。
> 2. 了解回族、壮族、蒙古族、苗族、维吾尔族等少数民族概况及主要节日和禁忌。

一、四川省主要少数民族礼貌礼节

(一)四川彝族的礼貌礼节

彝族是四川人口最多的少数民族,主要聚居在四川南部川滇交界处的大小凉山地区。彝族主要从事农业和畜牧业。彝族的传统信仰以祖先崇拜、自然崇拜、图腾崇拜等为内容。大分散、小聚居是彝族分布的基本特点,彝族的主要聚居地就有四川,四川也是彝族人口超过 10 万的重要聚居地。

1. 彝族的习俗礼仪

彝族是很注重礼仪的民族。彝族人民热情好客,有"客人的辈数比主人大三千"的说法。

(1)彝族日常交往礼仪。彝族人见面要互致"执玛格力",即吉祥如意。尊敬老人、师长是彝族人普遍遵循的礼节。晚辈特别是女性晚辈上楼时,不得从楼下的老人和长辈头上走过。到彝族家做客,如果有长辈一同去,在座位上必须让长辈坐上方,自己坐下方。说话或者介绍时,必须让长辈先发言。

(2)彝族服饰。男子通常穿黑色窄袖右斜襟上衣和多褶宽裤脚长裤,有的地区穿小裤脚长裤。妇女较多地保留民族特点,通常头上缠包头,有围腰和腰带,一些地方的妇女有穿长裙的习惯。

彝族

（3）彝族饮食。彝族喜食酸辣，嗜酒，有以酒待客的礼节。客人到家，必敬酒、传烟、递茶。如果客人不会抽烟、不饮酒，也不要拒绝主人的盛情，可以收下，以示对主人的尊重、感谢。四川凉山的彝族，在社交活动中很注重酒。茶也是彝族的主要饮料，饮茶时，只倒很浅的半杯。在场者都可以饮，但是要按照长幼辈分依次轮饮。

凉山待客的礼仪由经济状况而定，同时也看接待的是什么样的客人。一般的客人，是杀鸡，将鸡头敬给客人。贵客一般是杀猪或羊，把待客的猪或羊都烹制成坨坨肉。

（4）彝族的节日礼仪。火把节是彝族最盛大的传统节日，在每年的农历六月二十四日。届时要杀牛、杀羊，祭献祖先。火把节一般欢度三天，头一天全家欢聚，后两天举办摔跤、赛马、斗牛等丰富多彩的活动，然后举行盛大的篝火晚会。

彝族火把节

2. 彝族的禁忌

凉山彝族禁忌十七岁以上的女子上楼，如违反，家中要举行"晓补"咒仪，驱除秽气和不吉；禁忌外人、哥哥、爸爸、叔叔、叔伯兄弟、媳妇到以右上侧锅庄石为界的主人位"尼木得"处。过去如有违反，媳妇退回娘家，娘家要退聘金并赔偿失礼金；父、兄、叔等则要打酒给主人赔礼。新房落成后迁入时，忌讳男主人走在前，否则不利家中人丁发展。

彝族最忌别人叫他们"老彝胞"和"蛮子",这种称呼是对他们最大的侮辱。忌讳对婴儿用"胖、重、漂亮"之类的词赞美。忌讳当众直言大便、放屁、生育等之类的话。忌讳家人外出时说不吉利的话语。忌讳人有病时说死伤之类的话语。

大、小凉山及大部分彝族禁食狗肉,不食马、蛙、蛇之类的肉。忌讳吃饭的时候搅拌筷子折断食物。忌讳将荞面粑、苞谷粑从火塘右侧(客位方)放入取出。

(二)四川藏族的礼貌礼节

四川的藏民主要分布在甘孜、阿坝两州和木里县等地,这里诞生了世界最长的英雄史诗《格萨尔王传》,这里拥有藏族文化的宝库格印经院。高山、草原上的民风民俗和神秘的藏传佛教融合在一起,形成了一幅独特的藏族生活风情画。藏族信仰大乘佛教。大乘佛教吸收了藏族土著信仰本教的某些仪式和内容,形成具有藏族色彩的"藏传佛教"。藏族对活佛高僧尊为上人,藏语称为喇嘛,故藏传佛教又被称为喇嘛教。

1. 藏族的习俗礼仪

(1)藏族的日常交往。藏族人见面打招呼以点头吐舌表示亲切问候,受礼者应点头微笑答礼。藏族人伸舌头是一种谦逊和尊重对方的行为,而不是对他人的不敬。藏族见到长者、平辈有不同的鞠躬致敬方式。在称呼方面,藏族人不喜欢别人直接称呼他"藏民",而愿意称呼他们"唠同"(同志),要称呼人名时,一般在名字后面加"拉"字,以示对对方的敬重、亲切。藏族一般对有地位的人尊称"古呃"(阁下),对没有官职的男人尊称为"古学"(先生)。说话很讲礼节,用语分普通语、敬语和最敬语。为尊重对方,一般都用敬语、最敬语,如有疏忽,则会被认为不懂礼貌。

(2)哈达。藏族同胞特别重视"哈达",把它看作是最珍贵的礼物。"哈达"是雪白的织品,一般宽二三十厘米、长一至两米。每有喜庆之事,或远客来临,或拜会尊长、或远行送别,都要献哈达以示敬意。

(3)藏族饮食习惯。藏族在农忙或劳动强度较大时有日食四餐、五餐、六餐的习惯。绝大部分藏族以糌粑为主食。食用糌粑时,要拌上浓茶或奶茶、酥油、奶渣、糖等。藏族的典型食品有糌粑、青稞酒、酥油茶等。到藏族家里做客,主人要敬三杯青稞酒,不管会不会喝,都要用无名指蘸酒。主人敬献酥油茶,客人不能拒绝,至少要喝三碗,喝的越多越好,但不能喝干,碗底要留一点飘着酥油花的茶底。

藏族食品糌粑

(4)民族节日。藏族节日繁多,其中最为隆重、最具有意义的要数藏历新年。藏历新年相当于汉族的春节,是一年最大的节庆。从藏历十二月中旬开始,人们就准备过年吃、穿、用的节日用品。成千上万的农牧民涌入拉萨城,购买各种年货。此时是拉萨一年中最为繁忙的季节。

2.藏族的禁忌

凡行人遇到寺庙、金塔和龙树时,都必须下马,并遵守从左边绕行的规定。信仰本教的人则从右边绕行。进入寺庙,忌讳吸烟、摸佛像、翻经书、敲钟鼓等。对喇嘛随身佩带的护身符、念珠等宗教器物更不得动手抚摩。进入寺庙,要肃静,必须就座时,身子要端正,切忌坐活佛的座位。不许在寺院附近砍伐树木、大声喧哗;不准在附近的水域捕鱼、钓鱼;不准在附近打猎和随便杀生。不准用单手接、递物品;主人倒茶时,客人须用双手把茶碗向前倾出,以示敬意。不得在藏民拴牛、拴马和圈羊的地方大小便;不得在藏民面前打喷嚏;不得动手摸弄藏民的头发和帽子;不得用有藏文的纸当手纸或擦东西。进入藏民帐房后,男的坐左边,女的坐右边,不能坐错位置或混杂而坐。

藏民一般不吃鱼虾、鸡肉和鸡蛋,不要勉强劝食。不过这类习惯现已有很大改变。藏族人忌讳别人在他们面前掯鼻子;家中有病人或妇女生育时,忌生人入内。藏族人民多信奉喇嘛教,每天早晨起床后及饭前念经。他们最忌别人用手抚摩佛像、经书、念珠和护身符等圣物,认为这是触犯禁规,对人畜不利。

(三)四川羌族的礼貌礼节

羌族是中国古老的民族,主要分布在四川省阿坝藏族羌族自治州的茂县、汶川、理县、北川、黑水等地,以茂汶羌族自治县最为集中。羌族信仰有祖先崇拜和自然崇拜等。多数羌族人通汉语。羌族没有本民族的文字,长期使用汉字。羌族是祖国多民族大家庭中历史最悠久的民族之一。早在三千年前，殷代甲骨文中就有关于羌人的记载，他们主要活动在中国的西北部和中原地区。秦汉以来，古代羌人的部落居住在今川西北一带。唐时，一部分羌人同化于藏族，另一部分同化于汉族。今天的羌族是古代羌族人中保留下来的一支。

1. 羌族的习俗礼仪

（1）羌族饮食。羌族的主食有玉米、土豆，辅以小麦、青稞、荞麦等。蔬菜有圆根、萝卜、白菜、辣椒、豌豆、杂豆等，佐以圆根叶子和白菜泡制的酸菜。常烹制的食物有玉米粥加蔬菜、烤玉米或麦麸馍馍、蒸玉米面、以玉米面为主拌和大米的"金裹银"和以大米为主拌和玉米面的"银裹金"。

（2）羌族交往礼仪。宴席的上座须请老人坐，待其就座后，其他人才能坐下，饮酒时也必须由最年长的先饮；老人进屋，屋内的人都要起立相迎；路上遇见老人，要侧身让路，如骑马时遇到老人，要下马行礼；歌舞时要有老人领头；儿女不得随便说父母的名字。村寨里有人盖房，大家都无偿地去帮忙；遇有婚事，亲友邻居都前往庆贺；遇有丧事，邻里都要帮忙料理，前往吊唁。

（3）羌族宗教。羌族的宗教信仰以自然崇拜和祖先崇拜为主。自然崇拜主要表现为对白石的崇拜。羌族人一般都在石碉房和碉楼顶上供奉着 5 块白石，象征天神、地神、山神、山神娘娘和树神。羌族地区还存在原始宗教的动物崇拜和图腾崇拜的遗风，如对羊、猴、龙的崇拜。此外，道教、佛教、基督教、天主教、伊斯兰教在羌族地区均有影响，尤以藏传佛教最为显著。

羌族宗教的羊图腾

2. 羌族的禁忌

禁忌火塘里的火熄灭，认为"断火"是不吉的凶兆。不准向火塘里吐痰、踏脚和搭尿布等，以免这些行为得罪火神，而遭到火神的惩罚。没有满月的产妇，不能进灶房，以免得罪火神和家神。羌族严禁为凶死者择定的火葬日期和时辰，与家中任何人的生日、时辰相同。病人忌见生人，一旦有人生病，便在房外竖立一条板凳，告示外人不要进入。夜间，在病人房内，禁止吹口哨，以免招妖魔。

二、四川其他少数民族礼貌礼节

（一）回族的礼貌礼节

回族是中国分布最广的少数民族，人口约一千万人，是中国少数民族中人口较多的民族之一，主要分布在宁夏回族自治区，在新疆、青海、甘肃、陕西、山西、河北、云南、河南、山东、内蒙古、辽宁、吉林、黑龙江也有不少聚居区。回族有小集中、大分散的居住特点,吸收了汉族、蒙古族、维吾尔族等生活习俗,服饰特别。回族普遍信仰伊斯兰教。

回族

1.回族的习俗礼仪

伊斯兰教的教规和民族习俗已经融合,回族的日常生活习俗礼仪明显地表现出了伊斯兰教的特点。西北地区的回族男子戴青色、白色圆形平顶小帽,不能露顶。妇女的衣服,上窄下宽,长及膝盖,戴披肩盖头。回族尊敬长者,讲究卫生。

回族待客特别热情。当家里来客人时,走出大门外去迎接。客人进屋时,主动揭开门帘,让客人先进屋。客人入座后,马上沏茶、备饭。

回族见面相互问候时,通用一种祝安词,"色俩目"(平安,您好),回答者则说"安色俩目"(平安,您也好)。说见面语时,不要摇头晃脑、嘻嘻哈哈等。见到汉族等其他不信仰伊斯兰教的民族同胞,只握手问好,不说"色俩目"。男女之间致"色俩目"时不握手。

在饮食方面,回族人对肉食的选择比较严格,只吃牛肉、羊肉和食谷类的鸡、鸭及带鳞的鱼类。回民喜欢各种富有民族风味的传统小吃,爱吃各种油煎食品,最常见的有油条和馓子。回民不饮酒,喜欢喝茶。忌吃猪肉,也忌食马、驴、狗肉等。西南地区的回族善于腌制味香可口的牛干巴,是招待客人的上品菜之一。

回族人同客人谈话的时候,要求不可以左顾右盼,不能玩弄自己的胡须与戒指等,不能将手指插入鼻孔。谈话中要细听别人的言语,不能要求对方过多的重复,更不能插话表述自己的不同意见。

2.回族的主要节日

(1)开斋节。在我国陕西、甘肃、青海、云南等地的回民穆斯林将开斋节亦称为"大尔德"。回族穆斯林的斋月,是伊斯兰教历九月,十月一日为开斋节,这天所有虔诚的穆斯林要沐浴更衣,到清真寺做礼拜,走亲访友。

（2）古尔邦节。俗称"献牲节"，是纪念先知易卜拉欣效忠真主安拉的节日。每年伊斯兰历十二月十日，教徒要宰杀牛羊庆贺。

（3）圣纪节。圣纪节是纪念伊斯兰教先知穆罕默德的诞辰和逝世的纪念日。在伊斯兰历的三月十二日，穆斯林为了纪念穆罕默德创教的功绩，每年在这一天举行集会，届时人们穿戴整齐，沐浴、更衣，到清真寺去做礼拜。

3. 回族的禁忌

回族人忌吃猪、驴、狗肉以及凶猛禽兽的肉和无鳞鱼类。谈话时忌讳"猪"字或同音字。禁止与猪肉有关的食品上桌。可食用的畜禽，不能随随便便拿来即食，必须经过阿訇宰杀，然后方可进食。反之，就是对真主的不恭，要受到严厉的惩罚。回族人在家宴客，还忌主人陪客，通常请族中男性长者或亲朋好友作陪。

忌讳将信奉伊斯兰教的民族成员与其他民族成员混坐于餐桌前，端菜时不宜从其旁边走过。回族人外出戴帽子，忌露顶。忌别人在背后议论其民族风俗。严格禁止用食物开玩笑；不能用忌讳的东西作比喻，如不能说某东西像血一样红。禁止在背后诽谤别人或议论他人短处。忌用左手递送物品。

（二）壮族的礼貌礼节

壮族是我国少数民族中人口最多的民族，其中90%以上聚居在广西壮族自治区，其余分布在云南文山、湖南江华、广东连山和贵州从江等地。

壮族人民多会汉语和汉文。壮族信仰多神教，崇拜巨石、老树、高山、土地等自然物。唐宋以后，佛教、道教先后传入壮族地区。近代，基督教、天主教也传入壮族地区，但是影响都不大。

1. 壮族的习俗礼仪

尊老爱幼是壮族的传统美德。路遇老人要主动打招呼、让路，不能在老人面前跷二郎腿，不说污言秽语，不在老人面前跨来跨去。赴宴做客，给老人让上座，要将鸡头等上菜留给老人。办事多听从老人意见。

壮族人与其他人谈话时，从不在对方面前使用第一人称"我"，而是把自己的名字说出来，认为直截了当讲"我"字是不尊重人的表现。

客人来访，必由主人出面热情招待，让座递烟，双手捧上香茶。茶不能太满，否则视为不礼貌。有客人在家,不得高声说话,进出要从客人身后绕行。与客人共餐,要双脚落地,与肩同宽,切不可跷起二郎腿。客人告辞时,主人要将另留的鸡肉和客人盘中的余肉用菜叶包好,让客人兜着带回去,给亲人品尝,客人决不能拒绝。

饮食方面,壮族以大米、玉米、薯类等为主食,多喜爱吃糯米饭,节日还做成五色花饭。喜欢吃腌制的酸食,以生鱼片为佳肴。喜欢饮酒。

2.壮族的主要节日

(1)歌圩节。壮族的歌圩节很有特色。每年春秋佳日,方圆数十里的青年男女来到歌场,人数少则数千多则数万。人们以歌会友、以歌传情,以歌斗智斗巧,竟日欢歌,通宵达旦。歌圩分为日歌圩和夜歌圩两种,日歌圩在野外,以情歌为主,夜歌圩在村里,唱的主要是生产歌、季节歌、盘歌和历史歌。歌圩期间还举行抛绣球、碰红蛋、踢毽子等活动。这正是青年男女谈情说爱、寻找意中人的好机会。

(2)牛魂节。四月初八的牛魂节是壮族又一独具特色的传统节日。壮族人认为,牛是天上神物,因为大地播种百草,而受处罚,牛魔王非常同情,于是每年四月初八,从天上下到凡间,保佑牛不瘟死。因此,每年四月初八这天,人和牛都停止劳动。主人把牛牵到河边梳洗,捉虱子;然后用枫叶水泡糯米蒸饭,拌腊肉捏成团团给牛吃;同时还要摆案设供,唱山歌,唱彩调,欢庆牛的生日,祭祀牛魔王。

3.壮族的禁忌

忌食牛肉蛙肉,忌灶上煮狗肉,忌筷子跌落地上,忌把筷子插到碗里,忌从晾晒的妇女裤子下走过,夜间行走忌吹口哨。家有产妇,忌外人入内。正月初一到初三不可以出村子拜年,否则会将鬼神带进家中。有的地区忌吃青菜,认为吃了田里会长满乱草。

忌用手指神圣物,如神像、菩萨等,恐不恭敬神明而受惩罚。登上壮族人家的竹楼,一般都要脱鞋。不准扛着锄头或者戴着斗笠走进家中。

(三)蒙古族的礼貌礼节

蒙古族是一个古老的民族,其祖先可追溯到北方的东胡族系。蒙古族属于游牧民族,广袤无垠的大草原培养了他们豪放、粗犷、开放的性格。蒙古族长期以来主要从事畜牧业,也从事半农半牧业。

1.蒙古族的习俗礼仪

蒙古族热情好客,讲究礼俗。献哈达、递鼻烟壶、装烟、请安是四种日常礼节。现今又增加了鞠躬礼和握手礼。在茫茫草原上,不论生人熟人,只要你来到蒙古包,人们都会热情招待。蒙古族人热情好客,有客人来总是出蒙古包迎接,见到客人边握手边问好。主人总是把奶茶、奶油、奶皮、奶酒、炒米及手抓羊肉摆出来,让客人饱餐痛饮。有时还弹起三弦琴,唱着表示欢迎和友谊的歌曲来劝酒。

献哈达是蒙古族人民的传统礼节。哈达主要献给尊贵的客人。献哈达时要双手捧着,身体微躬,接受的人也要采取相同的姿势。拜佛、祭祀、婚丧、拜年及对长辈和贵宾表示尊敬等都需要使用哈达。

蒙古族人对老人、长者很是尊敬,接受长者赠予的东西,必须屈身去接或跪下一条腿伸右手接。问候、请安是蒙古族必不可少的见面礼。男子请安,单屈右膝。无论何人,对比自己年龄大的都称"您"。无论是走路、入座、喝茶,一定让老人或长辈在先。

蒙古族传统的婚姻由父母包办,看重彩礼,同时还存在兄弟共妻等原始婚姻残余现象,现在已变为婚姻自主、一夫一妻制。

蒙古族住蒙古包,身着长袍、腰带、靴子,以牛羊肉及奶食为主。待客人的佳宴有手抓羊肉和全羊席。接待贵宾或喜庆节日要摆全羊席,有烤、煮全羊两种。最隆重的招待是请客人吃羊头和羊尾巴。送客时,主人要送客人至包外或本地边界。如骑马,主人还要扶客人上马,并说"再见"或"祝一路平安"等语。当目送客人走出一段后,主人才返回住处。

2. 蒙古族的主要节日

(1)那达慕。蒙古族最有特色的节日是"那达慕"大会。"那达慕"在蒙语中是娱乐、游戏的意思。在每年的6月至9月的牧闲季节举行。届时男女老少身穿盛装,带上自家的蒙古包和各种食物赶来参加。在成吉思汗时期,那达慕是一项以祭天求神为主、以娱乐为辅的活动,现在已完全成为一项以射箭、骑马、摔跤为主要内容的体育、娱乐盛会。

(2)敖包祭祀。敖包是蒙古语译音,是堆子的意思,即人工堆积的石堆、土堆。祭敖包的时间,多在水草丰盛的季节。届时,敖包上插树枝,挂彩色的布条或纸旗,众人集聚其前,围着敖包,顺时针转3圈,祭祀天、地、山川诸神,祈求五谷丰登、人畜平安。

（3）大年。年三十晚上,全家围坐在摆满食物并供有祖先名字的矮桌旁"守岁"。午夜,开始饮酒进餐,儿女们给父母和长辈敬酒祝愿,全家要多吃多喝,还要剩的越多越好,象征新的一年里吃穿不愁。

3.蒙古族的禁忌

路过蒙古包时,要轻骑慢行,以免惊动畜群。进蒙古包以前要将马鞭子放在门外;如带入包内,则被看作是对主人的不敬。进门要从左边进,入包后在主人陪同下坐在右边,离包时也要走原来的路线。

出蒙古包后,不要立即上马上车,要走一段路,待主人回去后,再上马上车。主人躬身端出奶茶时客人应欠身双手去接。锅灶不许用脚踩碰,不能在火上烤脚,否则等于侮辱灶神。

不吃鱼虾等海味以及鸡鸭的内脏和肥猪肉,也不爱吃青菜、糖、醋、过辣及带汤汁的菜肴。不要谢绝主人赠送的礼品;到蒙古人家喝乳汁不要用钱买。

送任何礼品,都要成双成对。送接礼品、敬茶敬酒均要用双手,以示尊重;不应用单手,更不能用左手。

蒙古族崇敬火神,不要从火盆上跨过去,也不要在火盆上烤脚,烤鞋、袜子、裤子等,否则等于辱没火神。

（四）苗族的礼貌礼节

苗族相传是蚩尤的后代,是我国西南地区少数民族之一。苗族主要居住在贵州、云南、湖南、四川等省,尤以贵州省最为集中。苗族的主要信仰有自然崇拜、图腾崇拜、祖先崇拜等原始宗教形式,苗族社会迷信鬼神、盛行巫术。

1.苗族的习俗礼仪

苗族人好客,待客热情,讲究礼貌。如在路

上遇见客人,他们从不抢行,也不走在客人前面。在平时言谈话语中,总是用不同敬语称呼长者和同辈。

苗族人每逢接待远道而来的客人时,男主人穿上节日服装,到村寨外去迎接,甚至摆下酒席,待客光临。客人到街门口时,男主人以唱歌形式叫门,告知女主人贵客临门,这时女主人穿着节日服装唱着歌开门迎客。

苗族人住"吊脚楼"或"权权屋"。饮食方面,苗族以大米为主食,也有苞谷、麦子、豆类等。苗族人喜欢吃酸味,以酸汤最为著名。平时吃的菜肴,除荤食外,都要掺配酸味。苗族人喜欢饮酒,酒类有烤酒、甜酒、泡酒等,烤酒最普遍。

2. 苗族的主要节日

苗族节日丰富,主要有龙船节、赶秋节、赶歌节、吃新节、芦笙节、爬坡节、八月八、苗年等。

(1)苗年。苗年是苗族人民最隆重、民族色彩浓郁的传统节日,相当于汉族的春节。各地区的苗族过苗年没有固定的日期,一般在收获季节以后,即农历十至十二月之间。节日持续十余天,还举行斗牛、赛马、走赛、对歌等活动。

(2)芦笙节。芦笙节是黔东南苗族人民在春节之后、春耕之前,预祝新的一年风调雨顺,获得丰收的传统节日。节日期间,男女老少身着盛装,从四面八方赶来芦笙堂跳芦笙舞。小伙子边吹边跳,姑娘们翩翩起舞,通过唱歌跳舞恋爱、交友。所以芦笙节很受青年男女喜爱。

3.苗族的禁忌

忌食狗肉,禁止杀狗、打狗,苗族人不吃羊肉和面条,姓龙的苗族人不吃鸡肉。忌刀口朝上、凶器指人,忌夜间吹口哨等。

在苗家人家里做客,吃饭时,家长会将鸡心、鸭心分给客人。此时客人不要一个人独自吃完,要同在座的老人们一起分享,否则会被认为不懂礼貌,没有出息。路上遇见苗家新婚夫妇时,不要从他们中间穿过。

(五)维吾尔族的礼貌礼节

维吾尔族是中国西北地区的一个古老民族,"维吾尔"是维吾尔族的自称,是"团结""联合"的意思。维吾尔族主要分布在新疆维吾尔自治区,是新疆的主体民族。维吾尔族人信仰伊斯兰教。

维吾尔族

1.维吾尔族的习俗礼仪

维吾尔族人十分重视礼貌,在路上遇到尊长或朋友,或平时待人接物时,习惯将右手按在胸部中央,然后把身体向前倾30°,并连声道"您好"。吃饭或到别人家做客,常用手摸脸做"都瓦"(一种祝福的宗教仪式),有时握手后也做"都瓦"。

家里来了客人,全家都自觉地跑来欢迎,然后女主人用盘子把茶水端上来。人们端茶和接受物品都用双手,以示尊敬。到维吾尔族家里做客,进门前和用餐前女主人都要用水壶给客人冲洗双手,一般洗3次。"给洗手水"是必不可少的礼仪。习惯一人专用茶杯,住宿期间也不要更换。当第一次给茶杯时,须当着本人面,将茶杯消毒后才使用。主人一般请客人动手先吃,出于礼貌,客人应回应主人。

汉族人与维吾尔族人见面的时候,只要握手即可。问候直接用"您好"等现代问候语。维吾尔族人热情好客,有时候喜欢送一些吃食给服务员。如果服务员坚决拒绝,他们就会不高兴,当婉言拒绝不行时,要双手接受,忌用单手接东西。

在饮食方面,面粉、玉米和大米是维吾尔族人民的日常饮食。他们喜欢吃馕、拉面和包子。最具有民族风味的食品是烤羊肉串和"抓饭"。"抓饭"以羊肉、羊油、胡萝卜、葡萄干、洋葱和大米做成,是节日和待客不可缺少的食品。维吾尔族人有喝奶茶或清茶的习惯,也爱喝葡萄酒。

2. 维吾尔族的主要节日

肉孜节、"古尔邦"节和圣纪节都是维吾尔族的盛大节日。每逢节日,家家都吃着香甜的"普鲁",不分男女老少都尽情地跳起"赛乃姆"(一种群众性的集体舞)。

3. 维吾尔族的禁忌

维吾尔族宗教人士不吸烟,不饮酒。禁食猪、驴、狗、骡肉,自死的牲畜一律不吃。吃饭时不能随便拨弄盘中食物,不能随便到锅灶前,不要剩食物在碗中。饭毕,有长者带领做"都瓦"时,忌东张西望或立起。衣着忌讳短小,上衣一般过膝,裤脚达脚面,最忌户外穿短裤。屋内就座时应跪坐,忌双腿直伸、脚朝人。也不可以当着客人和主人的面吐痰、拧鼻涕等。忌睡觉时头东脚西。

在维吾尔族家做客,忌讳用一只手接茶碗或饭碗,相互赠送礼物,忌讳用一只手往前递。另外,维吾尔族忌讳别人盯着自己做饭或做其他一些事情。

模块七

港澳台地区礼貌礼节

项目导读

本项目主要学习港澳台地区习俗礼仪、饮食习惯、礼仪禁忌等知识。

学习目标

1. 了解港澳台地区概况；

2. 了解港澳台地区习俗礼仪、饮食习惯、礼仪禁忌。

在香港、澳门、台湾地区生活的居民大都是炎黄子孙,都是我们的骨肉同胞。作为中华民族大家庭中的一部分,他们的语言文字、风俗习惯、礼仪禁忌、道德伦理规范等方面与内地基本相同,因此,他们有着强烈的民族感和乡土观念。

随着旅游业的迅速发展,到港、澳、台地区的自然风景区游览,成为旅游业的亮点。同时越来越多的港、澳、台同胞也到大陆各地参观游览。因此,了解和熟悉我国港、澳、台地区的习俗礼仪、节日和禁忌,既是对旅游接待人员的基本要求,也是为来自港、澳、台同胞做好接待服务工作的先决条件。

项目一
香港地区的礼貌礼节

一、香港的概况

香港,位于南海之滨,广东省珠江口东侧,与深圳市毗邻,有"东方之珠"的美称。香港地区曾被英国殖民主义者强行霸占 150 余年,1997 年 7 月 1 日回归祖国,并于当日成立香港特别行政区。香港包括香港岛、九龙、新界等。香港地区,中国人约 95%,外籍人口主要有菲律宾人、印度尼西亚人、英国人、印度人、泰国人、日本人、尼泊尔人和巴基斯坦人。香港人主要说广东话(粤语),但是英语也很流行,通用货币为港币。香港人主要信仰佛教和道教,也有不少人信仰基督教和天主教。

二、香港的习俗礼仪

香港人在社交场合与客人相见时，一般行握手礼。亲朋好友相见时，也有用拥抱礼和贴面颊式的亲吻礼。他们向客人表达谢意时，往往用叩指礼。当他们接受别人为其献茶、敬烟、斟酒、布菜时，立即用略弯曲的食指、拇指、中指三个手指撮合在一起，指尖轻轻叩打桌面，以示谢忱。

受英国思维方式的影响，香港人做事风格很接近西方人，注重个人隐私及他人隐私的保护。与他们交往时要注意做到不能使他们觉得丢面子；与他们谈话入正题前要说些客套话，多表示一些祖国大陆人民对他们的热情友好和真诚欢迎。

香港人出席正式场合时，男士穿西装，女士穿套裙。平时穿着追求个性、时尚、飘逸、多姿多彩。

三、香港的饮食习惯

香港人对中餐、西餐都比较适应，格外偏爱中餐。大多数人恪守粤式传统饮食方式，港人相约饮茶时常互相斟茶。爱喝茅台、西凤、五粮液等名酒，爱饮龙井、铁观音等名茶。宴请时，客人要待主人说"起筷"才开始进食，上鱼时鱼头要对着客人方向。

香港人的饮食特点：讲究菜肴鲜、嫩、爽，注重菜肴营养成分。口味喜清淡，偏爱甜味。以米为主食，也喜欢吃面食。爱吃鱼、虾、蟹等海鲜及鸡、鸭、蛋类、猪肉、牛肉、羊肉等；喜欢茭白、油菜、西红柿、黄瓜、柿子椒等新鲜蔬菜；调料爱用胡椒、花椒、料酒、葱、姜、糖、味精等。对各种烹调技法烹制的菜肴均能适应，偏爱煎、烧、烩、炸等烹调方法制作的菜肴。对国内各种风味菜肴均不陌生，最喜爱粤菜、闽菜。喜欢鸡尾酒、啤酒、果酒等，饮料爱喝矿泉水、可乐、可可、咖啡等，也喜欢乌龙茶、龙井茶等。爱吃香蕉、菠萝、西瓜、柑橘、洋桃、荔枝、龙眼等水果；干果爱吃腰果等。绝大多数人都使用筷子，个别人也使用刀叉用饭。

四、香港礼仪禁忌

香港的中老年妇女忌称"伯母",因为"伯母"与"百无"谐音。夫妻双方介绍自己的配偶时,忌称"爱人",在香港,"爱人"有"第三者"的意思。

香港人过年过节忌用"快乐"作为祝福语。习惯说"恭喜发财","快乐"音近"快落"不吉利。

忌讳数字"4",因广东话中"4"与"死"谐音。又如住饭店不愿进"324"房间,因其在广东话里的发音与"生意死"谐音,不吉利。送礼时忌送时钟,意为送终;忌送书(输);忌送毯子,意为压财。忌送茉莉花和梅花给商人。

由于长期受西方的影响,忌"13"、"星期五"等。忌讳别人打听自己的家庭地址。忌讳询问个人的工资收入、年龄状况等。用餐时,手肘不能横抬,不能枕桌,吃鱼时不能翻转鱼身。

项目二
澳门地区的礼貌礼节

一、澳门的基本概况

澳门,位于广东珠江口岸,毗邻珠海。澳门地处东南亚交通要道,素有"海上丝绸之路"之称,是太平洋西岸有着多年历史的著名国际商埠。澳门曾被葡萄牙强占400余年,1999年12月20日回归祖国。

澳门现有人口44万,大多是中国人,其次有葡萄牙人等。澳门居民主要信奉佛教、道教、天主教等。在澳门,中文、葡萄牙文两种官方语言共存,英语也广泛使用。澳门是自由港,也是世界著名赌城之一。

二、澳门的习俗礼仪

澳门同胞以热情开朗、爽快诚挚著称。澳门不仅继承了很多中国传统的礼仪礼节，还从葡萄牙吸取了很多西方的礼节。

澳门人的衣着，除了比国内时髦以外，没有什么奇特的地方，不穿凉鞋、水鞋，喜欢穿球鞋、皮鞋。除了正规场合西装革履，平时穿着随意，讲究舒适与时尚。

由于受中华传统习俗的影响，一般对吉祥物、吉祥话、吉祥数字比较偏爱，"恭喜发财""鱼""8""6"等。

澳门人在社交场合与客人见面，一般都行握手礼。由于受欧洲人的影响，亲朋好友见面，常以热情拥抱并相互拍肩膀为礼。在接受斟酒、倒茶表达谢意时，往往也用叩指礼。

三、澳门的饮食习惯

澳门人饮食方面，"以中为主，中葡结合"。澳门人与珠江三角洲一带的居民差别不大，生活习俗在有些方面也是中西混合。澳门人的吃文化也是"博大精深"。出于传统习惯和节省时间考虑，澳门人早餐和午餐常用"饮茶"来代替。不过名曰饮茶，事实上澳门喝茶总少不了各类点心、粥、粉等。澳门还有不少当地出生的葡萄牙人喜爱的食品，如"威虾酱""喳咋"和"牛油糕"等。

四、澳门礼仪禁忌

西方礼仪与广东地方民俗都对澳门有很大的影响。澳门人忌讳"13"和"星期五"；与澳门人谈话，忌讳打听个人隐私，如年龄、收入、婚姻状况等。澳门人除了对特别熟悉的人外，一般不询问他们的家庭住址，因为他们不习惯在家中招待客人。饮食上，澳门人一般都不愿吃酸味和过辣的菜肴。

项目三
台湾地区的礼貌礼节

一、台湾的基本概况

台湾是中国的第一大岛,位于祖国大陆的东南端,西隔台湾海峡与福建相望。台湾包括台湾本岛和兰屿、钓鱼岛及澎湖列岛等岛屿。人口包括汉族和高山族同胞。台湾汉族大多数是福建、广东两省的移民。大多数台湾人都有宗教信仰,主要信奉佛教、道教、天主教和基督教。台湾通用语言是普通话和闽南话。

二、台湾的习俗礼仪

台湾人主要是福建、广东省的移民,其礼仪习俗基本和福建、广东相似。台湾人开朗大方,非常谦虚,待人诚恳忠厚,也很注重文明,讲究社交礼仪。无论见面、会友、交际、拜访,在言行举止方面,他们特别注意尊重他人。台湾的高山族同胞,素以敬老互助而闻名于世。

台湾人与人交谈,喜欢讨口彩,很喜欢"6"这一数字,有"六六顺"之说。台湾人讨厌虚伪和狡诈,办起事来特别喜欢直爽、守信、一言为定。

台湾居民的服饰已逐渐西化。上班时整整齐齐,闲暇时舒适随意。在正规场合,男的西装革履,女的裙裾飘飘。闲暇时间人们喜欢穿上各种运动服和休闲服健身娱乐、饮宴应酬,台北女性流行穿旗袍,农村居民则以短衣短裤作为日常服装。女子多用金银首饰,尤爱金项链。

三、台湾的饮食习惯

台湾人对中餐、西餐都能够适应,但偏爱中餐,格外喜欢大陆的家乡风味菜肴。台湾人在吃上讲究清淡,喜甜味,与大陆江浙一带口味相近。但不同地域、不同人群,在饮食上也各有特色。台湾人的饮食很杂,缺少自己的特色,但在饮食上很讲究,追求精细与营养。在宴席上不劝酒,让客人随意,但主人喝起酒来还是很豪爽的。

四、台湾礼仪禁忌

台湾人禁用手巾赠人,因在台湾是给吊丧者的留念,意为让吊丧者与死者断绝往来,故台湾有"送巾断根"或"送巾离别"之说。禁用扇子送人,有"送扇,无相见"之说。禁用雨伞送人。禁用甜果送人,因甜果是民间逢年过节祭祖拜神之物,送甜果会使对方有不祥之感。

案例分析

"狗不理"的尴尬

一个天津人拜师学艺,学会了做"狗不理"包子的绝活。他邀请几个朋友合伙,凑足资金,取得了"狗不理"包子的代理权,到四川去开店,包子店开了几个月,生意很清淡。这位天津人心里很是纳闷,对伙伴说:"这么有名的'狗不理'包子,在其他地方都得排队买,在这里却卖不动,四川人真是不识货。"

为了扩大声誉,他还派遣专人散发传单,并登广告,但是收效甚微,最后只得关门了事。

分析:"狗不理"在四川失利的原因有哪些?

彝族的"天菩萨"

旅行社组织旅游团到彝族村寨游览,当地独特的民俗风情让游客陶醉,很多游客对于以前从没发现过的彝族文化特别感兴趣。游客们发现彝族男子不论大人还是小孩都留着一种独特的发型,就是在头顶前蓄一撮长发盘绕于头顶,当地人介绍说这叫作"天菩萨"。有个女游客出于好奇,用手摸了当地一个小男孩的"天菩萨",没想到马上引起了小孩家长的愤怒,和游客争吵了起来,还吵到了族长那里。

分析思考:彝族小孩的家长为什么如此愤怒?

苗族的饮食习惯

一次,某旅行社组织游客前往苗家做客,苗族同胞设宴款待该团客人。在宴席上,主人把鸡心、鸡头、鸡翅、鸡爪分给客人。对该团一位最年长的客人,主人献上了鸡心。由于这位客人患病不能吃动物的内脏,为了表示对主人的尊重,客人并未推辞,浅尝了一口后,就把剩下的鸡心放到了桌子上。这时,主人看见了他的举动,立即表现出了极大的不满,认为这是对苗家人的蔑视。主人就再也没有向客人敬酒,直至筵席结束。客人向主人敬酒,表示谢意时,主人却说,我们苗家虽然不富裕,可是我们不喜欢接待不尊重苗家的外人。客人一头雾水,还不明白自己是哪里得罪了主人。导游这才意识到自己工作的失误。

分析:导游的失误在哪里?

模块训练

模块训练一:所在地区民族礼仪的规范训练

(1)各民族和港澳台地区礼仪训练的步骤和要求。

①将学生分组,每组分别对所在地区的各个民族进行实地考察。

②考察各个民族的风俗习惯、饮食习惯、节日礼仪以及礼仪禁忌,可以有礼貌地与各民族人员进行交谈,了解更多的民族风俗礼仪。

(2)开展课堂交流,每组学生分别谈谈心得体会并汇报所获得的民族风俗礼仪规范资料。

(3)教师根据学生的汇报进行总结。

模块训练二:其他部分民族的礼仪规范训练

(1)将学生分组,要求每一组学生分别搜集一个民族的风俗习惯、饮食习惯、节日礼仪以及礼仪禁忌等,并进行小组讨论。

(2)各个小组针对所搜集的资料作出汇报,并分享心得体会。

(3)教师针对学生的汇报情况作出补充,并进行总结。

模块八

我国主要客源国礼貌礼节

　　世界上有 200 多个国家和地区,居住着 2000 多个大大小小的民族,几十亿人口,信仰着各种各样的宗教,具有各自独特的民族文化、传统习惯和礼节礼仪形式。旅游接待人员要面向世界,要接待来自各国的宾客,这就必须要对我国主要客源国的礼仪习俗有一定的了解,包括基本概况、宗教信仰、风俗习惯、饮食起居以及各种禁忌等。旅游接待人员只有具备了这些知识,在旅游接待的过程中,才能做到尊重各民族的风俗习惯。

　　了解我国主要客源国的礼貌礼节,不仅有利于旅游接待人员文化修养的提升,而且有利于树立我国良好的国际形象。

项目一
亚洲地区礼貌礼节

项目导读

　　本项目主要学习日本、韩国、新加坡、泰国习俗礼仪、饮食习惯、礼仪禁忌等知识。

学习目标

1. 了解日本、韩国、新加坡、泰国概况;
2. 了解日本、韩国、新加坡、泰国习俗礼仪、饮食习惯、礼仪禁忌。

　　亚洲是世界第一大洲,亚洲是世界上三大宗教的发源地,绝大多数居民信奉佛教,其次是伊斯兰教,也有信奉基督教的。

　　在历史上,亚洲各国之间的交往频繁,关系密切,相互之间的影响较大,许多国家、民族之间的文化风俗、礼貌礼节都有相近之处。

一、日本的礼貌礼节

（一）日本的基本概况

日本是东亚的一个岛国,位于亚洲东部、太平洋西侧,人口约 1.27 亿人,是世界上人口密度最大的国家之一。

日本的主体民族是大和民族。日本居民主要信奉神道教和大乘佛教,少数信奉基督教和天主教。日本的国语是日语,首都为东京,国歌为《君之代》,国花为樱花,货币为日元。日本国旗也称作"太阳旗"。

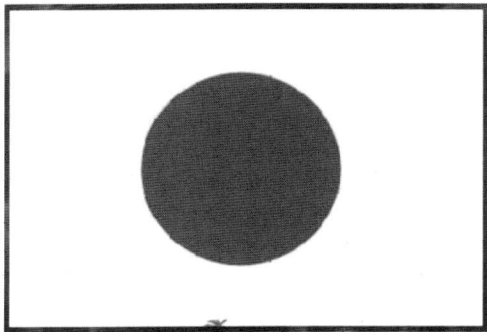

日本与中国是一衣带水的邻邦,1972 年 9 月中日建交,每年有大量游客到中国来旅游。日本是我国旅游业最大的客源国。

（二）日本的礼貌礼节

1. 日本的日常交往

日本是非常注重礼貌礼节的国家。见面一般都互致问候,脱帽鞠躬,表示诚恳、可亲。初次见面,互相鞠躬,熟悉的人就主动握手或深鞠躬,甚至拥抱。妇女则以深深一鞠躬表示敬意。如遇女宾,女方伸手方可握手,但不要用力或久握,遇到年长者亦然。如需谈话,应到休息室或房间交谈。日本人一般不用香烟招待客人,若客人要吸烟,应先征得主人的同意,以示尊重。见面时,常说"拜托您了""请交换名片",一般不握手。没有名片就自我介绍姓名、工作单位和职务。

日本人在听对方讲话时,目光应望着对方的双肩与胸部间的部位。一般谈话,也应将目光置于对方额头以下,肚脐以上,双肩之间的范围内。

在日本进餐的时候有一种习惯,就是在开始吃饭时,先说一句"那就不客气了"或"那我就先吃了",然后才能拿筷子。吃完饭后还应有礼貌地说"我吃好了"或"我吃饱了"。

2. 日本的仪容仪表仪态礼仪

日本人注重衣着,平时总是衣着大方,正式场合一般穿西服,有时也会穿自己的国服——和服。和日本人打交道的时候应注意衣着,他们认为衣着不整洁便是不尊重交往对象,所以和日本人见面,一般不宜着装过于随便,特别是不要光脚、穿背心和短裤。

日本人最常使用的行礼方式是"屈体礼",又分为"站礼"和"坐礼"。行"站礼"时,双手自然下垂,手指自然并拢,随着腰部的弯曲,身体自然向前倾。行最高"站礼"时,腰要弯到脸面几乎与膝盖相平的程度。接受晚辈行礼时,背和脖颈要挺直;平辈之间,腰要稍弯,脊背要直,头不宜向下垂,上身向前倾斜。"坐礼"一般在日本式房间的"榻榻米"(房内地板上铺的垫席)上进行,双膝并拢跪地,臀部压住脚跟。

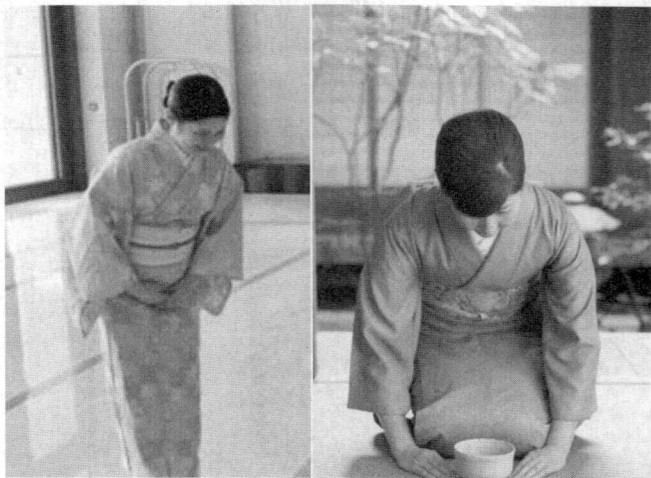

3. 日本人的拜访礼仪

日本人拜访他人时一般要避开清晨、深夜及用餐等时间。拜访前要预先约定,突然访问是失礼的。在与对方会面时,应作自我介绍,递交自己的名片,并讲明介绍人的姓名及拜访目的。在门口要寒暄几句,进至屋内,落座后再正式交谈。在进日本式的房屋里,要先脱鞋,脱下的鞋要整齐地放好,鞋尖向着你进来走过的门的方向,这在日本是尤其重要的。如果是西式房屋,虽可穿着鞋进屋,但在进屋前一定要把大衣、风衣、围巾、帽子之类的衣物脱下行礼。进屋后放在主人指定的地方。离去时如没有主人劝说,应在出大门后再穿。辞别时禁忌将坐垫倒翻过去或用脚踏他人的坐垫。男性不能一人到单身女性房间去拜访。如有事可约好在附近酒馆或茶馆里见面,以免引起他人误解。在天气炎热时,主人没有请客人宽衣,不能随便脱衣。如需宽衣,应先征得主人的同意。

4. 日本的馈赠礼仪

日本人在拜访他人时常带些礼物。过去多为酒和鱼干之类。现在送一些土特产和工艺品更受欢迎。礼品颜色也有讲究,吉事礼品应为黄白色或红白色,不幸事送礼应为黑、白色或灰色等。到日本人家中做客未见到主人时应在坐垫的后面等候,待主人招呼之后再坐到客座或坐垫上。

5. 日本的饮酒礼仪

日本人饮酒时,认为将酒放在桌子上让客人自己斟酒是失礼行为。斟酒时要右手拿着酒壶,左手从下面托着壶底,但千万不能碰着酒杯。客人要右手拿着酒杯,左手托杯底接受对方斟酒。客人在一般情况下,接受头一杯酒为礼节,而客气地谢绝第二杯酒。但是谢绝了第二杯酒的客人,千万不要将酒杯倒放,要等大家喝光酒后,一起把酒杯倒放在桌上。

(三)日本的饮食习惯

日本饮食通常称为日本料理。主食以大米为主,多搭配海鲜、蔬菜,比较清淡,较少油腻。典型的日本料理有:寿司、拉面、生鱼片、铁板烧、酱汤等,此外,还有饭团和便当,其中生鱼片最为著名。日本人特别喜欢喝茶,讲究"和、敬、清、寂"四规的茶道,有一整套点茶、泡茶、献茶、饮茶的具体方法。

现代的日本人,日常饮食有三种料理:一是传统的日本料理;二是从中国传过去的"中华料理";三是从欧洲传过去的"西洋料理",即西餐。

每逢喜事,日本人爱吃红豆饭,不加任何调料,只在碗里撒一些芝麻盐,十分清香可口。"便当"和"寿司"是最受欢迎的两种传统方便食品。日本人喜欢吃中国的广东菜、北京菜、上海菜,喜欢餐前餐后喝一杯茶,尤其是绿茶。还喜欢喝中国的绍兴酒和茅台酒。

(四)日本礼仪的禁忌

日本人在日常行为中有很多讲究,认为高声说话、定睛凝视他人、手插在衣袋里以及用手指人,都是对人不恭敬的做法。

在颜色方面,不喜欢紫色,认为它代表悲伤;日本人最忌讳绿色,认为是不祥的颜色。还忌讳荷花图案,因为荷花为祭奠用花;一般人也不能使用菊花图案,因为菊花为皇室专用。

在数字方面,赠送礼品时,切勿赠数字为"4"和"9"的礼品,因日语中"4"发音近"死","9"发音与"苦"相似。但不同场合有关数字的习俗也有不同。如送日本人婚礼礼金时要避免偶数,因为偶数是二的倍数,容易导致夫妇分裂。赠送礼品时,梳子不能单独送,因为日语中"梳子"和"苦死"谐音,表示极其辛苦。

在饮食方面,日本人用筷子忌讳"八筷",即舔筷、迷筷、移筷、扭筷、插筷、掏筷、跨筷、踢筷。宴客的时候,忌讳将饭盛得太满,且不许一勺盛一碗饭,客人也不能只吃一碗饭。此外,切忌用一双筷子给宴席上所有的人夹菜。

其他方面,忌讳三人并排合影,认为被夹在中间是不幸的预兆,会遭遇不幸;寄信时切忌倒贴邮票,因为这表示断交。

二、韩国的礼貌礼节

(一)韩国的基本概况

韩国位于东亚朝鲜半岛南部。韩国人信奉佛教、基督教新教、天主教、道教、儒教等多种宗教。首都为首尔。韩国的国旗被称为太极旗,国歌为《爱国歌》,国花为木槿花和金达莱,货币为韩元。1992 年 8 月中韩建交。韩国文化是东西方文化的交融体。

(二)韩国的礼貌礼节

韩国是一个礼仪之邦,人们普遍注重礼貌礼节。如晚辈对长辈、下级对上级规矩严格,以表示特别的尊重。若与长辈握手时,还要以左手轻置于其右手之上,躬身相握,以示恭敬。与长辈同坐,要保持姿势端正、挺胸,绝不敢懒散;若想抽烟,须征得在场的长辈的同意;用餐时,不可先于长者动筷等。男子见面,可打招呼相互行鞠躬礼并握手,但女性与人见面通常不与他人握手,只行鞠躬礼。韩国人初次见面时,常以交换名片的方式来相识。

韩国人一般不轻易流露自己的感情,公共场所不大声说笑,颇为稳重有礼。尤其妇女在笑时还用手帕捂住嘴,防止出声失礼。在韩国,妇女十分尊重男性,双方见面时,总是女性先向男性行鞠躬礼,致意问候。韩国人深受儒教的影响,有重男轻女的传统。聚会致辞以"先生们、女士们"开头,出门、上车时妇女要让男子先行。在韩国,男女同坐时,一般男子位于上座,女子居于下座。当众多人相聚时,往往也是根据身份高低和年龄大小依次排定座位,地位高、年长的优先在前。

韩国人非常看重自己留给对方的印象,为了维护自己的形象,十分注意自己的穿衣打扮。韩国人在交际应酬中通常都穿西式服装,着装讲究朴素整洁、庄重保守。韩国妇女在正式场合的着装绝对不会过于前卫。在韩国,邋里邋遢、衣冠不整、着装过分透露的人都会让别人看不起。

一般情况下,韩国人在称呼他人的时候,喜欢使用尊称和敬语。如果交往对象拥有能够反映其社会地位的头衔,那韩国人在称呼对方的时候一定会屡次使用。与外人初次打交道时,韩国人讲究预先约定,遵守时间,并十分注重名片的使用。在社交场合,韩国人,尤其是年轻人,大多都会说英语,并将其视为有教养、受过良好教育的标志之一。不过韩国人对讲日语的人,普遍没有好感。

如果应邀去韩国人家里做客,按照习惯要带一束鲜花或一份小礼物,用双手奉上,而受赠者不会当面把礼物打开。进入室内时,要将鞋子脱掉,留在门口。

(三)韩国的饮食习惯

韩国的饮食风格介于中国和日本之间,以酸和辣为主要特点。在韩国,主食为米饭,菜肴以炖、煮、烤为主,韩国人不喜欢吃带甜酸味的热炒菜肴,而喜欢凉辣,忌油腻。喜食各种鱼类,包括生拌鱼肉、鱼虾酱;喜欢吃牛肉、鸡肉,尤其是狗肉,不太喜欢羊肉。最喜欢凉拌蔬菜和泡菜,还特别爱吃汤饭,如排骨汤饭、牛肉汤饭等。汤是韩国人每餐必不可少的,爱喝清汤和酱汤,有时汤中要放猪肉、牛肉、狗肉等,简单时放些酱油,加点豆芽也可以。韩国男人以好喝酒著称。

宴会上,韩国人习惯互相斟酒,喝交杯酒;受人劝酒时不可以拒绝饮用;不胜酒力时杯中应留点酒。受人敬菜时要礼貌地推让两次,第三次才欣然接受。

(四)韩国的礼仪禁忌

韩国人迷信生辰八字,婚姻双方的生辰八字不能相克。韩国人忌讳"4"这个数字,认为此数字不吉利,因其音与"死"相同。因此在韩国没有4号楼,不设第4层,餐厅不排第4桌等。这在接待韩国人的时候需注意回避,以免他们误解与生气。交接东西要用右手。

与韩国人谈话的时候,发音与"死"相似的"私""师""事"等几个词最好不要用,对其国家或民族称呼时,不要将其称为"南朝鲜""南韩"。在韩国不宜谈及的话题有政治腐败、经济危机、意识形态、南北分裂、韩美关系等。

韩国人反对崇洋媚外,倡导使用国货。在需要向韩国人馈赠礼品的时候,宜选用鲜花、酒类、工艺品,但是切忌日本货。在接受礼品的时候,不习惯当面打开。

吃饭的时候,不要随便发出声响,更不许交谈。在大街上吃东西、在人面前擦鼻涕都被认为是粗鲁的行为。吃饭时忌讳戴帽子,睡觉时忌讳枕书。

三、新加坡的礼貌礼节

(一)新加坡的基本概况

新加坡位于东南亚马来半岛南端,风景优美,气候宜人。新加坡人主要信奉伊斯兰教,还有佛教、印度教和基督教。国歌为《前进吧,新加坡》,新加坡国旗,又称星月旗。马来语被定为国语,马来语、英语、华语和泰米尔语四种语言同为官方语言。货币为新加坡元。1990 年 10 月 2 日同中国建交。

(二)新加坡的礼貌礼节

新加坡人举止文明,十分讲究礼貌礼节,处处体现着对他人的尊重。他们的口号是"真诚微笑",生活信条是"人人讲礼貌,生活更美好"。社交场合,新加坡人与客人相见时,一般都用握手礼,男女之间可以握手,但对男子来讲,比较恰当的方式是等妇女先伸出手来,再行握手。新加坡人在日常交往中,有许多约定俗成的规矩。

(1)服饰礼仪。新加坡不同民族的人在穿着上有自己的特点。马来人男子头戴无边帽,上身穿无领、袖子宽大的衣服,下身穿长及足踝的纱笼;女子上衣宽大如袍,下穿纱笼,华人妇女多爱穿旗袍。政府部门对其职员的穿着要求较严格,在工作时间不准穿奇装异服。

（2）仪态礼仪。新加坡人举止文明，处处体现着对他人的尊重。坐着时，端正规矩，不将双脚分开，假如交叉双脚，只是把一条腿的膝盖直接叠在另一只腿的膝盖上。站立时，体态端正，而不把双手放在臀部，因为那是发怒的表现。

（3）餐饮礼仪。新加坡人的主食多是米饭，有时也吃包子等，但不喜食馒头。马来人用餐一般用手抓取食物，在用餐前有洗手的习惯，进餐时必须使用右手饮茶，这是当地人的普遍爱好，客人来时，常以茶水招待，华人喜欢饮元宝茶，意为财运亨通。

（4）商务礼仪。到新加坡从事商务活动的最佳月份是 3 月到 10 月，以避开圣诞节及华人的新年。当地工商界人士多讲英语，见面时要交换名片，名片可以用英文印刷。在会谈中尽可能不要吸烟。新加坡人不喜欢挥霍浪费，宴请对方不要过于讲排场，尤其是在商务活动中，答谢宴会不宜超过主人宴请的水平，以免对方产生其他想法。

（5）旅游礼仪。新加坡公共交通事业较为发达，在旅游期间坐公车十分方便。新加坡是一个多民族的国家，商店的分布也有民族特点。新加坡政府极力阻止付小费，即便是对服务员的额外服务付小费，对方也有可能拒收。

（三）新加坡的饮食习惯

新加坡人多为华人，绝大多数祖籍为广东、福建、海南和上海等地，饮食习惯上中餐是他们的最佳选择。一般喜欢清淡口味，喜爱甜味，讲究营养，平时爱吃米饭和生猛海鲜，对于面食不是很喜欢。新加坡华人大多数都喜欢饮茶。

在设宴款待新加坡人的时候，切记要在安排菜单方面注意民族的禁忌，不同民族有不同的禁忌，如马来人忌猪肉、狗肉和动物的血，不吃贝壳类动物，不饮酒；印度人不吃牛肉等。

（四）新加坡礼仪禁忌

新加坡人认为"4""6""7""13""37"和"69"是消极的数字，他们最讨厌"7"，平时尽量避免这个数字。新加坡人视黑色为倒霉、厄运之色,紫色也不受欢迎,他们偏爱红色。伊斯兰教徒忌讳猪,还忌讳酒。印度教徒视牛为圣牛,所以不吃牛肉,但喝牛奶。新加坡忌讳说"恭喜发财"。他们认为"发财"两字,含有"横财"之意,而"横财"就是不义之财。因此,祝愿对方"发财",无异于挑逗、煽动他们去损人肥己,是对社会有害的行为。新加坡人大年初一忌扫地,认为这一天扫地会把好运气扫走。

四、泰国的礼貌礼节

(一)泰国的基本概况

泰国位于中南半岛中部,盛产大象,珍视稀有白象,敬之如神,故有"白象国"之称。泰国人口约六千多万人,是个多民族的国家,其中有泰族、老族、马来族、高棉族等。泰国上至王公下至士民均信佛教,男子成年后必须经过三个月至一年的僧侣生活。佛教为泰国的国教。国花为睡莲,国语为泰语,货币为泰铢。首都为曼谷。1975 年 7 月 1 日同中国建交。

(二)泰国的礼貌礼节

1. 服饰礼仪

泰国各个民族都有自己的传统服饰。现在,泰国城市中的男子在正式社交场合通常穿深色的西装,打领带。妇女在正式社交场合穿民族服装,也可穿裙子;在日常生活中,可穿各式流行服装,但在公共场合忌穿短裤。

2. 仪态礼仪

在泰国,进入佛殿要脱鞋,进入当地人家的客厅也要脱鞋。他们不喜欢在平时生活中有拍拍打打的举止习惯,认为这是不礼貌的。当地人向上伸出小指表示和好,大拇指朝下表示失败,伸出弯曲的食指则表示死亡。

3. 相见礼仪

生性宽厚,温和有礼的泰国人在见面时不是握手说你好,而是合掌说声"沙娃滴卡"。这种合掌问候方式泰语称为"威"。做法是把双手提到胸前,双掌合并但不贴合,犹如在掌心握着一片棉花。这时双手的形状就有如一朵含苞待放的莲花。

在不同的场合,面对不同的人或事时,"威"的做法便会有所不同。比如说,在向同辈问好时,合掌后指尖不高过下巴。在对长辈行"威"礼时,则须低头让指尖轻触鼻尖。对尊贵的对象如德高望重的长辈表示尊敬时,则把双掌抬高至额头。泰国人遇到僧侣或象征佛陀的佛像时,都会下跪,合掌,并以额头触地膜拜。一般遇到同辈向他们行"威"时,泰国人都会以"威"礼回报。但若是晚辈向长辈行"威"时,长辈是不需要回行"威"的,有些只以点头或微笑回应。

4.商务礼仪

到泰国从事商务活动的最佳时间是 11 月到次年 3 月,与大公司打交道须在赴泰国前两个月约定。泰国商人喜欢互赠礼物,他们喜欢对方送些小礼品给他的孩子,玩具书画都行。在商务活动中接受邀请后,一般不能再随意改变主意,否则显得反复无常极不礼貌。

5.旅游礼仪

当地公共汽车虽然拥挤,但车费便宜。当地人习惯给年龄大的人让座。僧侣坐后面,避免与妇女接触。在泰国,小汽车的后座是上座。主人请外宾上车时,总是让客人坐到汽车后座上,一般工作人员则坐到司机座位旁边。

(三)泰国的饮食习惯

泰国人的主食为稻米,副食品主要是鱼和蔬菜。早餐多吃西餐,午餐和晚餐爱吃中餐,泰国人爱吃中国的广东菜和四川菜,喜欢辣的,且越辣越好。还喜欢吃鱼露、味精,不爱吃牛肉及红烧食物,食物中不习惯放糖。泰国人爱喝啤酒,爱吃小蛋糕和干点心。饭后有吃苹果、鸭梨的习惯,但不吃香蕉。泰国人不喝热茶,他们的做法是在茶里加上冰块,变成冰茶。一般情况下,泰国人绝不喝开水,而是直接喝冷水,喝果汁的时候还会加入少许盐末。在泰国,人们习惯围着低矮的圆桌跪膝而坐,以右手抓取食物享用,一般人们认为"左手不洁"。

(四)泰国的礼仪禁忌

泰国人的禁忌很多,例如睡觉时不能头朝西,因日落西方象征死亡。忌讳触摸别人的头部,因为头颅是智慧所在,神圣不可侵犯。不用红笔签名,因人死后用红笔将其姓名写在棺木上。

泰国人有"重头轻脚"的讲究,脚被认为是低下的。忌两脚把东西踢给别人,否则均为失礼。如用脚踏门,会受到人们的指责。此外,泰国人端坐时最忌跷腿。把鞋底对着别人,被认为是把别人踩在脚下,是一种侮辱性的举止。妇女就座时双腿要并拢,否则被认为缺乏教养。

在泰国,所有的佛像都是神圣的,不经允许不准拍照。泰国还有些习俗,如不可以踩踏门槛,泰国人认为门槛下住着善神。夜间不能开窗户,否则恶神会闯入屋内。与泰国人交谈的时候,应该回避有关政治和宗教方面的话题,也不要议论或者打听国王及王室的秘密。

项目训练

项目训练一:亚洲地区各国的国旗、国歌、国花识别训练

(1)将学生分成三个小组。

(2)每个小组负责查找亚洲地区各国的国旗、国歌和国花及其所代表的意义。

(3)每个小组将查到的结果进行交流汇报。

(4)老师用 PPT 展示亚洲地区各国的国旗、国歌、国花及其代表的意义。

项目训练二:亚洲地区的货币识别训练

(1)学生分组查找亚洲地区各国货币和名称、图案,并相互交流。

(2)熟悉亚洲地区各国货币名称、图案。

(3)教师用 PPT 展示亚洲地区各国的国名、货币图案、货币名称。

(4)教师用 PPT 随机展示一些货币图案,要求学生回答对应的国家。

项目训练三:亚洲地区常见礼仪规范与禁忌训练

(1)学生分组查找亚洲地区各国的礼仪习俗和礼仪禁忌,并相互讨论交流。

(2)教师根据案例,让学生分析案例中一些礼仪的不足之处。

(3)教师按照案例和所教学的礼仪理论,进行总结性的点评。

项目二
欧美地区礼貌礼节

项目导读

本项目主要学习欧美地区主要国家的习俗礼仪、饮食习惯、礼仪禁忌等知识。

学习目标

1. 了解欧洲主要国家英国、法国、意大利、俄罗斯的习俗礼仪、饮食习惯、礼仪禁忌;

2. 了解美洲主要国家美国、加拿大、巴西的习俗礼仪、饮食习惯、礼仪禁忌。

一、欧洲国家和地区的礼貌礼节

欧洲是欧罗巴洲(Europe)的简称,位于东半球的西北部。欧洲国家众多,人口密集,民族较多,语言习惯各不相同。欧洲大部分的国家工业发达,国民生活水平高,既吸引世界各地游客去欧洲观光旅游,同时,每年也有大量的欧洲游客去往世界各地。欧洲是世界上最大的客源地区之一。对于我国来说,欧洲的主要客源国家有英国、法国、意大利、俄罗斯等。

(一) 英国的礼貌礼节

1. 英国的基本概况

英国全称为大不列颠及爱尔兰联合王国,位于欧洲西部,大西洋的大不列颠群岛上,主要有英格兰人、苏格兰人、威尔士人和爱尔兰人。其中英格兰人最多。英国人大多数信奉基督教,少数人信奉天主教。英国首都是伦敦,国歌为《神佑女王》,国花为蔷薇花,国语为英语,货币为英镑。

2. 英国的礼貌礼节

英国人大多比较保守,很少流露情感,非常注意礼节。相识和交际习惯于介绍,在介绍之前可能显得冷漠寡言。在称呼时,常常使用荣誉头衔,重视荣誉和身份,尊重传统和资历。约会须经事先安排,准时赴约,可以稍稍晚到。习惯于握手致意,但不要交叉握手。尊重隐私,免谈私人问题。一般不邀请客人家中用餐,商务招待活动大多数安排在宾馆饭店或餐馆进行。若应邀赴英国人家中做客,赠送鲜花和巧克力最为合适,但忌送白色百合花。英国人喜欢宠物。

英国人性格内向而含蓄,交谈时天气、历史、建筑和园艺被认为是恰当的话题,不要谈论涉及宗教、政治和有关王室的话题,也不要谈论北爱尔兰、金钱和价格等内容。英国人在日常交谈中,待人十分客气,常使用"请""谢谢""对不起"等礼貌用语。"女士优先"是英国男子崇尚的绅士风度,也是在社交场合必须遵循的原则。与英国人谈话时,不要距离太近,一般保持50cm以上为宜。在社交中,英国人很注意服饰打扮,什么场合穿什么衣服都很有讲究。在众人面前不要耳语。

3. 英国的饮食习惯

英国人在饮食上喜欢清淡酥香,不喜欢辣味。早餐一般吃麦片、三明治、奶油点心、煮鸡蛋等,饮果汁或者牛奶。午餐比较简单,午后要饮下午茶。晚餐最讲究,吃鸡肉、牛肉等。英国人做菜调味品放在桌子上,任进餐者自己调味。英国人每餐后都喜欢吃水果,晚餐还喜欢喝咖啡,夏天爱吃各种水果、果冻、冰激凌。英国人还喜欢喝茶,早上喝红茶,午后4时喝午茶,喜欢喝威士忌、苏打水,也喝葡萄酒和香槟酒,很少喝啤酒。

4.英国礼仪禁忌

英国人忌用大象图案,认为大象是蠢笨的象征,把孔雀看作淫鸟、祸鸟,连孔雀开屏也被视为是自我炫耀吹嘘。还忌用人像作商品装潢。不要以百合花作礼物送人,百合花意味死亡。在英国不要系杂色领带,以免与英国各学校的制服领带相仿。大多数英国人忌讳数字"13",认为这个数字不吉利。和英国人交谈的时候,忌问别人的私事,例如职业、收入、婚姻、存款、年龄等,也不要问别人属于哪个党派。

(二)法国的礼貌礼节

1.法国的基本概况

法国的全称是法兰西共和国,位于欧洲大陆的西部。法国的主体民族是法兰西人,另外还有布列塔尼亚、科西嘉人等一些外籍人。绝大多数法国人信奉天主教,少数人信奉伊斯兰教、新教、犹太教、佛教等。法国首都巴黎,法国货币为法郎,多使用欧元,国语是法语,国歌是《马赛曲》,国花是鸢尾花。

2.法国的礼貌礼节

(1)服饰礼仪。法国人十分重视服饰,认为那是个人身份的象征,讲究服饰的质地、款式及色彩。法国素有时装王国之称,巴黎更有时装之都的美誉。进入21世纪,法国女装朴实风格走俏,素色衣裳尽领风骚,男人也特别注重穿着和仪表,出门前总要刮脸梳头,在外面总是衣冠整齐,令人赏心悦目。

（2）仪态礼仪。法国人谈吐文雅,热情幽默,他们有耸肩表示高兴的习惯。他们同人交谈时,喜欢相互站得近一些,认为这样显得亲切。谈话过程中经常用手势来表达某种意思,但有的手势和我们的习惯不同。法国人特别爱侃,并善侃。但从不涉及粗俗话题,对庸俗下流的举止极为鄙视。

（3）相见礼仪。法国人在社交场合与客人见面时,大都握手。一般是女子向男子先伸手,年长者向年少者先伸手,上级向下级先伸手。少女通常是向妇女施屈膝礼。当地人还有男性互吻脸颊的习惯。男子戴礼帽时,还可施脱帽礼。

（4）旅游礼仪。法国堪称旅游者的乐园、购物者的天堂。商业网点遍布全国,购物中心比比皆是。这里的车子都是靠右行,坐车很方便。在这里付小费的项目很多,一般均付账面费用的15%。法国人还习惯在新年到来之际,给终年为自己服务的人一笔年终赏金。

3.法国的饮食习惯

作为世界三大烹饪王国之一的法国,在饮食上是十分讲究的。法国人爱吃面食,不吃肥肉、肝脏之外的动物内脏、带刺带骨的鱼。喜欢清汤、酥食点心,也爱吃新鲜蔬菜、冷盘和各种水果。法国人大多数都爱吃奶酪。待客时,会拿出各式各样的奶酪给客人品尝。法国盛产名酒,法国人也特别善饮,几乎每一餐都离不开酒。法国人大都爱吃中国菜。绝大多数人在餐桌上不碰杯,食无声响。

4.法国的礼仪禁忌

到法国洽谈贸易时,严忌过多地谈论个人私事。法国人忌讳"13"这个数字以及"星期五"。法国人忌讳男人向女人送香水,因为有过分亲热或图谋不轨的嫌疑。在法国,不得提出年龄、职业、婚姻状况、宗教信仰、政治背景,甚至个人收入等问题。如果初次见面就送礼,法国人会认为你不善交际,甚至认为粗俗。法国人忌菊花,因为法国人通常把黄色的菊花放在墓前吊唁死者。忌黑桃图案,认为不吉祥。忌仙鹤图案,认为仙鹤是蠢汉和淫妇的代称。忌墨绿色,因为第二次世界大战期间德国纳粹军服就是墨绿色。

（三）意大利的礼貌礼节

1.意大利的基本概况

意大利的正式名称是意大利共和国,位于欧洲南部。意大利主要是意大利人,此外还有费留里人、拉丁人、法兰西人和罗马人。意大利人主要信奉天主教。意大利的首都是罗马,官方语言是意大利语,货币名称为里拉,现使用欧元,国花为雏菊、玫瑰,民间公认的是紫罗兰,国歌为《马梅利之歌》。意大利有着"欧洲花园""游园之国""航海之国"等美称。1970 年 11 月 6 日同中国建交。

2. 意大利的礼貌礼节

意大利人热情、爽快。在人际交往中,意大利人往往会表现出许多独特之处,与他们打交道时尤其需要对其宗教观念、身份观念和时间观念有一定的了解。意大利人与他人初次见面时,礼数周全,极其客气。同事见面常行握手礼,熟人、友人见面还行拥抱礼,男女见面通常贴面颊。

与意大利人谈话时,应保持 40 cm 左右的礼节性距离。对长者、有地位的和不太熟悉的人,须称呼其姓,并冠以"先生""太太""小姐"等以及荣誉称号。

意大利人对于着装历来都非常讲究。他们普遍认为:每个人的衣着服饰,既体现着自身的修养见识,又反映了其为人处世的态度。

在意大利女士受到尊重,特别是在各种社交场合,女士处处优先。宴会时,要让女士先吃,只有女士先动刀叉进餐,先生们才可用餐。

3. 意大利的饮食习惯

意大利人喜欢吃通心粉、葱卷等面食,喜欢味浓、香、烂的菜肴。烹调以炒、煎、炸、红焖等著称。爱吃牛、羊、猪肉和鸡、鸭、鱼虾等。饭后爱吃苹果、葡萄、橄榄等。吃饭离不开酒,就连喝咖啡时也喜欢兑一些酒。意大利旅游者喜欢中国粤菜、川菜。

4. 意大利的礼仪禁忌

意大利人普遍忌讳菊花,视菊花为墓地之花。和意大利人交谈时,忌讳谈论美国的橄榄球和美国的政治。忌讳紫色。和意大利人交谈时,也不要提起"黑手党"、贪污腐败、政治暗杀、各地发展不均衡、小偷遍地,以及二次世界大战时意大利曾追随德国法西斯的历史,会令意大利人不愉快。

(四)俄罗斯的礼貌礼节

1. 俄罗斯的基本概况

俄罗斯的全称是俄罗斯联邦,位于欧洲东部和亚洲北部,人口约 1.5 亿,是欧洲人口最多的国家。俄罗斯主要是俄罗斯人,主要信奉东正教。俄罗斯首都是莫斯科,国花为向日葵,官方语言是俄语,国歌为《俄罗斯联邦国歌》。1949 年苏联与中国正式建立大使级的外交关系。1991 年 12 月苏联解体后,俄罗斯联邦宣告独立,继续与中国保持大使级外交关系。

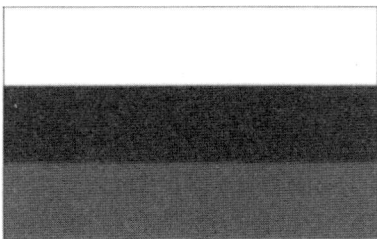

2. 俄罗斯的礼貌礼节

俄罗斯人性格豪放开朗,喜欢谈笑,组织纪律性强,习惯统一行动。在俄罗斯,主人给客人吃"面包和盐"是最殷勤的招待。男子外出活动时,要把胡子刮净;在交际场合,很注重尊重女性,如在宴会上为女宾布菜,帮她们穿脱大衣、拉门等。

在俄罗斯,走路时男子应让妇女、长者先行,自己随后。因特殊原因,非越过他们先走不可,应先表歉意。男女一起上楼时,男子应走在前面(高一级阶梯),下楼时则应走在妇女的后面(差一级阶梯),以便于必要的时候扶一下。男女并行时,男子应走在女子左侧,但军人与妇女并行,应在妇女右侧。男子与女伴在外遇到熟人时,不能把女伴单独甩在一边,自己去与熟人打招呼。

(1)乘车礼仪。男子应让妇女和年长者先上车和下车。乘小汽车时,男子应为妇女和长者开关车门。让座,男子应随时把最好的座位让给妇女和年长者。妇女若遇年长者请自己坐下时,应尽可能立即坐下,以便让对方也能坐下。

(2)问候礼仪。男子应先向妇女问候;年轻者应先向年长者问候;进屋的人应先向主人和其他的人问好。当妇女走进客厅时,男子应站起来表示欢迎,而男子走进客厅时,妇女可不站起来,但必须面向主人,以示礼貌。熟人相见若不问好,不仅不礼貌,还表示双方的友谊已不存在。称"您"或"你"有严格界线。习惯于以"你"称的朋友间若改称"您",即意味着友谊的破裂。人们相见一般是握手,朋友相见一般拥抱和吻面颊。俄罗斯人很守时,爱整洁,不喜欢掩饰感情。

(3)握手礼仪。男子与妇女、年长者或职位较高的人相遇或告别时,应先行鞠躬礼,待对方把手伸出时再握。握手时不能漫不经心,也不能用力过大,否则,都是不礼貌的。

握手时,男子必须脱下手套,妇女可不脱。

(4)介绍礼仪。介绍人们相识时,总是把妇女介绍给男子;妇女应主动伸出手去握手并说自己的姓名。非因公结识时,青年男女要说出自己的名字,而成年男女则要说出自己的名字和父名。在向妇女介绍认识人时,应先征求同意后再介绍。

(5)拜访礼仪。有事须进屋会面时,应先敲门,待允许后再进去。如屋内没有人,应先在外面等候。主客一起进客厅时,主人应走在前面,给客人开门;出门时应走在客人后面,以便随手关门。主人见来访者进来时,应站起来迎上前握手,请对方坐下后,再商谈工作。应邀接到参加家宴的邀请后,可以送鲜花和酒、艺术品、书等礼物。不要到得过早,以免影响主人的准备工作。也不要到得过迟,让主人和其他客人久等是失礼的。

俄罗斯人豪爽大方。打碎镜子意味着灵魂的毁灭,个人生活中将出现不幸;而打碎杯子和碗特别是盘子和碟子,则意味着富贵和幸福。俄罗斯人爱清洁,不随便在公众场合扔东西。俄罗斯人重视文化教育,喜欢艺术品和艺术欣赏。

3.俄罗斯的饮食习惯

一般来说,俄罗斯人以面食为主,喜欢用黑麦烤制黑面包。日常以面包为主食,鱼肉禽蛋和蔬菜为辅食。喜欢牛、羊肉,爱吃带酸味的食品。口味较咸,油腻较大。除黑面包外,俄罗斯的特色食品还有鱼子酱、红菜汤、酸黄瓜、酸牛奶等。吃水果的时候,多不削皮。通常,爱吃中国的许多肉类菜肴,比如北京烤鸭等,不吃海参、海蜇、乌贼、黄花菜、木耳。俄罗斯人在喝红茶的时候,喜欢加糖和柠檬,一般不喝绿茶。

4.俄罗斯的礼仪禁忌

与俄罗斯人交谈的时候,不要问及生活私事,如薪水、年龄、婚姻等。俄罗斯人忌讳谈及政治矛盾、寡头政治、经济难题、宗教矛盾、民族纠纷、苏联解体、阿富汗战争以及大国地位问题的话题。不能在背后议论第三者,更不能说他们小气。

俄罗斯人忌讳黑色,他们认为黑色是不吉利的颜色。俄罗斯人忌讳5月成婚,认为这个月里的婚姻是充满了苦难很失败的婚姻。俄罗斯人忌讳就餐时照镜子,也不能戴帽子坐到餐桌旁,这些被认为会招来不幸。俄罗斯人忌讳送蜡烛,他们通常认为蜡烛是能带来死亡的不祥之物,因而送此物等于诅咒对方早日死去。

俄罗斯人忌讳"13",认为是凶险和死亡的象征。俄罗斯人送花,忌讳送菊花、杜鹃花、石竹花和黄色的花。他们有"左主凶,右主吉"的传统观念,所以忌讳左手递物、进食、握手、抽签等。

二、美洲国家和地区的礼貌礼节

(一)美国的礼貌礼节

1. 美国的基本概况

美国是美利坚合众国的简称,位于北美洲南部。美国是一个多民族的移民国家,白人最多,还有拉美裔、黑人、亚裔,此外还有少数的土著居民,有"民族熔炉"之称。美国一半以上的居民信奉基督教新教,少数信奉天主教、犹太教和东正教。美国首都是华盛顿,货币为美元,国语为英语,国花为玫瑰花,国歌为《星条旗歌》。1979年1月1日同中国建交。

2. 美国的礼貌礼节

(1)见面礼仪。只有在正式场合中行握手礼,一般场合见面时,常直呼对方的名字,或者点头、微笑,或者说声"哈喽"。在分手时,也不一定跟别人道别或者握手,而是向大家挥挥手,或者说声"再见""明天见"。美国人一般不主动递名片给别人,不把互赠名片视为礼节。

(2)交谈礼仪。美国人讲话中礼貌用语很多,如"对不起""请原谅""谢谢""请"等,显得很有教养。与美国人交谈时声音不可以太大,不可以大笑,更不可以大声争吵。惊讶时不可以伸舌头。美国人交谈、示意时喜欢用手势。在美国崇尚"女士优先",处处尊重女性,男士要在各方面照顾女士。

(3)送礼礼仪。一般说,美国人不随便送礼。有的在接到礼物时常常显得有些难为情。如果他们凑巧没有东西回礼,就更是如此。但是逢到节日、生日、婚礼或探视病人时,送礼还是免不了的。美国人最盛行在圣诞节互赠礼品。礼物多用花纸包好,再系上丝带。

探病大多是送鲜花,有时也送盆景。在习惯上,如果自己亲自去慰问,通常送插瓶的鲜花,不必附名片;如果请花店直接送去,就需附名片。送朋友远行时,时常赠礼品。礼物通常是鲜花、点心、水果或书籍杂志等。

此外,美国人认为单数是吉利的,不同于中国人讲究成双成对。美国人收到礼物,一定要马上打开,当着送礼人的面欣赏或品尝礼物,并立即向送礼者道谢。礼物包装讲究,外表富丽堂皇,里面却不一定是太贵重的东西。

(4)拜访礼仪。要拜访一个美国家庭,事前约定是必不可少的,否则就会被当成不速之客,甚至吃闭门羹。到别人家做客,坐在那里海阔天空地闲聊是惹人厌烦的。在规模较大的正式场合,守时更为重要。万一去早了,应在外面等几分钟再进去。约会要周到,赴约要守时,做客时更要彬彬有礼,自然大方。戴帽子的人进门后要摘帽,在房间里戴着帽子是很不礼貌的。进屋后,要先向女主人问好,后向男主人问好。如遇主人家宾朋满堂,那么只需同主人和相识者握手,对其他人点头致意即可。

在美国人家中做客,不必过分拘礼。如果主人请你就座,你为了表示客气而不马上坐下,反而会使主人感觉不安,以为椅子上不洁或有其他不便。做客时不可随意观看主人桌上的纸张或翻阅文件。不要抚弄室内的古董珍玩,更不要询问室内用具的价格。做客时,不要吸烟。

(5)餐饮礼仪。在美国人家就餐时,如果对吃西餐的礼节不熟悉,那么最好的办法是注意女主人的动作,照她的样子做不会错。在餐桌上,美国有许多习惯都和我们不同。人们常常会发现一个有趣的现象:为了表达同样友好的感情,不同国家的人民却有截然相反的说法和做法。中国人请客吃饭时,往往是自谦地表示饭菜做得不好,请客人多多包涵。而美国人却要说“这是我最拿手的菜,希望你们喜欢吃”一类的话。主人第一次为你布菜,你不必客气推让,否则女主人会以为你是嫌她的菜做得不好。在餐桌上,女主人是无形中的首脑人物。上菜之后,客人一般要等女主人动手吃后才开始吃。饭后,也应由女主人领头离席,客人才离席。

3.美国的饮食习惯

一般情况下,美国人喜欢吃西餐。以食用肉类为主,最爱牛肉,鸡肉、鱼肉也很受欢迎。不喜欢吃狗肉、蛇肉、淡水鱼等,不禁食猪肉、羊肉,但是爱吃的人很少。

美国人喜欢“生、冷、淡”的食物,不讲究形式和排场。口味喜欢咸中带甜。美国人也喜欢吃中国的川菜和粤菜,中国北方的甜面酱和南方的蚝油、海鲜酱等。美国人喜爱的食品有糖醋鱼、炸牛排、炸仔鸡、炸鱼、拔丝苹果等。爱喝矿泉水、冰水、可口可乐和啤酒、威士忌、白兰地等。

4.美国的礼仪禁忌

美国人讨厌蝙蝠，认为其是凶神恶煞的象征。因此，凡有蝙蝠图案的旅游商品，不能向美国旅游者介绍销售，以免引起麻烦。

在与美国人的交谈中，体育运动、商业运作和家庭生活是恰当的话题，霸权主义和美国势力范围等为不恰当的话题。美国人十分重视隐私权，最忌讳打听别人的私事。

美国人不习惯自谦，常把过谦视为虚伪、口是心非、装腔作势。在美国，微笑必须要有来由，莫名的微笑有时会被误认为"耻笑"，或一种"暧昧"和"暗示"。在美国，忌讳数字"13"和"3"。

跟美国人相处的时候，要注意体态语的运用。美国人一般忌讳盯视他人、朝别人伸舌头、用食指指他人等。美国人认为个人空间不容侵犯，因此，碰到别人的时候要及时道歉，坐在他人旁边要征得对方的同意认可，谈话切勿距离对方太近。

(二)加拿大的礼貌礼节

1.加拿大的基本概况

加拿大，位于北美洲北部，有"千湖之国"之称，国土面积居世界第二。加拿大是一个移民国家，加拿大人来自世界各地，不过大部分是欧洲英法等国家移民的后裔。加拿大居民信奉天主教和基督教。加拿大首都是渥太华，国花为枫叶，官方语言为英语和法语，货币为加元。1970年10月31日同中国建交。

2.加拿大的礼貌礼节

一般而言，交际应酬中，加拿大人既讲究礼貌又喜欢无拘无束，性格开朗热情，对人朴实友好，十分容易接近。在加拿大，即便是互不相识的人，他们也会主动向对方打招呼、问好。

（1）服饰礼仪。在加拿大,不同的场合有不同的装束。在教堂,男性着深色西装,女士则穿庄重的衣裙。在参加婚礼时,男子或穿着西装,或穿便装。加拿大青年人喜爱那种体现现代生活的节奏感,使着装者显得潇洒。

（2）仪态礼仪。加拿大人在社交场合一般神态比较庄重,举止优雅。加拿大人常用两手手指交叉置于桌上等姿态来缓和紧张气氛或掩饰窘态。有人遇到不幸或心情不好的时候,他们一般会采用这种姿势,这说明他们对这人的处境表示理解和同情。

（3）相见礼仪。加拿大人在社交场合与客人相见时,一般都行握手礼。亲吻和拥抱礼仪适合熟人、亲友和情人之间。加拿大人的姓名同欧美人一样,名在前,姓在后,他们在作介绍时,一般遵循先高后低的次序。与加拿大人交往时,不必过于自谦,不然会被误认为虚伪和无能。在加拿大人家中做客的时候,送鲜花会被认为是一种受人尊重的礼貌行为。

（4）旅游礼仪。加拿大风景秀丽,有多姿多彩的自然景观和人文景观,是交通现代化的国家。到加拿大观光旅游,要事先预订房间。加拿大旅馆的设施完备。加拿大人喜爱音乐和艺术,不喜欢别人迟到,也不喜欢旁人讲解剧情。

3. 加拿大的饮食习惯

加拿大的饮食习惯与英国、法国两国比较接近。一般情况下,加拿大人对法式菜肴比较偏爱,面包、牛肉、鸡肉、鸡蛋、土豆、西红柿等食物为日常喜爱的食品。加拿大人喜欢酸甜、清淡、不辣的食物。在烹饪菜肴的时候极少直接加入调料,而是习惯将调味品放在餐桌上,让就餐者各取所需。

加拿大人特别爱吃烤制食品,烤牛排、羊排、鸡排、土豆等都是喜爱吃的。总体上,他们以肉食为主,爱吃奶酪和黄油。但是忌食各种动物内脏,也不喜欢吃肥肉。加拿大人用餐时一般是用刀叉,对于在餐桌上吸烟、吐痰、剔牙的人,非常看不惯。

大多数加拿大人喜欢饮酒,威士忌、白兰地、伏特加等都很受欢迎,加拿大人还喜欢喝咖啡、红茶、牛奶、果汁、矿泉水等。

4. 加拿大的礼仪禁忌

白雪在加拿大人心中有着崇高的地位,并视为吉祥的象征和辟邪之物,在不少地方,人们甚至忌讳铲雪。由于大部分加拿大人信奉基督教新教和天主教,因此他们忌讳13和星期五,认为它们是带厄运的数字。加拿大人民对自己的国家充满了自豪感,他们反感把加拿大同美国作比较,尤其忌讳拿美国的优点来与他们相比。忌讳送百合花,因为在加拿大只有葬礼上才使用百合花。

与加拿大人交谈的时候,不要插嘴打断对方的话或是与对方争执;要避免谈及死亡、灾难、性等方面的问题;也不能探讨魁北克的独立问题,更不能评说英裔加拿大人和法裔加拿大人的矛盾。

(三)巴西的礼貌礼节

1.巴西的基本概况

巴西的正式名称是巴西联邦共和国,位于南美洲东部,是整个拉丁美洲国土面积最大的国家。由白种人、黑种人、黄种人、土著人及混血种人组成。巴西大多数人信奉天主教。巴西首都是巴西利亚,国花为兰花,官方语言是葡萄牙语,货币名称是克鲁塞罗。在世界上,巴西有"足球王国""咖啡王国"等美称。1974年8月15日同中国建交。

2.巴西的礼貌礼节

巴西人善良好客,热情朴实,时间观念强。巴西人在社交场合与客人相见时,往往相互以握拳礼表示问安和致敬(行礼时要先握紧拳头,然后向上空伸出拇指)。巴西人在与亲朋好友、熟人或情人之间相见时,大多都习惯施拥抱礼或亲吻礼。妇女之间最常用吻礼,即"贴面礼",以此来抒发她们的亲热之情,但她们虽吻,嘴却不接触脸。一般情况下,巴西人喜欢彼此直呼其名。只有在极为正式的场合,才有可能使用姓名全称。

如果你是在巴西人家里接受了招待,礼貌的做法是在翌日给女主人送去一束鲜花并附上一封感谢信。切忌送紫色的花,紫色是死亡的象征。

巴西人爱夸耀自己的孩子,对他们的孩子表示关注会使他们高兴。巴西男人喜爱逗人的笑话,也爱放声大笑,但别谈带有种族意识的笑话,也不要谈论阿根廷。还应回避谈论政治、宗教以及其他有争议的话题。

巴西人在接受别人礼品时,总是当面打开礼品包装,然后致谢,收下礼品。在正式场合,巴西人的穿着打扮十分讲究,不仅讲究穿戴整齐,而且主张在不同的场合,人们的着装应有所不同。巴西妇女的着装更为时髦一些,她们喜欢戴首饰,喜欢穿色彩鲜艳的时装。

3.巴西的饮食习惯

巴西人爱吃欧式西餐,最爱吃牛肉,尤其是烤牛肉,特别喜欢吃切开时带血丝的牛肉。巴西人的口味一般以清淡、焦香、麻辣为主,最爱吃"烩费让",被称为国菜,是宴请宾客时不可或缺的主菜。巴西人还爱吃香蕉,喜欢喝咖啡、红茶、葡萄酒等,但一般巴西人的酒量不大。

4.巴西的礼仪禁忌

缘于宗教方面的原因,巴西人忌讳"13"等数字。他们所忌讳的色彩,则是被其视为象征悲伤的紫色和代表凶丧的棕黄色。

与外人交谈时,巴西人不但神采飞扬,滔滔不绝,而且还喜欢跟对方拍拍打打。他们爱聊足球,爱讲笑话,爱听趣闻。巴西人偏爱蝴蝶,认为是吉祥之物,所以在巴西人面前不能提及蝴蝶是害虫。

在巴西,一位女士最好不要邀请一位关系普通的男士共进晚餐;对于对方的邀请,也不宜接受,否则就有可能使对方产生误会。跟巴西人打交道时,不宜向对方赠送手帕或刀子。英美人所采用的表示"OK"的手势,在巴西人看来,是非常下流的。

案例分析

尴尬的提问

一天,参加工作不久的杨小姐被派到外地出差。在卧铺车厢里,碰到一位来华旅游的美国姑娘。美国姑娘热情地向杨小姐打招呼,使杨小姐觉得不与人家寒暄几句实在显得不够友善,便操着不太流利的英语与对方聊天。

交谈中,杨小姐有点没话找话地询问对方:"你今年多大岁数呢?"美国姑娘答非所问地说:"你猜猜看。"杨小姐自觉没趣,又问道:"你这个岁数,应该结婚了吧?"更令杨小姐吃惊的是,对方居然转过头去,再也不理她了。一直到分手,两个人再也没说一句话。

分析:为什么美国姑娘不再搭理杨小姐?

礼品赠送的风波

有一次,国内某家专门接待外国游客的旅行社,准备在接待来华的意大利游客时送每人一件小礼品。该旅行社订购了一批杭州著名品牌的纯丝手帕,每个手帕上绣着花草图案,十分美观大方。手帕装在特制的纸盒内,盒子上又有旅行社社徽,是很不错的小礼品。中国的丝织品闻名于世,料想会受到客人的喜欢。

旅游接待人员带着盒装的纯丝手帕,到机场迎接来自意大利的游客。欢迎词热情、得体。上车后,接待人员代表旅行社赠送给每位游客两盒包装甚好的手帕,作为礼品。

没想到车上一片哗然,议论纷纷,游客显出很不高兴的样子。特别是一位夫人,大声叫喊,表情极为气愤,还有些伤感。旅游接待人员心慌了,好心好意送人家礼物,不但不感谢,还出现了这种景象。

分析思考:中国人总以为送礼人不怪,这些外国人为什么就怪起来了呢?

模块训练

模块训练一:我国主要客源国的国旗、国歌、国花识别训练

(1)将学生分成三个小组。

(2)各小组进行分工,查找我国主要客源国国家的国旗、国歌和国花及其所代表的意义。

(3)每个小组将查到的结果进行交流汇报。

(4)老师用 PPT 展示我国主要客源国的国旗、国歌、国花及其代表的意义。

模块训练二:我国主要客源国的货币识别训练

(1)学生分组查找我国主要客源国货币的名称、图案,并相互交流。

(2)熟悉掌握我国主要客源国的货币名称、图案。

(3)教师用 PPT 展示我国主要客源国的国名、货币图案、货币名称。

(4)教师用 PPT 随机展示一些货币图案,要求学生回答对应的国家,以及名称。

模块训练三:我国主要客源国常见礼仪规范与禁忌训练

(1)学生分组查找我国主要客源国的礼仪习俗和礼仪禁忌,并相互讨论交流。

(2)教师根据案例,让学生分析案例中一些礼仪的不足之处。

(3)教师按照案例和所教学的礼仪理论,进行总结性的点评。

模块九

宗教礼貌礼节

宗教是人类社会发展到一定阶段出现的历史现象,属于意识形态的范畴。作为现实社会中的客观存在,自有其历史必然性。各种宗教在信仰、教义、组织等方面不同,礼仪差别也十分明显。了解宗教知识、礼仪及禁忌,是帮助旅游接待人员了解世界各国人民精神生活和日常生活习惯的途径,也是我们对旅游者的尊重和友好的表示。

旅游接待人员,在接待外国宗教团体或者带团去一些信仰佛教、伊斯兰教和基督教的国家和地区时,应该了解和掌握相关的宗教知识,以及和宗教人士交往时的礼貌礼节。这样才能够更好地完成旅游接待,这是旅游接待服务工作得以顺利进行的必不可少的条件。

项目一
道教的礼貌礼节

项目导读
本项目主要学习道教的起源和发展、道教的基本礼仪和禁忌等知识。
学习目标
1. 了解道教的起源和发展;
2. 了解道士日常生活中的行为礼仪规范和礼仪禁忌。

道教是中国古代宗教按其自身内在的逻辑经过长期的历史发展而形成的,是中国土生土长的传统宗教。植根于素有"礼仪之邦"盛誉的中华民族文化土壤中的道教,其礼仪相当完备且非常讲究。

一、道教的起源和发展

（一）道教的起源

道教，又名道家、黄老、老氏与玄门等，由张道陵张天师于东汉时期创立，距今已有1800余年的历史，是中国土生土长的固有宗教，是经过长期的历史发展而形成的。东汉末年统一王朝的崩溃，儒家思想文化统治的打破，为道教的兴起提供了有利时机。东汉张道陵创立的"五斗米道"为道教的定型化之始。张角创立"太平道"，正式开始道教实体活动。道教以道家学说为主要的思想源流，又吸收了中国古代巫术和神仙方术，形成了独特的思想体系。

（二）道教的发展

隋唐北宋时期，由于统治阶级的推崇，道教开始走向兴盛。南宋以后至明清中叶，道教在统治者的扶持下获得继续发展，但由于民族矛盾异常尖锐，道教内部亦发生重大变革，形成了影响后世重要的两大道派：全真道和正一道。清朝建立以后，统治阶级笃信藏传佛教，道教失去政治上的支持，遂由上层社会转向民间发展。时至今日，道教对中国人民精神生活、风俗民情等仍有着很大的影响。

道教自创立后，在形成自己独特的礼仪形象时，承继了道家和吸收了儒家以及中国传统礼仪的一些礼节，结合道教的实际情况，在对道士的衣食、住行、视听、称谓、斋坛等众多方面的外在形象进行规范化，使其从言语、服饰、出入、饮食、诵听、斋醮等方面有别于观外俗人，约束道士清心修道，超越凡尘。

二、道教的基本礼仪

道教礼仪是道士日常生活中的行为表现规范。其与戒律所不同之处是，戒律是用条文明确下来，违者必罚。而礼仪则是道士最起码的举止规范，违者则视为品行不端，属于道教仪范部分。道教的礼仪内容很复杂，小到日常称呼，大到出入行走，凡事都有一定的礼仪，同时，一个修道或奉道者的外在礼仪风范也是其道德修养的体现。

（一）称谓礼仪

出家的道士,一般应尊称为"道长"。道士又称"黄冠""羽客"。女道士一般应尊称为"道姑",又可称"女冠"。此外,还可根据其职务尊称法师、宗师、方丈、监院、住持、知客。非宗教人员对道士可尊称"道长"或"法师",前面也可以冠以姓。

（二）道教宫观礼仪

道教宫观的道士必须住庙,要求宫观内保持良好的道仪风范,不得混同于俗。道士与道士之间一般称道友、道长等。道人宿舍中须清洁素雅,不得华饰,但要整齐,道人不得裸身而卧,不得在卧室内饮酒、神侃。到其他庙内挂单,要遵守其庙中规范,不经允许,不得常住。

道众宿舍不得把俗人随便带入,更不能留宿。乾道、坤道不得在同院中居住,相互之间应保持距离,清心寡欲,不起邪念。乾道、坤道之间不得随意串门。

早上开静后,需立即起身洗漱,到各殿朝拜祖师,上早课,诵经聆听,潜心修炼。

（三）道教交往礼仪

道侣相逢或道俗相逢时,须行拱手礼或作揖礼。

拱手礼即抱拳拱手。两手相抱(左手抱右手,寓意为扬善隐恶,盖以左手为善,右手为恶之故),举胸前,立而不俯,可口说"善哉、善哉",也可说"道祖慈悲"等。与人相见,一手持物时,则伸出一手,食指内屈为礼。

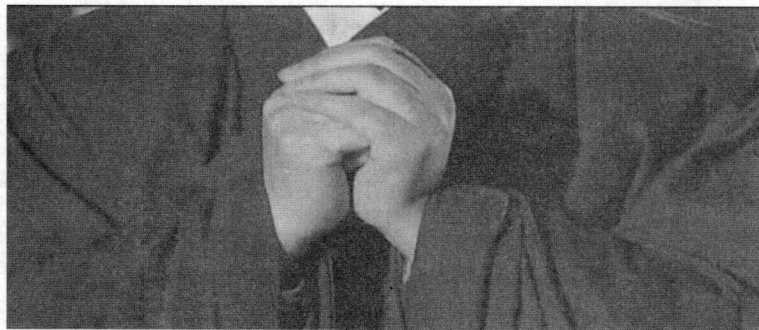

作揖礼即躬身稽首。一面躬身,一面双手于腹前合抱,自下而上(不过鼻),向人行礼。因举手伴以屈身(躬身)故亦称(打躬)。又因身体弯曲成月牙状,故又称"圆揖"。向人作揖行礼时不要过分屈身,以免臀部突出不雅观。作揖礼较拱手礼为敬,对长者多行此礼。

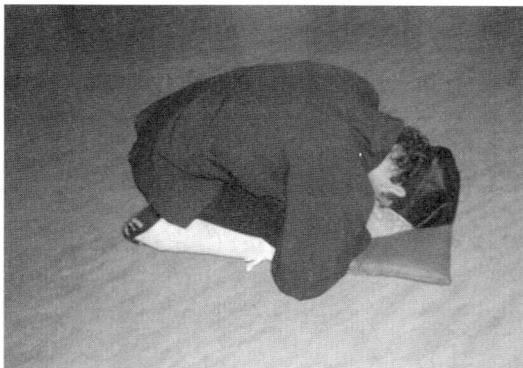

(四)道教言语礼仪

进入法堂以及上宴席,不应高声言语,也不应大声咳嗽。不得多言,不得与师辈争话,不言人过失,不说俗人家务,不言为媒保事,不与妇人低声密语。质疑询道当礼拜致敬。如问家常事,不必礼拜。不与人说符咒幻术及一切旁门小术。道教称以上这些为"净口"。

(五)道教的主要节日

1. 老君圣诞

为了纪念道教所奉教主老子诞生的日子,后世道观每年 2 月 15 日做道场,诵《道德真经》以为纪念。

2. 玉皇圣诞

玉皇圣诞是纪念道教所奉玉皇大帝的诞生日。道教各种典籍称玉皇大帝生于丙午岁正月九日,后世道观于每年此日举行祭祀,以纪念玉皇诞辰。

3. 蟠桃会

蟠桃会是神话中西王母以蟠桃宴请诸仙的盛会。相传农历三月三日为西王母诞辰,是日西王母大开蟠桃会,诸仙都来为她上寿。道教每年于此日举行盛会,俗称蟠桃会。

三、道教的禁忌

道教禁忌是在中国古代民间禁忌和原始道教信仰的基础上逐渐形成的。无论是参访道门,还是旅游观光,均应该了解道门礼仪和其中的禁忌。

(一)饮食禁忌

全真派恪守古训,苦心励志,不立家室,禁绝荤腥;正一派则允许成家,除斋醮活动期间,一般不禁荤腥饮酒,但求心净而已,但逢斋必须吃素。道教在饮食上还有"四不吃"之说,即不吃牛肉、乌鱼、鸿雁、狗肉这四种食物,因为道教认为这四种动物代表了传统的"忠孝节义"的价值观。

（二）服饰禁忌

道教服饰禁忌内容很多,主要包括:忌秽亵法服;忌讳法服不洁;忌讳衣服杂色;忌衣饰华美、与俗人无别;忌讳法服借人等。

（三）参观道观禁忌

道教组织有自己的信仰和习俗忌讳,因此,在游览道教宫观时须尊重道众的传统习俗和生活中的禁忌,切不可忽视礼俗或由于行动上的不慎伤害他们,引起争执和不快。

对道人的称呼,都应尊称为"道长""师父"等,忌直呼为"出家人""道士"等。与道人见面常见的行礼方式为两手相抱,左手抱住右手举至胸前,微微低头(即拱手礼),表示恭敬;忌握手、拥抱、摸道人的头等不当礼节。

与道人交谈,不应提及年龄和生辰,也不应提及婚配之事和腥荤之言,以免引起道人的反感。道人在吃斋(吃饭)、诵经、静坐时,游人不要打扰,作为道人也不得应声而起,因为道教有"三不起"的禁忌。不可高声喧哗、指点讨论、妄加嘲讽或乱动宫观的供器、神像等,尤其禁止乱摸和指点神像等。如遇道教活动,应静立默视以配合肃静的坛场,若不参加时应悄然离开。

项目二
伊斯兰教的礼貌礼节

项目导读

本项目主要学习伊斯兰教的起源和发展、伊斯兰教的主要节日、伊斯兰教的基本礼仪和禁忌等知识。

学习目标

1. 了解伊斯兰教的起源、发展和主要节日;
2. 了解穆斯林日常生活中的行为礼仪规范和礼仪禁忌。

伊斯兰教是一种世界上举足轻重的宗教,信徒众多,主要分布在西亚、中亚、南亚、东南亚等地区。伊斯兰教是最朴实简单的宗教之一,在一些国家,被定为法定的国教。

一、伊斯兰教的起源和发展

（一）伊斯兰教的起源

伊斯兰教,又称清真教,起源于公元 7 世纪的阿拉伯半岛,创始人为穆罕默德。伊斯兰系阿拉伯语音译,原意为"顺从""和平",信奉伊斯兰教的人统称为"穆斯林",意为"顺从者"。

当时的阿拉伯半岛,四方割据,战乱频繁,内忧外患。在宗教信仰上,原始宗教盛行,人们崇拜自然物体,并且各个部落都有自己的神,同时,犹太教和基督教也开始向半岛传播。这时,先知穆罕默德出现了。穆罕默德是一位宗教家、思想家、政治家和军事家,生于阿拉伯半岛麦加,40岁时开始传教。公元631年,穆罕默德基本上统一了阿拉伯半岛,伊斯兰教成了阿拉伯半岛上占统治地位的宗教。

(二)伊斯兰教的发展

公元632年,穆罕默德死后,他的继承者不断向外扩张,形成横跨欧、亚、非三洲的阿拉伯大帝国,把伊斯兰教传播到广大地区。起初,伊斯兰作为一个民族的宗教,接着作为一个封建帝国的精神源泉,然后又作为一种宗教、文化和政治的力量,一种人们生活的方式,在世界范围内不断地发展着,乃至成为世界的三大宗教之一。公元7世纪中叶,伊斯兰教沿海、路两条路线,即海上"香料之路"和西北"丝绸之路"传入中国。

二、伊斯兰教的基本礼仪

(一)称谓礼仪

伊斯兰教信徒称"穆斯林"。信徒之间不分职位高低,都互称呼兄弟,或"多斯提"(意为好友、教友)。对知己朋友称"哈毕布"(意为知心人、心爱者)。对在清真寺做礼拜的穆斯林,统称为"乡老"。对麦加觐见过的穆斯林,在其姓名前冠以"哈吉"。对管理清真寺事务的称"管寺乡老"。对德高望重、有学识和有地位的穆斯林长者,尊称为"筛海""握力""巴巴"和"阿林"等。

伊斯兰教对神职人员和具有伊斯兰教专业知识者通称为"阿訇",这是对伊斯兰教学者、宗教家和教师的尊称。其中年长者被尊称为"阿訇老人家"。中国伊斯兰教一般称呼在清真寺任职并主持清真寺教务的阿訇为"教长"或"伊玛目"。讲授经训的师长和讲授《古兰经》、圣训及其他伊斯兰教经典的宗教人员都称为"经师"。主持清真女寺教务或教学的妇女,称"师娘"。对在清真寺里求学的学生称"满拉""海里发"。

（二）"五功"

"五功"是伊斯兰教规定必须履行的基本功修,中国穆斯林称为"天命五功"。

（1）念功:信仰的确认。即念清真言。"万物非主,唯有真主,穆罕默德是安拉的使者"。这是信仰的表白。当众表白一次,名义上就是一名穆斯林了。

（2）礼功:信仰的支柱。每日五次礼拜,每周一次的聚礼拜,一年两次的会礼拜。礼功是督促穆斯林坚守正道,对自己过错加以反省,避免犯罪,给社会减少不安定因素,为人类和平共处提供条件。

（3）斋功:寡欲清心,以近真主。即成年的穆斯林在伊斯兰教历的莱麦丹月"回历九月",白昼戒饮、食和房事一个月。黎明前而食,日落后方开。但封斋有困难者,如病人、年老体弱者和出门旅行者、孕妇和哺乳者可以暂免,或过时再补,或纳一定的济品施舍。

（4）课功:课以洁物。也称天课,是伊斯兰对有一定财力的穆斯林规定的一种功修。伊斯兰认为,财富是真主所赐,富裕者有义务从自己所拥有的财富中,拿出一定份额,用于济贫和慈善事业。"营运生息"的金银或货币每年抽百分之二点五,农产品抽十分之一;各类放牧的牲畜各有不同的比例。天课的用途,《古兰经》有明确的规定,但是随着社会经济的变化,天课的用途在各国或各地区不完全相同。

（5）朝功:复命归真。朝功是指穆斯林在规定的时间内,前往麦加履行的一系列功课活动的总称。教历的每年12月8～10日为法定的朝觐日期（即正朝）。在此时间外去瞻仰麦加天房称为"欧姆尔"（即"副朝"）。所谓"朝觐"一般是指"正朝"。凡身体健康、有足够财力的穆斯林在路途平安的情况下,一生中到圣地麦加朝觐一次是必尽的义务。

三、伊斯兰教的主要节日

（一）开斋节

开斋节是伊斯兰教的三大节日之一,所以讲究的习俗礼仪自然是不少。伊斯兰教历10月1日,我国穆斯林称肉孜节、大尔代节。穆斯林在开斋节要净身、理发、剪指甲、穿上新衣,吃枣子。到清真寺举行会礼,要去时、回时走不同的路,较富裕的穆斯林要施舍。会礼后,亲友互访,互赠礼品,举行庆祝活动。

（二）宰牲节

宰牲节又称"古尔邦节",伊斯兰教历12月8日至10日,清真寺举行会礼。宰牲献祭,牲畜肉分三份,一份送亲友、一份施舍,留一份自食。亲友间互相拜会。宰牲节的意义是学习易卜拉欣经受了考验,安拉改名易卜拉欣以绵羊作为牺牲。

世界各地穆斯林举行盛大的会礼,宰羊、牛、骆驼互相赠送。在中国,信仰伊斯兰教的民族在这一天还要举行叼羊、赛马、摔跤等文体活动。中国政府规定这一天给穆斯林职工放假。

（三）圣纪节

圣纪节，又称圣忌日，与"开斋节""宰牲节"并称为伊斯兰教三大节日，在每年的六月八日进行。相传这天为穆罕默德的逝世日。为了缅怀其功德，举行纪念活动，主要包括诵经、赞圣和讲述他的生平事迹。

四、伊斯兰教的禁忌

（一）行为禁忌

穆斯林每天要做5次礼拜，礼拜期间，外来人忌表示不耐烦与干扰礼拜。同时在礼拜前，必须净身，清真寺大殿内严禁穿鞋进入。穆斯林女性与外界接触受到某些限制，交往时一般不要主动与少女或妇女握手。非穆斯林进入清真寺，不要袒露胸背，不穿短裙和短裤，不经寺内宗教人士的批准，不准进去礼拜大殿，不准拍照。在穆斯林做礼拜时，无论何人何事，都不能喊叫礼拜者，也不能在礼拜者面前走动，更不能唉声叹气和无故清嗓，严禁失笑、吃东西。旅游接待人员为伊斯兰界人士开启车门时，也不能将手置于车门框上沿。

（二）信仰禁忌

根据"认主独一"的信条，伊斯兰教徒忌任何偶像崇拜，只信安拉。禁止模制、塑造、绘制任何动物的图像，也包括人的形象。所以在伊斯兰建筑艺术与其他艺术作品中，只能看到绘制的植物或几何图形。

（三）饮食禁忌

伊斯兰教对饮食有严格的规定。不食猪、猫、狗、马、驴、骡、鸟类、没有鳞的水生动物等。不食自死之物、非穆斯林宰杀的动物、动物的血。穆斯林宰牲，要念经祈祷，采用断后见血的方式，不用绳勒棒打、破腹等屠宰法。不食生葱、生蒜等异味的东西。伊斯兰教禁止饮酒。旅游接待人员在接待穆斯林客人时，最好用灌装饮料，如客人饮茶要用清真茶具。

（四）服饰禁忌

妇女们要戴盖头，有些还要戴面纱、只露出双眼。穆斯林男子则多带无帽檐的小帽，有黑、白两种。伊斯兰教在服饰方面的基本原则是顺乎自然，不追求豪华，讲究俭朴、洁净、美观。禁止男性穿戴高贵服饰以及佩戴金银等奢侈品，忌讳穆斯林穿外教服装，禁止男子模仿妇女、妇女模仿男子的行为和装束等。

（五）其他禁忌

伊斯兰教禁忌在人前袒胸露背，忌在背后诽谤他人的短处，忌别人在自己家里吸烟喝酒。一般不说"猪"字，而说"亥"。说故去的人为"亡人"，说人去世为"无常"。过春节不放鞭炮，不贴对联。伊斯兰教反对独身主义，主张男大当婚女大当嫁，积极提倡男女健康合法的婚姻。对穆斯林的宗教信仰和民族习惯要尊重，尽量不要随意评论。

许多穆斯林认为人的左手是不干净的，所以与人握手或递送物品时不能用左手，尤其不能单用左手。

项目三
佛教的礼貌礼节

项目导读

本项目主要学习佛教的起源和发展、佛教的主要节日、佛教的基本礼仪和禁忌等知识。

学习目标

1. 了解佛教的起源、发展和主要节日；
2. 了解佛教信徒日常生活中的行为礼仪规范和礼仪禁忌。

佛教是当今世界上最古老的宗教之一。佛教教徒众多，遍布许多国家和地区，主要是在亚洲。中国是佛教的第二故乡。

一、佛教的起源和发展

（一）佛教的创立

佛教起源于公元前6世纪至5世纪的古印度迦毗罗卫国（今天尼泊尔南部），相当于我国的春秋时代,距今已有 2500 多年的历史。佛教的创始人释迦牟尼,原姓乔达摩,名悉达多,佛教徒尊称其为释迦牟尼,意为"释迦族的圣人"。释迦牟尼大约生于公元前565至公元前 563 年之间,差不多与我国的孔子是同时代人。相传他是北印度迦毗罗卫国净饭王的王子,在 29 岁时出家修行,35 岁悟道成佛,创立佛教。

(二)佛教的传播发展

公元 2 世纪,佛教开始由古印度向境外传播。它的传播线路主要分为三条。

1. 南传佛教

南传佛教从古印度向南传入尼泊尔、缅甸、泰国、柬埔寨、斯里兰卡等国家及中国西南的傣族等少数民族地区。南传佛教主要是小乘上座部佛教,其经典是用巴利文编纂的,故也称巴利文语系佛教。

2. 北传佛教

北传佛教从古印度向北传入中国,再由中国传入朝鲜、日本、越南等国,北传佛教主要是大乘佛教。其经典大多是从中亚诸民族文字和印度梵文陆续翻译成汉文,因而被称为汉语系佛教。

3. 藏传佛教

藏传佛教主要从印度向北传入尼泊尔,过喜马拉雅山,传入我国西藏地区。再由西藏传入我国内地、蒙古和西伯利亚地区。以大乘佛教为主,其经典大多数是从中亚诸民族文字和印度梵文陆续翻译成藏文,因而被称为藏语系佛教。

佛教传入中国后,在与中国固有文化相融合的过程中,逐步形成了诸多具有中国特色的佛教宗派,主要分为汉地佛教和藏地佛教两种。

(1)汉地佛教。佛教早在公元 2 年(西汉哀帝元寿元年)传入我国内地,后经魏晋南北朝的发展,在我国扎根。到隋唐时达到鼎盛,并且逐步形成了各种佛教宗派,诸如天台宗、三论宗、法相宗、净土宗、律宗等,并形成了五台山、峨眉山、普陀山、九华山四大佛教圣地。

(2)藏地佛教。公元 7 世纪左右,佛教传入西藏地区并吸收了当地原始宗教本教的一些神祇和仪式,经过漫长曲折的发展,形成众多教派。现在藏传佛教的四大教派是宁玛派(红教)、白教、萨迦派(花教)和格鲁派(黄教)。其中,格鲁派经过明清两朝的大力支持,成为藏传佛教的正统派,在西藏人民的生活中仍发挥着重要的作用。

二、佛教的基本礼仪

(一)称谓礼仪

佛教的称谓多属于中印合璧,不仅特殊,而且颇具神秘色彩。在社会各界人士与佛教徒的交往日益增多的过程中,由于对佛教称谓缺乏了解,往往造成一些不必要的混乱和隔膜。因此,旅游接待人员,尤其是导游人员了解和掌握这些称谓的不同,能够准确地说出他们的称谓,在接待工作中是非常必要的。

佛教的教制、教职在各国不尽相同,称谓也不完全一致。在我国寺院中的主要负责人称"方丈",负责处理寺院内部事务的称"监院",负责对外联系的称"知客",他们可被尊称为"高僧""长老""大师""法师"等。

佛门弟子依受戒律等级的不同,可分为出家五众和在家两众。出家五众是指沙弥、沙弥尼、式叉尼、比丘、比丘尼。在家两众是指优婆塞和优婆夷。佛教徒中出家的男性称"比丘",简称"僧",俗称"和尚";出家的女性称"比丘尼"简称"尼",俗称"尼姑"。"僧""尼",亦可称"法师""师太"。不出家而遵守一定戒律的佛教信徒称"居士",可尊称为"檀越""护法""施主"等。凡出家的佛教徒必须剔除须发,披上袈裟,称谓"披剃"。僧尼一经"披剃",即入住寺院,开始过与世隔绝的生活。

(二)法事礼仪

佛教的佛事,又称法事,是佛教的宗教活动。它有一整套的固定仪式,为僧尼修行的主要有受戒、顶礼、功课等,为信徒、施主等修福的有佛诞法会、水陆法会等,在寺院中所举行的佛事,水路法会最盛大,焰口施食最经常。

1. 受戒

受戒是佛教徒接受戒律的仪式。受过戒的佛教徒应自觉遵守佛教的各种戒律。有十种根本戒和由此扩充的比丘250戒和比丘尼348戒,过去比丘和比丘尼受戒时,要在头上烫12个香疤,现在中国佛教协会根据广大教徒的意见规定,受戒时不必燃香。

2. 顶礼

顶礼为佛教最高礼节,即向佛、菩萨或上座所行的礼节。行顶礼时双膝跪下,两肘、两膝和头着地,而后用头顶尊者之足,故称"顶礼"。出家的教徒对佛像必须行顶礼。头面接足,是表示恭敬至诚,这就是俗语说的"五体投地"。

3. 功课

在寺庙里,僧尼每天的必修课为朝暮课诵,又名早晚功课,或是五堂功课。社会上流行的"晨钟暮鼓"成语,就是由佛教寺庙里的早晚功课而来的。

4. 佛诞法会

佛诞法会是佛教中最大的节日,时间是每年的四月初八(农历)。在这一天举行"浴佛法会",就是大殿用灌佛盘,在盘中的莲花台上安置太子像(释迦牟尼诞生像)。这像是很小的童子立像,右手指天,左手指地,象征"天上地下,唯我独尊"。这一日各寺要举行纪念仪式。

5. 水陆法会

水陆法会,全名为"法界圣凡水陆普度大斋盛会",也称"水陆道场",超度水路一切鬼魂、普度六道众生,少则7天,多则49天。

(三)佛教的主要礼节

1. 合十

合十是佛教徒的普通常用礼节,亦称合掌。施礼时双手手心相对合拢,手指向上,专注一心,口念"阿弥陀佛",以示尊敬。一般教徒在见面时,多施合十礼。参拜佛祖或拜见高僧时要施跪合十礼。行礼时,右腿跪地,双手合掌于眉心中间。

不正确合掌方式　　　　正确合掌方式

2. 南无

南无念"那摩",是佛教信徒一心归顺于佛的致敬语。常用来加在佛、菩萨名或经典题名之前,以表示对佛、法的尊敬和虔信。"南无"意思是"把一切献给××"或"向××表示敬意"。如称南无阿弥陀佛,则表示对阿弥陀佛的致敬和归顺。阿弥陀佛又称无量寿佛,是西方极乐世界的教主。

3. 忏悔

佛教理论认为,只有心身清净的人才能悟得正果。但是世间是污浊的,即使出家人也可能随时身遭"垢染",影响自己的功德。然而信徒不必因此而担心,因为通过忏悔可灭除以往所有的罪过。

(四)葬仪

佛教的僧侣去世后一般实行火葬,其遗骨或骨灰被安置在特制的灵塔或骨灰瓮中。普通的佛教徒去世后,则实行天葬或水葬。佛教信徒死后,每年的祭日要由其家人为之举行祈祷冥福的追荐会,并发放布施。

三、佛教的主要节日

(一)佛诞节

佛诞节又称浴佛节。在南传佛教盛行的东南亚国家,如斯里兰卡、缅甸、泰国等,根据上座部的传说,以四月十五日为佛诞生日,同时也是佛成道日。中国、日本、朝鲜等大乘佛教流行的国家以阴历四月初八为佛诞节。佛诞节是纪念释迦牟尼诞生的节日。

(二)成道节

成道节是纪念释迦牟尼成佛的节日。相传释迦牟尼在成佛前,曾苦行多年,饿得骨瘦如柴,幸遇一牧羊女送他乳糜幸免于死。此后,他坐在菩提树下沉思,在十二月八日(农历)悟道成佛,这一天即为佛成道节。后世佛教取意牧女献乳糜供佛的传说,每逢佛成道日,煮粥供佛。我国汉族地区,每逢农历十二月初八(腊八)要吃"腊八粥"的民俗。世界各国佛寺及僧众每逢此日都要举行纪念活动。

四、佛教的禁忌

(一)交往禁忌

佛教徒内部不用握手礼节,不要主动伸手与僧众相握,尤其注意不要与出家的尼众握手。非佛教教徒对寺院的僧尼或在家的居士行礼,以合十礼为宜。

(二)行为禁忌

佛寺历来被佛教视为清净圣地,所以,非佛教徒进入寺庙时,衣履要整洁,不能着背心、打赤膊、穿拖鞋,当寺内要举行宗教仪式时,不可高声喧哗以及做出其他干扰宗教仪式或程序的举动。未经寺内执事人员许可,不可随便进入僧人寮房以及其他不对外开放的坛口。另外,为保持佛门清净,严禁将一切荤腥及其制品带入寺院。

(三)祭拜禁忌

入寺拜佛一般要烧香,这是为了袅袅香烟扶摇直上,把诉诸佛的“信息”传递给众佛。但在拈香时要注意香的支数,由于佛教把单数看成吉数,所以烧香时,每炷香可以有很多支,但必须是单数。

(四)饮食禁忌

按照佛教教制,比丘每日仅进一餐,后来也有进两餐的,但必须在午前用毕,过午则不能进食。荤食和腥食在佛门中是两个不同的概念。荤专指葱、蒜、辣椒等气味浓烈、刺激性强的东西。因为吃了这些不利于修行,所以为佛门所禁食。腥指鱼、肉类食品。佛教教徒都不饮酒,因为酒会乱性,不利于修行,所以严格禁止。

(五)服饰禁忌

佛教戒律规定,佛教僧人只能穿染衣,不能用杂色。不过现在佛教僧人的服饰颜色也有变化。分不同的场合,也用黄色、赤色等颜色。

项目四
基督教的礼貌礼节

项目导读

本项目主要学习基督教的起源和发展、基督教的主要节日、基督教的基本礼仪和禁忌等知识。

学习目标

1. 了解基督教的起源、发展和主要节日;
2. 了解基督徒日常生活中的行为礼仪规范和礼仪禁忌。

基督教作为世界三大宗教之一,是西方文明之源——两希文明(希伯来文明和希腊文明)的结晶。它构成了西方社会两千年来的文化传统和特色,并影响到世界广大地区的历史发展和文化进程。基督教是信奉耶稣基督为救世主的各教派的总称,基督教徒遍布全世界,是当今世界上影响最广泛的第一大教。

一、基督教的起源和发展

(一)基督教的起源

基督教是罗马奴隶社会各种矛盾尖锐化的产物,它起源于公元 1 世纪初古罗马帝国统治下的巴勒斯坦地区。当时犹太人为了反抗罗马帝国的统治多次举行起义,但屡遭失败,致使一些人寄希望于宗教,期待"救世主"的出现。在犹太下层民众中出现一种流传"救世主"将要来临的秘密教派,基督教就是由此教派演变而来的。耶稣成为该教派的领袖,相传耶稣是上帝的独生子,为圣灵降孕童真女玛利亚生养成人的。基督为"基利斯督"的简称,意指上帝所差遣的救世主,为基督教对耶稣的专称。

(二)基督教的发展

在基督教的发展史上,发生过两次大的分裂,因而形成三大教派。随着罗马帝国分裂为东西两个帝国,基督教也出现了罗马与君士坦丁堡两个中心,它们彼此相互指责为异端,到1054 年正式分裂为两个教派。西部以罗马为重心,称为罗马公教(即天主教);东部以君士坦丁堡为中心,称东正教。第二次分裂由宗教改革引起,发生在公元 16 世纪,当时,天主教的统治者日益引起人们的不满,德国的教士马丁·路德提出宗教改革。改革后天主教内部脱离出新的教派,我国称为新教。新教反对教皇的权威,不承认天主教的某些教义。基督教从此分为三个教派。

二、基督教的基本礼仪

基督教的礼仪因教派不同而有所不同。天主教和东正教部认为有七桩圣事:洗礼、坚振、告解、圣餐、终傅、圣职和婚配,基督教路德宗只承认洗礼和圣餐为圣事。

(一)称谓礼仪

在基督教的内部,新徒之间可以称:平信徒,指平常普通的信徒,新教教徒可以称"兄弟姐妹"或"同道"。在我国,信徒之间习惯称"教友"。教会的神职人员因其教派不同,称谓也不相同。天主教最高首领称教皇或教宗,最高主教称枢机主教,俗称红衣主教。管理一个堂区的负责人称神父。新教称教区负责人为主教,教堂负责人称牧师。东正教最高首领称牧首,重要城市的主教称都主教,地位低于都主教的称大主教,教堂负责人也有称主教或神父的。

(二)法事礼仪

1. 礼拜

每周一次,一般星期日在教堂中举行。主要内容有祈祷、唱诗、读经、讲道等项目。在礼拜时,教堂内常置有奉献箱,或传递收捐袋,信徒可随意投钱,作为对上帝的奉献。

2. 圣礼(洗礼)

这是基督教的入教仪式。经过洗礼后,就意味着教徒的所有罪过获得了赦免。洗礼的方式有两种:注水礼和浸礼。

3. 坚振

坚振也称"坚信礼",是为坚定教徒的信仰而举行的一种仪式。即入教者在接受洗礼后,一定时间内再接受主教的按手礼和敷油礼。

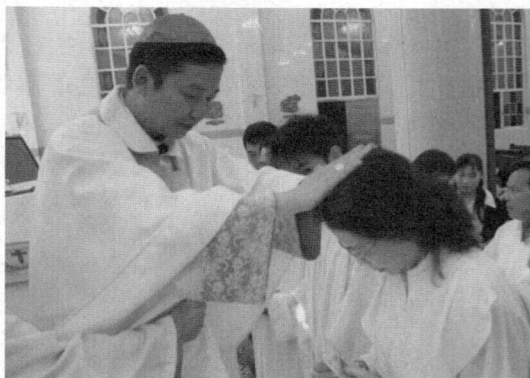

4. 祈祷

祈祷,俗称祷告,是指基督教徒向上帝和耶稣表示感谢、赞美、祈求或认罪的行为。祈祷包括口祷和默祷两种形式。祈祷应始终保持必要的仪态,维系一种"祭神如神在"的虔诚。礼毕,须称"阿门",意为"真诚",表示"唯愿如此,允获所求"。

5. 告解

告解是耶稣基督为赦免教徒在领洗后对上帝所犯的各种罪,使他们重新获得上帝恩宠而定立的。举行告解时,由教徒向神甫告明对上帝所犯罪过,以示忏悔。神甫对教徒所告各种罪,应严守秘密,并指示今后应如何补赎。

三、基督教的主要节日

(一)圣诞节

圣诞节是纪念耶稣诞辰的节日,又称耶稣圣诞节、主降临节。由于历法不同,大多数教会定于每年的 12 月 25 日为圣诞节,东正教会则定为每年的 1 月 6 日或 7 日。这是西方国家每年最隆重的节日。在圣诞节这一天,通常举行各种形式的娱乐和庆祝活动,人们互赠礼物,举办家庭宴会,圣诞老人和圣诞树为节日增添了喜庆的色彩。在欧美许多国家,人们非常重视这个节日,把它和新年连在一起,而庆祝活动之热闹和隆重远远超过了新年,成为一个全民性的节日。

(二)复活节

复活节是纪念耶稣复活的节日,是仅次于圣诞节的重大节日。根据《圣经·新约》记载,耶稣被钉死在十字架后第三天"复活"。公元 325 年,基督教会规定每年春分月圆后的第一个星期天为复活节,鸡蛋和兔子是复活节的吉祥物。在这一天,各个国家和地区都有不同的庆祝活动,最普遍的是人们互赠象征生命和繁荣的复活彩蛋。

(三)圣灵降临节

据《圣经》记载,耶稣"复活"后第四十日"升天",第五十日差遣"圣灵"降临;门徒领受圣灵后开始传教。据此,基督教会规定:每年复活节后第五十天为圣灵降临节,又称五旬节。

四、基督教的禁忌

（一）交往禁忌

基督教徒禁忌崇拜其他的神和偶像，不宜亵渎其尊敬的上帝、圣母、基督及其他圣徒、圣事，不宜任意使用其圣像与其宗教标志。对神职人员，一般不应表现不敬之意。向基督教徒送礼物，要避免上面有其他宗教的神像或者其他民族所崇拜的图腾。要遵守基督徒的信仰，不应以上帝起誓，更不能拿上帝开玩笑。

（二）行为禁忌

教堂为基督教的圣殿，允许非基督教徒进入参观。非基督教徒进入教堂，应衣冠整洁，进去后要脱帽，与人谈话应压低声音，不得妨碍对方正常的宗教活动。当教徒们祈祷或唱诗时，旁观的非教徒不可出声；当全体起立时，则应当跟随其他人一起起立；若有人分饼和面包给自己，可以谢绝。

（三）饮食禁忌

基督徒有守斋的习惯。在守斋时，他们不吃肉食，不饮酒，平日通常不吃蛇、鳝等爬行动物。基督徒在饭前往往要进行祈祷，如和基督徒一起用餐，要待他们祈祷完毕后，再拿起餐具。基督教徒不吃血，认为血象征生命。

（四）其他特殊禁忌

在耶稣受难节那一周，不要请基督教徒参加私人喜庆活动。另外基督教徒讨厌"13"和"星期五"，认为它们是不详的，如果13日和星期五恰巧是同一天，他们往往会闭门不出，在这期间，千万不要打扰他们。

案例分析

案例一　楼层风波

一批美国游客来华旅游，由某旅行社导游小王负责接待。小王十分热情周到地到酒店为旅客们安排好了房间，于晚间把客人送到了酒店。可客人们拿到房牌之后，一部分十分不满意，要求立即退房，场面一时很不愉快。原来，这部分人是基督教徒，忌讳"13"这个数字，小王不了解这一情况，刚好把他们安排在了13楼。幸好酒店尚有空房，小王立即为客人们调换了房间，这部分游客才慢慢冷静下来。

分析：游客为什么要求立即退房？并分析学习宗教礼仪对于旅游接待服务工作的重要意义。

案例二

4月份的一个周末，某海外旅游公司地陪李小姐接待了一个台湾旅游团。

　　该团刚从即乘出口出来,即引得众人纷纷围观,原因是他们每人胸前都挂着一个济公像,全为清一色的济公信徒。该团此番来杭州的目的就是探寻南宋僧人济公的遗迹,主要游览点为与济公有关的飞来峰、灵隐寺、净慈寺等地。

　　游客上车后,便直奔济公生前出家地——灵隐,并想在该寺举行一个多小时的朝拜济公仪式。可是,到了灵隐寺,当领队与李小姐为此事和寺庙有关负责人商量时,却遭到一口拒绝。原因是寺庙事先没有接到有关方面的通知,再加上灵隐寺游客众多,如许可将影响寺庙的正常秩序。最后,只允许将济公像摆上大雄宝殿释迦牟尼须弥座供香客朝拜。因为在旅游团计划上,没有这方面的特殊要求,又因周日旅行社不上班,有关领导联系不上,地陪李小姐无法将这个情况向领导汇报,直到星期一游客离开杭州的那一天,朝拜仪式仍然没能如愿,游客只好怏怏不乐地前往下一站。

　　分析:接待有关宗教信仰的特殊团队时,旅行社应提前做好哪些工作安排?

模块训练

模块训练一:宗教礼仪规范知识的训练

(1)宗教礼仪规范训练的步骤和要求

①将学生分组,每组分别选择本地区就近的佛教寺院、基督教堂、伊斯兰教清真寺、道教宫观进行实地考察。

②考察中关注宗教建筑的建筑风格、宗教文化标识,可以与寺庙工作人员或教徒交谈,了解更多的宗教知识。

(2)开展课堂交流,每组学生分别谈谈心得体会并汇报所获得的宗教礼仪规范资料。

(3)教师根据学生的汇报进行总结。

模块训练二:宗教礼仪知识的情景模拟训练

(1)举出一些宗教案例,教师结合宗教案例中存在的问题,提问学生,当时的情景如何化解矛盾,解决问题。

(2)教师要求同学们根据案例,来阐述各个不同宗教的礼仪禁忌,并说明在旅游服务活动中,旅游接待人员,应该如何预防不愉快的事件的发生。

模块十

其他礼貌礼节

项目一
网络礼貌礼节

项目导读

本项目主要学习网络礼仪的概念和内涵、网络旅游接待模式、旅游网络接待礼仪规范等知识。

学习目标

1. 了解网络旅游接待模式；
2. 掌握旅游网络接待礼仪规范。

电子商务和互联网的迅猛发展和广泛运用,为旅游主体参加旅游活动创造了极大的便利,越来越多的人喜欢通过网络就旅游的吃、住、行等各方面都安排好,轻松出行。旅游网络化的趋势不可阻挡地愈演愈烈。互联网与传统旅游业的结合,把旅游业推向了一个崭新的时代——网络旅游时代。

互联网的便利性,使顾客在短时间内能够迅速了解到旅游企业的产品和服务,并可以感知到旅游企业的形象。一方面,顾客可以通过旅游企业网站进行在线查询与交易等活动,使顾客能够感受到网络营销给旅游带来的便捷;另一方面,旅游企业可以通过网站与顾客建立交互机制,从而能够不断完善旅游业务,提高为顾客服务的水平。所以,旅游接待人员,必须对旅游网络接待的礼仪规范有一定的了解和掌握。

一、网络礼仪的概念内涵

(一)网络礼仪的概念

网络礼仪是指在网上交流信息时被嘉许的各种行为。在因特网上人与人之间的交流,由于各种环境因素,对方未必可以完全正确理解你所表达的意思。很容易陷入"言者无意,听者有心"的困境。所以,必须更加注意自己的言行举止。

(二)旅游网络接待的概念

旅游网络化,兴起于20世纪末,网络公司在投资商的支持下,在互联网上建立的一系列专门服务于旅游者的综合网站,当旅游者通过访问这些旅游网站,收集全国各地的旅游信息,制定自己出游的旅游线路,预订各种交通票证、住宿房位、娱乐项目,并在网站的帮助下完成"吃、住、行、游、购、娱"的旅游活动时,一次真正意义上的网络旅游便诞生了。

旅游网络接待,简而言之就是凭借以互联网技术为核心的电子商务网平台,旅游接待企业和消费者之间进行信息交流和产品服务交易的过程。

目前,在我国有携程旅行网站、华夏旅游网、梦之旅等较大的网络旅游接待企业,都发展得比较好。

二、网络旅游接待模式

(一)通过网络与客人沟通,达成交易意向

随着网络的普及,旅游消费者在有了旅游需求时通常会选择浏览旅游网页收集相关信息。在浏览过程中,包括在选择旅游产品时,都会有一些疑问需要咨询。旅游网络营销企业自己的网页上都有客户咨询服务选择,客人可以进入网页上的客服系统和工作人员进行在线聊天咨询或留言咨询。工作人员就旅游者的疑问做出解答或为他们设计更加个性化的旅游产品,经过双方沟通,最终达成购买意向。

(二)客人支付旅游定金,预订旅游产品

旅游定金是旅游者购买旅游产品的预付金额,是约束旅游消费者和经营者履行约定服务的一种方式。旅游网络营销企业的完整灵活的支付方式不仅可以为世界各地的消费者提供更多方便,也能避免一些由于远程无法支付定金而造成客户流失的情况发生。定金的支付方式一般有两种:一种是通过网络平台收取;另一种是通过银行交易等其他方式收取。

(三)旅游接待企业安排旅游相关事宜,签订旅游协议或旅游合同

客人支付旅游定金以后,即客人已经初步确认购买旅游产品,旅行社应当和消费者签订旅游合同或约定服务的相关协议,约定双方的责任和义务。可以通过网络的方式签订旅游合同和服务协议,这是旅游者最喜欢的一种方式,因为这种方式操作起来比较方便。而且客人可以随时进入订单查询或打印保存,更为异地或海外的客人带来了很大的方便。因而这也是最常用的一种合同签订方式。除了通过网络签订合同,还可以通过其他的方式签订,例如传真、电子扫描、现场签订等方式。

（四）提供约定的服务和提供售后服务

旅游合同和服务协议签订后，就是旅游经营者提供旅游服务、旅游者享受旅游服务的过程。旅游接待企业按照合同约定的服务项目和服务标准来为旅游者提供相应的服务，以及处理旅游活动过程中的突发事件。

三、旅游网络接待礼仪规范

（一）网络方式使用的规范

1. QQ、微信等工具使用规范
（1）使用 QQ、微信等在线工具的语言规范。

"您好"：在为顾客服务前，主动向顾客问候。忌不说问候便开始与顾客谈话。

"请"：在向顾客提供服务时，用"请"字做第一句话的开始。

"对不起"：在不能满足顾客提出的要求时，向顾客说"对不起"，然后再对具体问题进行表达。忌直接表达自己的意思。

"请您稍候"：在需要顾客等候时，要带着歉意迅速、自然地说出这句话，请求顾客给予谅解。例：有电话打来，先对顾客说"请您稍候"，然后再去接电话。忌：在为顾客服务中，由于某种客观原因未与顾客打招呼，便中止为顾客服务。

（2）使用 QQ、微信等在线工具的内容规范。通过电话、QQ、微信等其他网络在线等方式与客户进行有效沟通，了解客户需求，寻找销售机会；维护老客户的业务，挖掘客户的最大潜力；负责搜集新客户的资料并进行沟通，开发新客户；定期与合作客户进行沟通，建立良好的长期合作关系。

2. 邮箱的使用规范
添加邮件标题是电子邮件和信笺的主要不同之处，在主题栏里用短短的几个字概括出整个邮件的内容，便于收件人权衡邮件的轻重缓急，分别处理。一定不要空白标题，这是最失礼的。标题要简短，不宜冗长，不要让 outlook 用"……"才能显示完你的标题。最好写上来自××公司的邮件，以便对方一目了然又便于留存，时间可以不用注明，因为一般的邮箱会自动生成，写了反而累赘。标题要能真正反映文章的内容和重要性，切忌使用含义不清的标题，如"王先生收"。

可适当用使用大写字母或特殊字符（如"＊！"等）来突出标题，引起收件人注意，但应适度，特别是不要随便就用"紧急"之类的字眼。回复对方邮件时，应当根据回复内容需要更改标题。最重要的一点，主题千万不可出现错别字和不通顺之处，切莫只顾检查正文却在发出前忘记检查主题。主题是给别人的第一印象，一定要慎之又慎。

（二）旅游在线咨询接待规范

为了规范提高客户服务质量和顾客满意度，客服在线，顾客咨询时应遵守以下内容：

（1）建立自动欢迎语、快捷回复语设置：客服人员在上线之前，需认真检查登录号的统一规范欢迎、建立自动欢迎语、快捷回复语设置,包括活动期间变动的信息、售前、售后常用语言。

(2)主动询问:顾客上线咨询时,客服系统会自动弹出公司设定好的欢迎访问语。此时,在线客服要主动询问,应在第一时间响应,主动打招呼欢迎顾客。

(3)客服响应顾客询问时间:顾客在咨询过程中,如遇到线上人数低于 4 人在线咨询的,客服响应顾客询问时间,不能超过 20 秒;顾客在咨询过程中,如遇繁忙时段人员超过 5 ~ 6 人以上,同时在线咨询时,响应时段最长不得超过 60 秒。

(4)售后跟踪、催单、联系处理、售后跟踪、催单、跟踪。客服须及时对客户进行专人专责维护、跟踪、联系。"未确认未付款订单",客服人员须进行催单核实、跟踪联系,提高转化率,并在 ERP 软件中详细备注跟踪情况及处理结果。售后人员对顾客分别以旺旺在线、电话回访不同方式进行有效维护,促进顾客二次销售。对已经建立名片的顾客,再来咨询问题、反馈情况效果等信息,采用网站订单"客户联络"进行记录查询。

(三)旅游在线预订接待规范

1. 汽车、火车票、机票预订规范

(1)统一问候语:"您好,捷程国际,请问有什么可以帮助您?""您好,××客运站,请问有什么可以帮助您?"

(2)查询票务,了解客人的相关信息,包括客人的姓名,客人乘车、飞机的时间等,帮客人查询车票、飞机票的情况。如:"××先生,您好,请问您是查询××月××日××到××的航班对吗?"

(3)注意礼貌用语,询问客人需求。如"请稍等,正在为您查询"、"很抱歉,让您久等了"等。

(4)确认客人的相关信息,包括票数、乘车、飞机人员的姓名,相关证件。

(5)复述补充,确保工作无差错的重要环节。如:"跟您核对一遍,请问是××吗?"

(6)支付方式确定。

(7)再次核对票务信息。

(8)跟进或者话别。最后的礼貌是必不可少的,要解答客人关于酒店地理位置和交通的问讯。

2. 客房预订规范

(1)统一的问候语,给客人留下良好的第一印象,"早上好! ××酒店!"等。

(2)初次推荐,不了解的客人会提很多问题,这是一个机会,把酒店推荐给他。

(3)理解客人的需求,获取客人心中的"排房表"。给予客人建议,站在客人立场考虑问题,客人获得美好体验是最重要的。

(4)记录信息。与客人相互达成排房共识后,需要记录预订信息包括客人名字、入住时间、客人手机号码等信息。如:"先生/女士,可以告诉我您的全名吗? 方便留下您的手机号码吗? ……"

(5)复述补充,确保工作无差错的重要环节。

(6)跟进或者话别。最后的礼貌是必不可少的,要解答客人关于酒店地理位置和交通的问讯。

　　预订过程中,预订员与客人不要谈论与酒店预订无关的事宜,因为言多必失,预订员在了解了客人的需求和情况后,做出合理的回答与正确的推荐即可。预订完成后,酒店会短信确认客人预订的内容。

模块训练

　　任务训练:QQ、微信交流接待训练

　　(1)熟悉旅游网络 QQ、微信接待的礼仪规范要点和标准。

　　(2)在教师的带领下,将学生分组,各组之间进行 QQ、微信交流接待,并相互讨论,分享心得体会。

　　(3)课堂讨论,让学生得出 QQ 和微信接待的不同以及网络接待中需要注意的相关事宜。

　　(4)教师根据学生的汇报情况,进行指导、批评、总结。

策划编辑　　王卫疆
责任编辑　　刘金兰
责任校对　　刘　玄
封面摄影　　王　锋
封面设计　　意拓设计
版式设计　　苏韵舟
责任监制　　凌　青　王金彪

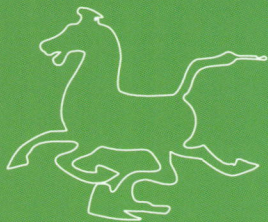

ISBN 978-7-5645-0869-2

9 787564 508692

01>

定价：39.00元